DE

LA COMPLICITÉ

A ROME ET EN FRANCE

THÈSE POUR LE DOCTORAT

Présentée et soutenue le Jeudi 25 juin 1881, à 3 h. 1/2.

PAR

Paul SALMON-LEGAGNEUR

Avocat à la Cour d'appel

PARIS

A PARENT, IMPRIMEUR DE LA FACULTÉ DE MEDECINE

A. DAVY, Successeur

31, RUE MONSIEUR-LE-PRINCE, 31

1881

DE

LA COMPLICITÉ

A ROME ET EN FRANCE

THÈSE POUR LE DOCTORAT

Présentée et soutenue le Samedi 25 juin 1881, à 3 h. 1/2

PAR

Paul SALMON-LEGAGNEUR

Avocat à la Cour d'appel

Président :	M. DESJARDINS,		
Suffragants :	MM. BUFNOIR,	}	Professeurs.
	GARSONNET,		
	CAUWÈS,	}	Agrégés.
	RIPERT,		

PARIS

A PARENT, IMPRIMEUR DE LA FACULTÉ DE MEDECINE

A. DAVY, Successeur

31, RUE MONSIEUR-LE-PRINCE, 31

1881

A MON PÈRE — A MA MÈRE

———————

A LA MÉMOIRE DE MON GRAND-ONCLE

M. LEGAGNEUR

Président de chambre à la Cour de Cassation.

DE

LA COMPLICITÉ

A ROME ET EN FRANCE

———◆———

« La peine est le mal mérité par l'auteur d'un délit. »
La nature et la gravité de l'acte imputable sont donc les
deux éléments qui doivent servir au législateur pour établir, autant que possible, une juste proportion entre la
souffrance à infliger au coupable et la violation de l'ordre
social. La solution de ce problème, but suprême de toute
loi pénale, est surtout intéressante et difficile, lorsqu'on
se trouve en présence de plusieurs coupables associés dans
la responsabilité d'une même infraction. La question se
complique alors par la présence d'un élément nouveau; le
législateur, et après lui le juge, ont à rechercher non seulement quelle est la gravité intrinsèque du fait incriminé,
mais, en outre, quelle est la part de responsabilité appartenant à chacun des participants, et la mesure de la peine
qui doit en être la sanction.

De même, en effet, que l'on conçoit que plusieurs délits
aient pu être commis par un même agent, de même il peut
arriver que plusieurs agents se trouvent unis dans l'accomplissement d'une même infraction, et qu'ils aient tous

Salmon.   1

à en répondre. En ce cas, on dit qu'ils sont *complices*. Le caractère essentiel de cette association coupable est donc l'unité de délit et la pluralité d'agents.

Cette union entre tous les participants doit, dans une certaine mesure, exister aussi bien dans les poursuites et dans la répression que dans la criminalité même de l'acte. C'est ce qu'exprime d'ailleurs parfaitement le mot complicité; car, comme le fait fort justement observer M. Ortolan (1), « par une de ces mystérieuses rencontres dont la formation des langues nous offre plus d'un exemple, le même mot, *plectere*; qui signifie lier, signifie aussi frapper, punir; *cumplexus*, complice, c'est à la fois *lié avec* et *puni avec*; lié dans le délit et lié dans le châtiment. »

C'est cette importante question de la complicité qui fera l'objet de notre étude, tout d'abord au point de vue des principes rationnels du droit, puis au point de vue de la législation positive, dont nous suivrons les développements depuis l'époque romaine jusqu'à nos jours.

(1) *Eléments de droit pénal*, I, p. 587.

PREMIÈRE PARTIE

Théorie rationnelle de la complicité.

Lorsque plusieurs personnes ont concouru à l'accomplissement d'un fait punissable, la part de coòpération de chacune peut n'être pas la même. Les unes ont pu participer à la conception du délit, d'autres à la préparation de son exécution, d'autres enfin à cette exécution. Entre ces divers participants eux-mêmes, les degrés de culpabilité peuvent encore varier à l'infini. Nulle législation ne peut évidemment prétendre à tenir compte de toutes ces nuances morales, et à infliger à chacun une peine strictement proportionnée au degré de perversité de son action ; mais une bonne loi ne doit point méconnaître les différences, souvent profondes, résultant de circonstances qui modifient essentiellement la nature de l'acte imputé. Trop de subdivisions nuisent à la clarté, mais une assimilation complète, qui punit de peines égales des délits évidemment inégaux, est une violation du principe fondamental que la peine doit toujours être proportionnée à la culpabilité du délinquant. C'est à déterminer avec quelque précision cette graduation des responsabilités, d'après la criminalité de chaque espèce de participation, que consiste le problème pénal de la complicité ; problème dont la solution est rendue si difficile par l'embarras que l'on éprouve à discerner, entre les divers agents d'une infraction unique, la part de culpabilité de chacun.

Un crime a été commis ; plusieurs individus y ont pris part d'une façon plus ou moins directe, plus ou moins active. Dans quelle mesure la responsabilité de chaque co-

délinquant doit-elle se trouver engagée? La participation
de chacun des coupables, la raison seule nous le dit, peut
être principale ou accessoire. Parmi ces divers agents, en
effet, les uns doivent être considérés comme la cause première et efficiente du crime, les autres, comme de simples
auxiliaires n'ayant fait que prêter une assistance secondaire, incapable de produire l'acte même constitutif de
l'infraction. Aux premiers a été donnée la qualification
d'*auteurs*, aux seconds a été réservée celle de *complices
auxiliaires*, ou simplement *complices*. Cette dernière expression, employée isolément, peut parfois donner lieu à
confusion, car, prise dans un sens large, conforme à son
étymologie (*cum, plexus*), elle désigne tous les individus
ayant participé à une même infraction, quelle que soit
d'ailleurs la part qu'y ait prise chacun d'eux. Dans un sens
plus étroit, on entend ordinairement par là le complice
auxiliaire seulement, par opposition à l'auteur principal.
Telle est notamment la signification de cette expression
dans notre code pénal.

Des difficultés nombreuses se présentent souvent dans
la pratique, lorsqu'il s'agit d'établir la distinction entre
ces deux modes de participation, et de déterminer, pour
une espèce donnée, lequel on a à réprimer. En théorie, la
question peut paraître plus simple, car il existe un caractère distinctif auquel il est toujours permis de reconnaître
l'auteur principal. C'est ce qu'a parfaitement établi M. Bertauld : « Le lien qui unit l'auteur principal à une infraction, c'est le lien de cause à effet..... Le lien qui unit le
complice à l'infraction n'est pas, lui, un lien de cause à
effet, c'est un lien indirect, médiat ; l'œuvre du complice
a consisté dans des faits accessoires qui ne sont pas par
eux-mêmes constitutifs de l'infraction (1). »

(1) *Cours de code pénal*, p. 481.

Nous allons, nous attachant à cette distinction fondamentale, rechercher avec soin quelle doit être la nature des faits dont l'existence sera considérée comme un élément essentiel à l'existence même de l'infraction, et à quels signes il sera permis, dans une hypothèse donnée, de reconnaître que l'acte à réprimer est celui d'un auteur, ou seulement celui d'un complice auxiliaire.

Occupons-nous d'abord de l'auteur principal. On peut distinguer deux périodes dans l'accomplissement d'un fait coupable : la résolution et l'exécution. Souvent, c'est le même individu qui conçoit, prépare et exécute le crime ; nul doute alors, il est auteur, seule cause génératrice de l'infraction. Mais il peut arriver aussi que les rôles se trouvent divisés : la résolution et l'exécution peuvent être l'œuvre de deux agents distincts. Quelle est alors la nature de l'intervention coupable de chacun d'eux ?

Il est d'abord impossible de refuser le caractère d'agent principal, cause efficiente de l'acte, à l'exécuteur qui s'est librement et sciemment prêté aux coupables desseins de l'auteur de la résolution, et a accompli l'un des actes matériels constitutifs du délit : c'est-à-dire a consommé le délit lui-même, tel que le définit la loi pénale, ou bien un acte tellement essentiel à la production de ce délit, qu'il puisse être considéré comme faisant partie de l'exécution. C'est ainsi que celui qui a tenu la victime pendant que le meurtrier la frappait, celui qui a placé les matières inflammables auxquelles un autre a mis le feu, sont auteurs au même titre que l'assassin et l'incendiaire. Serait au contraire simple complice accessoire, celui dont la coopération se serait traduite par des actes purement secondaires d'assistance.

Quant à l'auteur du projet coupable, de nombreuses difficultés se sont élevées sur le point de savoir quel degré

de responsabilité doit lui être assigné. Certains criminalistes se refusent à voir jamais en lui autre chose qu'un
simple complice auxiliaire. La loi pénale, dit M. Bertauld,
ne punit jamais la criminalité subjective, mais uniquement
la criminalité objective, qui, seule, porte atteinte à l'ordre
social. Or, quelle que soit la perversité des résolutions
adoptées, elles ne sont, en général, punies que si le fait a
suivi réellement ; prises indépendamment de leur exécution, elles échappent à toute pénalité. L'instigateur est
donc puni pour un fait qui n'est pas le sien, et auquel il
s'est seulement associé. On ne peut, par suite, le considérer comme auteur principal de ce fait. L'exécuteur lui-
même n'a-t-il pas eu d'ailleurs sa volonté propre qui peut
être regardée, en réalité, comme la cause juridique du
délit? (Car on ne s'occupe évidemment pas ici de l'hypothèse où l'exécuteur a agi inconsciemment ou sous l'empire
de la contrainte; dans ce cas, celui qui s'en est servi comme
d'un instrument serait évidemment seul auteur principal).

Le système soutenu par M. Rossi nous semble préférable.
Quiconque, avons-nous dit, peut être considéré comme
cause génératrice du délit commis, doit être puni comme
auteur principal de ce fait. Or, dans notre hypothèse, l'instigateur a seul conçu la première pensée du crime, il l'a
arrêtée, il a abusé de ses moyens d'influence sur l'autre
coupable pour le déterminer à l'accomplir. Comment nier
qu'il soit, selon l'expression des anciens auteurs, la « cause
prochaine du délit » ? Assurément, s'il s'était contenté d'indiquer la possibilité de commettre le crime, d'exprimer le
désir de le voir se réaliser ou d'encourager l'individu déjà
résolu à l'accomplir, on ne pourrait dire qu'il est un auteur
de l'infraction. Mais n'a-t-il pas exercé sur l'agent une
action déterminante, lorsqu'il a accompagné son initiative

d'une pression capable d'agir sur la volonté de celui-ci ? Ses dons, ses promesses, ses menaces, ses abus d'autorité, ou même ses manœuvres frauduleuses, ont exercé sur la détermination de l'agent matériel une influence décisive. On doit donc le déclarer véritablement auteur de la résolution du crime qui, certes, n'eût point été commis sans lui.

Nous ne nous arrêterons point ici à rechercher, avec certains criminalistes, quelles sont les diverses formes que peut revêtir cette instigation coupable. Le conseil, l'ordre, le mandat (1) sont les principales ; on a souvent énuméré les conditions nécessaires pour que ces trois genres de provocation atteignent le degré de criminalité qui les fera assimiler à l'exécution même de l'acte délictueux. L'ordre doit être appuyé sur la contrainte physique ou morale, le mandat doit être accompagné de dons ou promesses, le conseil de renseignements sur la manière de commettre le délit. Ces complications créées (surtout en ce qui concerne le mandat) par les interprètes du droit romain, où il est souvent si difficile de distinguer ce qui touche au droit civil de ce qui a trait au droit pénal, ne peuvent que jeter la confusion dans une étude purement théorique. Nous croyons donc plus simple et plus logique de nous en tenir à notre principe général, et de déclarer auteur quiconque a exercé sur l'agent matériel une influence déterminante.

Il faut remarquer, au reste, que nous n'entendons nullement parler ici d'une pression destructive de toute vo-

(1) Les criminalistes (et particulièrement les interprètes du droit romain) qui emploient ici cette expression de *mandat* pour désigner la commission de commettre un délit n'entendent évidemment pas comparer cette espèce particulière d'instigation coupable au mandat civil et licite, qui constitue un contrat dont les effets sont réglementés par les lois.

lonté chez l'auteur. Car la personne qui agit sous l'empire
d'une semblable contrainte n'est pas, à proprement parler,
un auteur matériel, dans le sens où nous prenons ici cette
expression : c'est un instrument passif, ne pouvant avoir
aucune imputabilité à sa charge, pas plus que le fou ou l'enfant encore privé de raison. Lors donc que nous distin-
guons dans une infraction un auteur intellectuel et un auteur matériel, nous n'entendons nullement prétendre que
ce dernier n'ait pas aussi une certaine part dans la résolution de l'acte coupable.

S'il en était autrement, le provocateur serait seul véritablement auteur ; tant il est vrai qu'il n'est nullement besoin,
pour être revêtu de cette qualité, d'avoir pris une part
directe et matérielle à l'accomplissement du fait. Ainsi
tombe l'objection formulée contre notre théorie par le
premier système. Sans doute, comme on l'a dit, la loi, en
principe, ne punit point la criminalité subjective pure ;
elle ne tient aucun compte des simples projets du crime,
quelque coupables qu'ils aient pu être, si un fait délictueux n'en a été la suite effective. Mais en est-il ainsi dans
notre cas ? les coupables instigations du provocateur, et
le crime qui en est le résultat ne sont-ils pas au contraire
dans les relations de cause à effet ? L'utilité sociale exige
donc un châtiment contre celui de qui émane la résolution
du crime accompli. Comment, dès lors, nier que dans certains cas, cette participation morale puisse être considérée
comme une participation directe et principale au fait coupable ? « Le crime, dit-on, n'aurait pas eu lieu sans l'exécution matérielle. Sans doute ; comme l'incendie n'a pas
lieu sans feu ni l'empoisonnement sans poison. Il n'y a
rien que de sérieux dans cette observation ; car lorsqu'il
s'agit de savoir où se trouve le plus de culpabilité, c'est ne
rien dire que de rappeler la nécesité du fait matériel pour

la consommation du crime. Si le fait matériel est toujours nécessaire, la participation morale de tel ou tel individu a été aussi parfois une condition *sine qua non* du crime commis (1). »

Passons maintenant aux agents secondaires. Sont complices dans le sens étroit du mot tous ceux qui ont concouru à l'infraction sans cependant y prendre cette part directe et essentielle qui caractérise les coauteurs. Sans ces derniers le délit n'eût point été commis, sans les complices, au contraire, il eût pu néanmoins s'accomplir. Les incidents eussent peut-être été différents, mais le résultat eût toujours été le même.

Nous n'essayerons pas, à l'égard des complices, plus qu'à l'égard des auteurs, une énumération des diverses circonstances dans lesquelles peut se produire leur intervention coupable. Les variétés sont ici encore plus nombreuses, et les inégalités plus grandes. Les uns ne prennent part qu'à l'idée ou au projet, en le formant, en exhortant à le mettre à exécution, en promettant des secours ou un lieu de retraite à l'auteur, en lui donnant des renseignements sur la manière de commettre le délit (pourvu évidemment que ces provocations ne puissent pas être considérées comme la cause génératrice du crime) ; c'est la complicité purement *morale*. Les autres participent par des actes matériels d'assistance, soit à la préparation, soit à l'accomplissement du délit, en fournissant les armes ou instruments nécessaires pour le commettre, en aidant, mais d'une façon secondaires, les auteurs, au moment de la perpétration, par exemple en faisant le guet pendant que le crime se commet.

Une condition est indispensable pour que ces actes de participation secondaire à une infraction soient punissa-

(1) Rossi. *Traité de droit pénal*, III, p. 22.

bles ; il faut qu'ils aient réellement produit leur effet, qu'ils aient exercé une influence sur l'accomplissement même du délit, sinon aucun lien de complicité ne pourrait exister. La simple volonté de favoriser le délinquant ne peut suffire ; car on ne saurait être puni pour une simple intention, quelque coupable qu'elle ait été, si un délit n'en a pas été la suite. Aussi devons-nous rejeter la théorie émise par quelques interprètes du droit romain, qui prétendent trouver un acte de complicité dans la participation purement négative de celui qui s'abstient de révéler le projet du crime ou d'en empêcher l'exécution, lorsque cependant il en a la faculté. « La conscience et la logique sont d'accord, dit M. Rossi ; on ne peut pas dire que l'inaction et le silence aident ou provoquent à la perpétration du crime. On peut encore moins supposer que celui qui ne l'empêche pas, ou qui s'abstient de le révéler soit animé du désir de le voir mettre à exécution, et qu'il s'associe en quelque sorte au projet criminel. L'inaction et le silence peuvent dériver d'une tout autre cause (1). »

Mais, objecte-t-on, ne serait-ce point, de la part du législateur, une indulgence excessive que de déclarer exempt de toute peine celui qui, pouvant le faire, n'a pas empêché un crime, ou qui, en ayant connaissance, ne l'a pas révélé ? Il y a là une abstention blâmable, une honteuse lâcheté ; il n'y aurait donc rien de trop rigoureux à édicter une peine pour la châtier. Certes, nous sommes loin de soutenir que, au point de vue de la morale, l'inaction ou le silence du témoin d'un crime soient des actes irrépréhensibles ; aussi comprendrions-nous parfaitement une législation qui prononcerait une peine contre eux. Mais ce qui nous semble inadmissible, c'est de soutenir que ces faits d'abs-

(1) *Traité de droit pénal*, III, p. 67.

tention doivent être punis comme actes de complicité. Concluons donc avec M. Rossi, que « ce qu'on a appelé, par la réunion de deux mots étonnés de se trouver ensemble, le concours négatif, ne peut être un élément de participation au délit. » Tout au plus peut-il y avoir là un délit *sui generis*.

Ce sont encore des délits spéciaux, et non des actes de complicité qu'il faut voir dans les faits d'assistance donnée au coupable après l'accomplissement du crime, à moins évidemment que ces actes ne soient la suite d'engagements pris antérieurement à l'infraction et constituant par là même une complicité par promesse. La complicité, en effet, suppose nécessairement l'unité du délit; or, dans l'hypothèse, le délit est consommé, nulle participation n'est donc possible ; on ne peut contribuer à l'accomplissement d'un fait accompli.

C'est à tort, par conséquent, que certaines législations classent le recel soit des agents du crime, soit des objets en provenant, parmi les faits de complicité. Le recel peut, il est vrai, constituer un délit connexe à l'infraction principale ; mais il est illogique et souvent même injuste de l'assimiler à un acte de complicité. La criminalité des recéleurs est toute différente de celle des auteurs ou complices du délit : le but qu'ils se proposent est tout autre, et le même degré de perversité ne se retrouvera pas, la plupart du temps, dans leurs actes. La pitié, la faiblesse, la crainte sont souvent leur mobile, et lors même qu'ils auraient agi par cupidité, peut-on dire que leur culpabilité soit égale à celle des coopérateurs, parce qu'ils n'ont pas hésité à profiter d'un crime qu'il n'était plus en leur pouvoir d'empêcher ?

Dans un cas, seulement, le recel peut constituer un acte véritable de complicité ; c'est, nous l'avons dit lorsque ce

fait n'est que l'accomplissement d'un engagement pris
avant le crime. Ajoutons que la loi peut, dans certaines
circonstances, présumer cette promesse.

Quelques commentateurs du droit romain se sont demandé, même en théorie, si la ratification d'un délit consommé ne peut pas, dans certains cas, constituer un acte
de complicité postérieure à l'infraction. Les principes de la
matière s'opposent évidemment à l'admission d'une semblable doctrine. Pour quelle raison, en effet, la loi doit-
elle punir comme complice l'instigateur du crime, sinon
parce que sa volonté a dû nécessairement influer sur celle
de l'agent et contribuer à la résolution prise par celui-ci ?
Or, qui songerait à soutenir qu'il en soit ainsi dans notre
cas ?« L'auteur de la ratification est sans doute un homme
immoral, dit M. Rossi, mais le Tout-Puissant lui-même
ne saurait le faire coopérer aujourd'hui à ce qui a été fait
et consommé hier. » Il est d'ailleurs impossible, au point
de vue de la moralité de l'acte, d'assimiler l'assentiment
posthume de l'individu qui ratifie un délit commis dans
son intérêt à la volonté criminelle de celui qui a donné
un mandat exprès. Car on peut approuver un fait irrévo-
cable, on peut même en profiter, et cependant on eût peut-
être reculé devant l'idée du crime au moment de l'exécution.

Le brocard *ratihabitio mandato comparatur* n'a donc
aucune valeur en droit pénal. Tout au plus doit-il s'appliquer aux intérêts pécuniaires, à l'action en dédommage-
ments intentée par la partie lésée. C'est ce que démontre
encore parfaitement M. Rossi. Nous ne pouvons mieux
faire que de rapporter ses judicieuses observations sur ce
point: « Un tiers, sans me consulter, a violemment troublé
mon voisin dans la possession paisible de son bien ; il l'en
a expulsé en mon nom et dans mon intérêt. Au lieu de le

désavouer, je m'empresse de profiter de son acte ; j'occupe le fonds vacant, je ratifie l'expulsion : quoi de plus naturel que de me soumettre aux chances fâcheuses, *damnum*, d'un fait dont je me suis approprié les chances utiles, *lucrum* ? C'est le cas de celui qui approuve un achat fait à son insu pour lui, et qui se met en possession de la chose achetée. Il est évident qu'il doit en payer le prix. Mais on ne peut accepter de la même manière les conséquences pénales d'un fait d'autrui exécuté à notre insu, et se constituer à son gré coupable d'un crime auquel on n'a aucunement coopéré. La société ne punit pas parce que l'on a trouvé bon le délit, mais parce qu'on l'a commis. »

La première partie du problème est résolue : nous avons établi la différence essentielle qui permet de distinguer la coopération principale de la participation accessoire au crime, et nous avons vu quelles sont les circonstances dans lesquelles cette dernière pourra se produire. Un second point nous reste à examiner : quelle doit être la pénalité applicable à chacun des participants ?

Plusieurs systèmes ont été proposés pour la solution de cette question. Nous ne nous attacherons point à examiner en détail chacun d'eux ; il nous suffira, après avoir présenté la critique du principe de l'assimilation absolue admis par plusieurs législations, de développer celui qui nous paraît le plus conforme aux règles de la justice et de la raison.

La règle qui met sur la même ligne, quant à la pénalité, le complice et l'auteur principal, était admise par toutes les législations anciennes, et a passé dans notre loi pénale actuelle ; elle a été l'objet des critiques les plus vives de la part d'un grand nombre de criminalistes. Dès le siècle dernier, Beccaria la combattait en ces termes : « Lorsque plusieurs hommes s'unissent pour affronter un péril commun, plus le danger sera grand, plus ils chercheront à le rendre égal pour tous. Si les lois punissent plus sévèrement les exécuteurs du crime que les simples complices, il sera plus difficile à ceux qui méditent un attentat de trouver parmi eux un homme qui veuille l'exécuter, parce que son risque sera plus grand, en raison de la différence des peines.... Il est très important que les lios laissent aux complices d'une mauvaise action le moins de moyens qu'il se pourra de s'accorder entre eux (1). »

Cette observation n'est peut-être pas aussi exacte, en réalité, qu'au premier abord elle semblerait l'être. Car, on l'a fait remarquer fort judicieusement, ce raisonnement a une contre-partie. Ne pourrait-on point dire, à l'inverse, que si les lois infligeaient une peine moins forte au complice qu'à l'auteur principal, il deviendrait alors plus facile à ceux qui ont projeté un crime de trouver des auxiliaires pour les seconder. La critique formulée par Beccaria n'est donc pas elle-même à l'abri de tout reproche. Mais il existe d'autres motifs qui vont nous décider à rejeter le principe de l'identité des peines.

Nous avons établi que la part de culpabilité revenant aux auteurs principaux et aux complices ne peut être la même ; leur responsabilité dans l'accomplissement du délit n'est point égale. Or, c'est un principe élémentaire, que le châtiment doit toujours être proportionné à la faute commise. Il y aurait donc injustice à frapper de peines semblables deux individus dont la culpabilité n'est point identique.

Cette uniformité dans la punition de faits inégalement répréhensibles n'est même pas sans danger, au point de

(1) Beccaria. *Des délits et des peines*, ch. XIV.

vue de la sûreté de la répression. « N'est-il pas évident, disent MM. Chauveau et Hélie, que l'injustice d'une telle assimilation a dû multiplier les acquittements, par l'hésitation des jurés à faire peser le niveau d'une peine égale sur des culpabilités différentes ? C'est l'exagération des peines qui conduit à l'impunité. »

Le législateur doit donc tenir compte des différences profondes qui séparent les deux modes de coopération. Il ne peut être évidemment question d'apprécier la valeur morale de chaque espèce particulière de participation. La loi n'a point à s'occuper de ces nuances d'appréciation ; elle doit se contenter de tracer les degrés principaux, en laissant ensuite au juge la mission de descendre dans un examen plus minutieux des faits, et de proportionner les châtiments aux culpabilités diverses.

Certains criminalistes ont proposé comme point de départ de la graduation des peines, la distinction entre la participation morale et la participation matérielle. La participation morale, même la plus directe, ne peut jamais, d'après ce système, constituer qu'un acte de complicité accessoire, la participation matérielle étant au contraire toujours principale. Il sera, dit-on, plus difficile à l'auteur d'un projet criminel de trouver un agent pour l'exécuter, si celui-ci sait qu'à sa participation est réservée une peine plus forte que celle à laquelle s'expose le provocateur. Le rôle de ce dernier ne semble-t-il pas d'ailleurs faire supposer chez lui une perversité moins grande que chez l'agent matériel ? Il a peut-être agi sous l'empire de passions violentes qui atténuent sa culpabilité. En tout cas, sa participation s'est bornée à des paroles, et peut-être eût-il reculé s'il eût dû accomplir lui-même le crime. L'agent matériel, au contraire, a consommé le crime même, sans y être provoqué autrement que par l'or ou les promesses de l'instigateur : il est véritablement auteur de l'infraction qu'il a dû méditer et préparer avant de la commettre.

Cette distinction nous paraît trop peu sûre pour servir de mesure, quant à l'application des peines aux divers participants. Souvent, en effet, l'on rencontre des hypothèses où la participation morale est certainement plus coupable que l'exécution matérielle. N'est-il pas contradictoire de la voir alors frappée d'une peine moins forte ? Le père qui arme le bras de son fils, l'homme qui achète le concours d'un repris de justice, pour commettre un crime, ne doit-il pas en être regardé comme la cause efficiente, au moins autant que l'auteur même de l'action ? Sa participation ne s'est manifestée par aucun acte matériel d'assistance ; cependant, n'a-t-elle pas joué ici un rôle principal ? Il semble donc impossible de soutenir que ce mode de participation doive toujours être considéré comme moins grave. La distinction que l'on propose ne peut par conséquent servir de critérium.

Le point de départ de la solution doit être, selon nous, la distinction que nous avons plus haut établie entre les auteurs et les complices auxiliaires. Aux auteurs, tant intellectuels que matériels, on appliquera la peine du délit. Aux complices, dont la participation n'a été que secondaire, on appliquera encore cette peine, mais abaissée de certains degrés. Le juge devra, dans ce cas, avoir une grande latitude pour l'application de la répression, afin de pouvoir tenir un compte aussi exact que possible de la responsabilité de chacun. Le maximum fixé par la loi devra toutefois être inférieur d'un degré au maximum de la peine portée contre l'auteur principal. Enfin aux auteurs de délits postérieurs connexes, s'appliquera une peine particulière, différente aussi de celle prononcée contre l'agent de l'infraction, mais qui parfois pourra, par suite du lien de connexité, varier suivant la gravité du délit antérieur, sans toutefois être pour cela autre chose que la peine d'une infraction *sui generis*. Ajoutons cependant que ces faits peuvent, à raison des circonstances, telles que l'habitude, par exemple, faire parfois présumer l'existence d'une complicité antérieure au délit. C'est alors évidemment la peine de la complicité qui les frappera.

Une question souvent débattue entre les criminalistes, et qui les divise encore aujourd'hui, est celle de savoir quelle doit être l'influence, sur la situation des complices, des circonstances d'aggravation ou d'atténuation provenant soit du fait, soit de la qualité personnelle de l'auteur. Occupons-nous d'abord des circonstances aggravantes. Pour arriver à la solution de la difficulté, une première distinction nous semble devoir être faite.

Les causes d'aggravation peuvent être de deux sortes. Les unes ne modifient en rien la nature du délit, mais influent uniquement sur la culpabilité personnelle de l'agent du chef de qui elles proviennent. Nulle difficulté dans ce cas : ce dernier seul en est responsable ; ses complices ne peuvent souffrir de ce qui ne peut, à aucun titre, leur être imputé. C'est ainsi, par exemple, que l'état de récidive de l'un des participants ne pourra jamais être une cause d'aggravation de la peine pour ses coaccusés. Il en serait de même des causes d'aggravation dérivant de faits postérieurs à l'infraction et personnels à l un des coupables.

Les autres affectent la criminalité même du délit. Lorsqu'elles existent, la nature de l'infraction est modifiée ; elle se trouve plus ou moins aggravée, parfois même complètement transformée. Ces causes d'aggravation peuvent dériver de deux sources distinctes : les unes, en effet, tiendront aux circonstances de l'action elle-même, les autres résulteront de qualités personnelles à l'agent.

Quant aux premières, il semble qu'aucun doute ne puisse exister ; tous ceux qui ont sciemment participé à l'infraction se sont rendus complices du fait tel qu'il s'est comporté. Les causes d'augmentation de la peine résultant du temps ou du lieu où le délit a été commis, des moyens qui ont été employés, ou de la préméditation qui a précédé, influeront donc sur la situation des complices, aussi bien que sur celle de l'auteur, pourvu, évidemment, qu'ils aient eu connaissance de ces circonstances. S'ils les avaient ignorées, ils n'auraient à répondre que du délit simple, car nul ne peut être complice, s'il n'a agi sciemment, et « ce n'est pas avoir connaissance d'une action, que d'en ignorer les plus graves circonstances. Pour la complicité, comme pour tout autre fait punissable, ce n'est pas la matérialité de l'action, c'est sa moralité que l'on doit apprécier (1). »

Une difficulté peut cependant se présenter, lorsque l'on se trouve en face d'un auteur intellectuel. La distinction que nous venons d'établir ne doit-elle pas, à son égard, être rejetée d'une façon absolue ? Certains criminalistes l'ont pensé. L'instigateur, cause première du délit, doit, dit-on, en supporter toutes les conséquences. Il a donné, en quelque sorte, un blanc seing à l'agent ; il sera, par suite, responsable de tous les faits de celui-ci. Si d'ailleurs les projets criminels du provocateur réussissent, n'est-ce pas lui qui profitera des résultats qu'aura produits et peut-être accrus l'emploi du moyen, cause de l'aggravation ? Il est donc juste de le soumettre aussi aux chances mauvaises de l'entreprise coupable.

(1) De Molènes. *De l'humanité dans les lois crimin.*, p. 507.

Cette théorie rigoureuse ne nous semble point admissible. Elle est contraire à la fois à l'équité et à l'intérêt social : à l'équité, car on impute ainsi à l'instigateur un fait qu'il n'a point voulu, qu'il n'a même point prévu ; à l'intérêt social, car il est à craindre qu'une punition révoltante ne motive souvent des acquittements injustes. Nous croyons donc que l'on doit faire en cette matière la distinction suivante : si l'auteur intellectuel a posé comme condition expresse que la circonstance ne se produirait pas, ou bien s'il n'a pu raisonnablement prévoir qu'elle aurait lieu, il ne doit point en être rendu responsable. Dans tout autre cas, au contraire, il encourra l'aggravation de peine.

Cette distinction nous semble préférable à celle que propose M. Rossi, à propos de la complicité par mandat. S'inspirant à tort des règles du droit civil, il pose en principe que : si l'aggravation résulte du choix des moyens, le mandant ne doit jamais en être responsable ; si, au contraire, elle provient de ce que l'agent s'est écarté du but poursuivi par le mandant, il y a lieu de rechercher si ce dernier a pu prévoir cette transformation. Nous ne voyons pas, quant à nous, pour quel motif on devrait se refuser à appliquer cette distinction à la première hypothèse.

Les causes d'aggravation peuvent encore dériver de qualités personnelles à l'un des coupables. La peine portée contre les participants en la personne de qui n'existe pas la qualité aggravante sera-t-elle, en ce cas, celle portée contre leur complice ou bien celle du délit simple ? Cette dernière solution est généralement adoptée. Ne serait-il pas, dit-on, trop rigoureux d'infliger au complice une aggravation dérivant d'une qualité à laquelle il est personnellement étranger ? Celui, par exemple, qui aide un fils à commettre un meurtre sur la personne de son père, ou un domestique à accomplir un vol au préjudice de son maître,

ne peut se voir imputer la perversité plus grande dont ces
agents ont fait preuve en violant des obligations plus
étroites; car ces obligations ne lui sont point personnelles :
la victime du meurtre ou du vol n'est point son père ou
son maître.

Nous préférons cependant nous rallier à l'opinion contraire. On ne peut nier, en effet, que la criminalité même
du délit ne se trouve augmentée par la qualité de l'un des
codélinquants. Le parricide est certes un fait plus grave
que le meurtre ordinaire. Le complice qui sciemment s'associe au fils pour l'aider à tuer son père fait donc preuve
d'une perversité plus grande que celui qui prêterait son secours pour commettre un meurtre simple. Il est naturel,
par suite, qu'il supporte les conséquences de cette aggravation et que la peine se trouve aussi, à son égard, élevée
d'un degré. La justice exige toutefois que l'on tienne compte
ici de la différence qui existe, au point de vue moral, entre
celui qui viole les obligations plus strictes auxquelles il
est soumis, et celui qui aide à cette violation. Le surcroît
de peine ne devra être appliqué à ce dernier qu'avec un
tempérament.

Nous ne pouvons mieux faire que de reproduire en
substance la théorie de M. Ortolan, quant à la graduation
qu'il importerait d'établir sur ce point :

Ou bien la qualité existe chez un auteur principal unique. Son complice s'est associé au crime et à l'aggravation;
mais il ne s'est associé à tous deux que d'une façon secondaire. Il n'encourra donc la peine de l'infraction et le surcroît résultant de l'aggravation, qu'avec un abaissement
portant à la fois sur cette peine et sur ce surcroît.

Ou bien la qualité aggravante existe chez l'un de plusieurs coauteurs. Cet agent supportera intégralement la
peine et l'augmentation. Son coauteur, cause efficiente

par rapport au crime, subira la peine du crime tout entière ; mais son rôle, quant à la qualité qui n'est pas en lui, n'ayant pu être qu'accessoire, l'aggravation ne lui sera appliquée qu'avec un abaissement.

Ou bien la qualité est personnelle à l'un des complices auxiliaires de l'infraction. Il encourt d'abord la peine du crime avec abaissement d'un degré, et en outre l'augmentation entière résultant de sa qualité aggravante. Ses associés supporteront la peine du crime, abaissée ou non, suivant que leur coopération a été principale ou accessoire, plus le surcroît abaissé d'un degré.

Ce système semble fort équitable, car la peine principale et l'aggravation pèsent ainsi sur chacun proportionnellement au rôle qu'il a joué. Mais, comme le fait observer M. Orlolan lui-même, « il est clair que nous raisonnons ici en science pure, d'une manière abstraite, et dans l'hypothèse d'un système de peines tellement bien graduées, qu'elles comporteraient toutes ces nuances délicates dans leur mesure. En pratique, il est difficile d'atteindre à u e pareille graduation (1). »

Une autre cause pouvant modifier la responsabilité de l'un des agents dérive des circonstances d'atténuation provenant de son chef. Quelle sera leur influence sur les pénalités à appliquer aux autres complices? Doit-on établir encore à leur égard la distinction que nous avons posée, quant aux circonstances aggravantes, entre celles qui affectent la criminalité du délit lui-même, et celles qui ne modifient que la culpabilité personnelle de l'un des délinquants. Cela semble naturel. Il faut cependant observer que la plupart des causes d'atténuation paraissent par leur nature même ne pouvoir jamais avoir d'influence que sur la

(1) *Elém. de droit pénal*, I, p. 606.

situation de la personne en qui elles sont reconnues avoir existé. Cela ne peut faire de doute pour les circonstances atténuantes, dont l'admission n'est qu'un moyen donné au juge de faire une appréciation exacte de la moralité de chacun des coupables.

Quant aux excuses atténuantes fondées ordinairement sur des considérations tirées de la situation personnelle de celui en faveur de qui elles sont prononcées, il semble que l'on ne puisse en général en étendre le bénéfice aux autres participants. Car, malgré l'atténuation de la culpabilité de l'un des délinquants, la criminalité du délit reste la même ; la situation du complice ne doit donc point être modifiée. C'est ainsi qu'il faudrait, croyons-nous, refuser d'accorder le bénéfice de l'excuse à celui qui aide un mineur à commettre un crime, ou qui, sans y être provoqué lui-même, participe à l'accomplissement d'un délit dont l'auteur agit sous l'empire d'une provocation violente. L'âge, la provocation sont des circonstances qui n'influent que sur l'appréciation de l'élément moral de l'infraction ; l'effet ne peut donc en être étendu aux complices qui ont agi étant en pleine possession d'eux-mêmes.

Il en serait autrement dans le cas où l'excuse invoquée affecterait la criminalité même du délit. Non seulement l'agent principal, mais encore tous les complices devraient alors bénéficier de l'atténuation. Cela aurait lieu, par exemple, dans une législation qui verrait une excuse atténuant la criminalité du vol ou du meurtre dans la qualité de la personne qui en est victime.

Cette étude des effets produits par les causes d'atténuation des peines conduit à se demander qu'elle est l'influence des excuses absolutoires existant, du chef de l'auteur, sur la situation des autres coprévenus. La règle générale doit être ici, croyons-nous, que le complice ne peut profiter de l'excuse absolutoire existant en la personne de l'auteur ; car une seule condition est exigée, en principe, pour qu'un acte de complicité tombe sous le coup de la loi pénale : il faut et il suffit que le fait principal lui-même ait un caractère délictueux. Or, l'excuse absolutoire ne fait disparaître que la culpabilité de l'auteur et non la criminalité de l'infraction elle-même ; elle ne peut donc avoir aucune influence sur la situation du complice. Des exceptions peuvent cependant être faites parfois à cette règle, en raison de considérations particulières, telles que l'intérêt de la famille ou de l'ordre public. Notre droit actuel offre, nous le verrons, plusieurs exemples de ces cas.

Les causes de justification et les causes de non-imputabilité qui, à la différence des excuses absolutoires, sont toujours des cas de non-culpabilité, s'en rapprochent cependant en ce qu'elles aboutissent aussi à une exemption de peine. Doivent-elles profiter au complice ? Quant aux causes de non-imputabilité, elles sont évidemment toujours personnelles à celui-là seul des participants, qui n'a point la responsabilité de son acte, soit parce qu'il n'a point encore le discernement nécessaire pour distinguer le bien du mal, soit parce qu'il a agi dans un état de folie, sous l'empire de la contrainte ou par suite d'une erreur certaine. Les causes de justification au contraire (légitime défense, ordre de la loi) font disparaître le délit lui-même ; il ne peut donc être alors question de complicité punissable.

La solution serait tout autre dans le cas où le principal accusé serait acquitté parce que le juge reconnaîtrait qu'il n'est point l'auteur du fait incriminé. Rien ne s'opposerait alors à la condamnation du complice. Car l'acquittement du prétendu auteur n'étant point motivé sur ce que le fait est non délictueux ou non constant, la déclaration de non-culpabilité ne supprimerait nullement le délit. La peine pourrait par conséquent être prononcée contre le complice, pourvu que l'existence de l'infraction et sa propre coopération fussent reconnues contradictoirement avec lui.

Il en serait évidemment de même en cas de fuite ou de prédécès de l'auteur principal.

Une dernière difficulté nous reste à examiner, pour terminer cette étude des principes rationnels de la complicité. Le désistement de l'un des agents doit-il exercer une influence quelconque sur sa responsabilité et sur celle de ses associés ?

Le problème est facile à résoudre lorsque c'est l'agent auquel était réservée l'exécution matérielle de l'infraction qui se repent, avant de l'avoir commencée. Le délit n'a pas été commis, il ne saurait y avoir de complicité : tout au plus pourrait-il y avoir, dans certains cas exceptionnels, un délit *sui generis*. Tous ceux qui ont pris part aux actes préparatoires doivent donc en principe être exempts de peine. Il en est même ainsi de l'auteur intellectuel. Il coopère, il est vrai, selon nous, d'une façon principale à l'infraction. Mais sa résolution ne prend la valeur légale de crime consommé que par l'accomplissement du fait matériel. Se fonder sur ce que, dès qu'il s'est assuré d'un exécuteur, son œuvre est accomplie, et vouloir lui imputer le crime provoqué, avant que ce crime ait été exécuté, serait, en réalité, imputer l'effet avant que la cause l'ait produit. La raison répugne à donner son assentiment à un tel résultat.

La solution est simple encore, lorsque le désistement émane d'un complice qui a assisté l'auteur dans les actes préparatoires. S'il manifeste son repentir avant l'accomplissement du délit, et s'il s'efforce de détruire autant qu'il est en son pouvoir l'effet de ses actes d'assistance, il se trouve entièrement dégagé des liens de la complicité.

En sera-t-il de même de l'auteur intellectuel? Est-il indispensable, pour qu'il échappe à toute responsabilité, qu'il signifie en temps utile son désistement à l'auteur matériel, et, faute de ce désaveu formellement exprimé, ne pourra-t-il jamais être déchargé des peines de la complicité? La réponse à cette question dépend de la solution que l'on adopte dans la controverse relative au caractère de la participation intellectuelle. Se refuse-t-on à voir dans l'instigateur un auteur principal? On devra décider que son désistement fait disparaître en lui toute culpabilité, non seulement lorsque ce repentir a été manifesté à l'auteur du délit, mais encore lorsqu'il est prouvé qu'il s'est efforcé de lui en faire part, sans y avoir réussi. L'auteur matériel s'est, dit-on, approprié la résolution ; il a seul assumé la responsabilité de l'exécution : peu lui importe donc que le complice intellectuel, dont le rôle n'est que secondaire dans l'infraction, lui ait manifesté son changement de volonté. S'il est constaté, d'une part, que ce changement s'est certainement produit antérieurement à l'accomplissement du crime, et d'autre part que le provocateur ne s'est trouvé dans l'impossibilité de s'opposer à l'exécution que par suite de circonstances indépendantes de sa volonté, il semble naturel de le décharger de toute responsabilité. N'y aurait-il pas sévérité excessive à décider qu'un accident imprévu ou la précipitation de l'agent du délit doit paralyser dans tous les cas les conséquences d'un repentir que le complice avait raisonnablement l'espoir de rendre efficace ? C'est d'ailleurs à celui-ci qu'incombera nécessairement la preuve de cette volonté et des efforts faits pour arrêter l'exécution; la présomption doit toujours être contre lui.

Pour ceux qui, comme nous l'avons fait, distinguent l'agent intellectuel du complice auxiliaire, ce système ne saurait être admis. Quelle est en effet la cause de la responsabilité de l'auteur intellectuel, sinon l'influence directe et décisive que sa volonté a exercée sur la détermination de l'exécuteur ? Or, tant que ce dernier n'a pas connaissance du désaveu de l'instigateur, il continue à subir cette influence. La volonté du provocateur continue donc à être la cause efficiente du crime ; le lien qui l'unit à l'auteur n'a point été rompu. « *Imputet sibi*, si son changement de volonté n'a pas été connu à temps. C'est le cas de l'homme qui, après avoir mis le poison à la portée de celui qu'il veut empoisonner, et s'être éloigné, saisi de repentir, revient précipitamment sur ses pas pour empêcher la consommation du crime, et trouve que la potion fatale a déjà porté la mort dans les entrailles de la victime (1). »

Nous avons terminé l'examen des principes rationnels de la complicité. Ils nous serviront de guides dans l'étude des lois positives que nous allons entreprendre. Souvent, ils nous éclaireront au milieu des nombreuses difficultés que présente cette matière. Parfois aussi ils nous obligeront à formuler de sérieuses critiques contre le système pénal qui, depuis les lois romaines, s'est perpétué jusqu'à notre législation actuelle.

(1) Rossi. *Tr. de droit pénal*, III, p. 37.

SECONDE PARTIE

De la complicité en droit positif.

DROIT ROMAIN

Lorsque l'on étudie la législation romaine sur notre sujet, on est tout d'abord frappé et de l'absence d'une théorie générale nettement formulée, et de l'obscurité des textes dans lesquels il est traité incidemment de la complicité. Ce n'est qu'en réunissant et coordonnant des décisions disséminées dans les divers titres du Digeste qu'il a été possible de découvrir les principes qui régissaient la matière. Nous ne saurions dire qu'il en soit résulté pour nous un système complet, ayant tout prévu, pouvant tout résoudre ; mais il est certain que des essais sérieux de théorie furent faits, et si un grand nombre d'imperfections et de lacunes nous apparaissent dans la jurisprudence romaine, nous devons les attribuer à l'absence totale d'un système rationnel de peine, et à l'arbitraire qui présidait toujours à l'application de la répression.

La complicité à Rome pouvait se présenter sous deux formes différentes : elle pouvait être morale ou matérielle.

Non tantum qui furtum fecerit, dit Paul (1), *sed etiam is cujus* OPE AUT CONSILIO *furtum factum fuerit, furti actione tenebitur*. Tel sera le point de départ de la division de notre travail.

Après avoir, dans un premier chapitre, recherché quelles sont les conditions essentielles à l'existence de la complicité en général, nous nous occuperons d'abord des provocations, des excitations, c'est-à-dire de tous les faits purement moraux qui ont pu avoir une influence directe sur la détermination de l'agent principal ; nous traiterons ensuite des actes matériels d'assistance, soit antérieurs ou concomitants, soit postérieurs au délit. Nous compléterons enfin cet exposé par le développement des conséquences pénales des différents modes de complicité.

CHAPITRE PREMIER.

CONDITIONS GÉNÉRALES DE LA COMPLICITÉ A ROME.

Trois conditions doivent se rencontrer pour que l'association criminelle produise ses conséquences pénales. Il faut d'abord que l'intention du prétendu complice ait été criminelle ; il faut, en second lieu, que le fait principal auquel on veut rattacher l'acte de complicité, soit un fait coupable, réprimé par les lois, et enfin que le secours apporté dans la préparation ou l'exécution ait été efficace. Nous allons successivement étudier ces trois éléments essentiels : intention coupable de la part du complice, fait

(1) Paul. *Sent.* II, 31, § 10.

principal délictueux, influence de l'acte du complice sur l'exécution du crime.

1° Celui qui a fourni *opem aut consilium* doit avoir agi dans une intention coupable.

Les lois du Digeste proclament à plusieurs reprises cette première condition, sans laquelle il ne peut y avoir de complicité ; mais Ulpien est particulièrement formel sur ce point : *Recte Pedius ait*, dit-il (1), *sicut nemo furtum facit sine dolo malo, ita nec consilium, vel opem ferre sine dolo malo posse*. L'aide fournie inconsciemment ne peut donc jamais être incriminée comme fait de complicité ; tout au plus peut-elle parfois donner lieu à une action *in factum;* c'est ce qu'exprime Justinien quand, après avoir cité des exemples de complicité, il ajoute : *Sed si quid eorum per lasciviam, et non data opera ut furtum admitteretur factum est in factum actio dari debet* (2). Cette intention criminelle, *dolus malus*, qui caractérise la complicité, ne peut toutefois se présumer. La preuve doit toujours en être faite ; car c'est une règle générale, que *dolum ex indiciis perspicuis probari convenit* (3).

Remarquons, en passant, qu'en exigeant le *dolus* chez le complice, les jurisconsultes ont toujours soin de lui donner l'épithète de *malus*. C'est qu'on distinguait, en effet, à Rome deux espèces de dol, le *dolus bonus* et le *dolus malus*. *Non fuit autem contentus prætor dolum dicere, sed adjecit malum; quoniam veteres dolum etiam bonum dicebant, et pro solertia hoc nomen accipiebant, maxime si adversus hostem, latronemve quis machinetur* (4). D'où cette consé-

---

(1) L. 50, § 2, *de furtis*.

(2) *Instit.* IV, t. I, § 11.— *Adde*, l. 50, § 4, *de furtis*.

(3) L. 6, C., *de dolo malo*. — *Adde*, l. 25, C. *de prob.*

(4) L. 1, § 3, D. *de dolo malo*. — *Dolus an virtus, quis in hoste requirat ?* (Virgile, Æn., II, 390).— *Neque est contra naturam spoliare, si possis, quem honestum est necare* (Cicéron).

sed dabitur actio in factum in eum qui adduxit (1). Un passage des lettres de Pline-le-Jeune établit aussi fort clairement ce principe. A propos d'une accusation portée par les habitants de la Bétique contre les complices de Classicus, leur proconsul, il s'exprime en ces termes : *Placuit imprimis ipsum Classicum ostendere nocentem; hic aptissimus ad socios ejus et ministros transitus erat, quia socii ministrique probari, nisi illo nocente non poterant (2).*

Au cas de complicité morale, cette nécessité de l'exécution affective de l'intention, dictée d'ailleurs par le bon sens, est énoncée d'une façon non moins explicite : ainsi, pour qu'il y ait complicité morale de vol, il faut qu'une *contrectatio fraudulosa* ait suivi le conseil, l'ordre ou le mandat donné. *Neque verbo, neque scriptura quis furtum facit; hoc enim jure utimur, ut furtum sine contrectatione non fiat : quare... consilium dare tunc nocet, quum secuta contrectatio est* (3).C'est encore en ce sens que nous interpréterons plus loin les lois 36 et 62, *de furtis :* il ne peut y avoir complicité punissable dans le fait seul de conseiller ou de favoriser la fuite d'un esclave, l'aide ou le conseil fourni n'ayant point été suivi de vol, puisque l'esclave ne peut être *ipsius fur.*

On doit donc considérer comme contraire aux principes la décision de Justinien dans l'espèce suivante : Titius ayant sollicité mon esclave de me dérober certains objets et de les lui apporter, celui-ci m'en avertit, puis, sur mon ordre, va porter les objets à Titius, afin de le prendre sur le fait. Une constitution, tranchant la controverse qui existait entre les jurisconsultes, donne en ce cas l'action *furti*

(1) L. 66, § 4, *de furt.* — L. 37, *eod. tit.*
(2) *Plin. epist.*, III, 9.
(3) L. 52, § 19, *de furt.*

contre Titius (1). Il y a là (Justinien le reconnaît lui-même) (2), une dérogation aux règles élémentaires de la matière. Aussi, la solution donnée par Gaïus nous semble-t-elle de beaucoup préférable : L'action *furti*, dit-il, ne peut être intentée contre Titius, *ideo quod non invito me res contrectavit* (3).

Il faut, disons-nous, pour que l'aide ou le conseil soit susceptible d'être incriminé, qu'un délit ait réellement eu lieu : mais on peut se demander s'il n'est pas, de plus, nécessaire que l'auteur principal soit soumis à une action pénale, pour que le complice puisse être poursuivi. La réponse n'est pas douteuse : tous les textes sont ici d'accord pour se prononcer dans le sens de la négative. Ainsi on sait que si un esclave ou un fils de famille soustrait quelque objet à son maître ou à son père, il commet bien un vol, et la chose détournée *in furtivam causam cadit;* mais il ne pourra être poursuivi par l'action *furti*. Quel est le motif de cette disposition? C'est que, dit Paul (4), *non magis cum his quos in potestate habemus, quam nobiscum ipsi agere possumus.* Or, cet empêchement tout spécial ne peut plus exister entre le volé et les complices du voleur non soumis à la puissance du premier. Rien donc de plus conforme à la logique que la solution donnée par les Institutes : *Hi qui in parentum vel dominorum potestate sunt, si rem eis subripiant, furtum quidem illis faciunt..., sed furti actio non nascitur.... Si vero ope consilio alterius furtum factum fuerit, quia utique furtum committitur, convenienter ille furti tenetur, quia verum est ope consilio ejus furtum factum esse.* C'est aussi ce que dit la loi 36, § 1, *de furtis* : *Item placuit,*

(1) L. 20, C., *de furt.* — Inst., § 8, *de obl. ex del.*
(2) *Secundum juris regulas furtum quidem non est commissum.*
(3) Comm. III, § 198.
(4) L. 16, *de furtis;* — ad. 17, *pr. eod. t.,* — inst. IV, 1, § 12, etc.

Salmon.   3

eum qui filio, vel servo, vel uxori opem fert furtum facien-
tibus, furti teneri, quamvis ipsi furti actione non conve-
niantur.

Ce texte d'Ulpien est plus complet que celui des Institutes qui ne vise que les cas où le vol a été commis par un
esclave ou un fils de famille. Le jurisconsulte prévoit de
plus l'hypothèse où c'est une femme qui s'est rendue coupable de *furtum* au préjudice de son mari : dans ce cas
encore, le complice pourra être poursuivi (1). Il est vrai
que des divergences s'étaient autrefois produites sur ce
point parmi les prudents, car plusieurs d'entre eux ne se
contentaient pas de refuser l'action *furti* contre la femme,
mais prétendaient encore que celle-ci ne commet même
pas un vol, *quia societas vitæ quodammodo dominam eam*
faceret. La conséquence logique de cette théorie de Nerva
et Cassius devrait être que celui qui fournit aide ou secours
à la femme ne peut être poursuivi, car le délit principal
faisant défaut, il ne peut être question de complicité. Telle
n'est pas l'opinion qui prévalut, ainsi que le démontrent
les textes et en particulier la loi 36, § 1 *de furtis* que nous
citions tout à l'heure. Le système qui l'emporta est celui
de Sabinus, Proculus et Julien. Selon ces jurisconsultes,
la femme qui a détourné les objets du mari n'est pas, il
est vrai, tenue de l'action *furti*, mais elle n'en commet pas
moins un véritable vol, *sicuti filia patri faceret* ; son complice pourra donc être poursuivi par l'action *furii*, refusée
contre elle seule, parce que, comme dit Gaius, *in honorem*
matrimonii turpis actio adversus uxorem denegatur (2). Et
la preuve que tel est bien l'unique motif pour lequel la
femme ne peut être soumise à l'action de vol, c'est qu'une

(1) *Adde*, Ulp., l. 52, *pr. de furt.*
(2) L. 1 et 2, *rerum amotarum.*

action spéciale est donnée contre elle, l'action *rerum amotarum*, qui n'est pas infamante (1).

3° Il faut que l'aide ait été efficace. Sinon, en effet, où
trouver le lien qui unisse à l'auteur principal celui qui a eu
l'intention de lui prêter secours? La simple volonté de favoriser un délinquant ne peut évidemment suffire seule, *nam
cogitationis pœnam nemo patitur* (2) ; il faut, de plus, qu'il
y ait eu aide fournie ; mais comment qualifier d'aide morale
ou matérielle des faits qui n'ont influé en rien sur l'exécution du délit? Qu'a voulu ici le prétendu complice, sinon
faciliter l'accomplissement de l'infraction? En réalité, il ne
l'a point fait : il ne doit donc pas plus être puni pour cette
aide inutilement fournie qu'il ne le serait pour une intention
mauvaise ; car il est de principe à Rome que, pour déterminer
la peine à infliger à un acte coupable, on doit considérer quel
en a été le résultat : *eventus spectetur* (3). Aussi Pothier (4),
après avoir cité l'opinion d'Ulpien, qui punit comme complice celui *qui instruit consilio ad furandum*, ajoute-t-il avec
raison « qu'il en sera autrement de celui qui a simplement
approuvé les projets d'un voleur déjà prêt à voler » ; car
cet encouragement au crime n'a exercé ici aucune influence
sur la détermination de l'auteur. Telle est aussi, nous le
verrons bientôt, la portée du § 2, *in fine*, l. IV, t. Ier aux
Institutes. D'autres textes encore nous démontrent la néces-

(1) C'est aussi pour la même cause, que la femme complice de celui
qui a volé son mari n'est pas poursuivie par l'action *furti* (52, § 2, *de
furt.*) — Du texte de Pline cité plus haut, on peut encore tirer une
preuve qu'il n'était pas nécessaire pour que les poursuites contre les
complices fussent possibles, que l'auteur principal eût été condamné ;
car dans l'affaire dont il rend compte, le principal coupable, Classicus,
était décédé.

(2) L. 18, *de pœnis.*

(3) L. 16, § 8, *de pœnis.*

(4) *Pand.* 47, 2, n° 68, note, — *ad.* 47, 10, n° 40, note.

sité de cette troisième condition pour l'existence de la complicité. Nous aurons très prochainement l'occasion d'y revenir, en parlant de la complicité par conseil.

CHAPITRE II.

COMPLICITÉ MORALE.

Nous avons à nous occuper dans ce chapitre de la participation au crime, qui consiste en des faits purement moraux, ayant eu pour résultat de provoquer ou de faciliter l'exécution du fait coupable, sans toutefois que cette participation se soit manifestée par aucun acte matériel d'assistance. Une telle complicité peut résulter soit d'un conseil, soit d'un ordre, soit d'un mandat donné au coupable de commettre le crime. Nous grouperons donc en trois sections l'exposé de la théorie romaine sur ce point. Dans un appendice à notre chapitre, nous rechercherons si aux yeux des jurisconsultes la simple abstention ne pouvait pas aussi, dans certains cas, constituer un fait de complicité punissable.

SECTION I.

Complicité par conseil.

Avant d'aborder l'étude détaillée des différents modes de complicité, une question capitale s'impose à notre examen. Cette question, sur laquelle les interprètes se trouvent encore divisés, est celle même de savoir si les lois romaines considéraient comme suffisante pour constituer un acte de complicité la coopération purement morale donnée à un crime, ou si, au contraire, elles exigeaient en outre qu'un fait matériel fût venu se joindre au *consilium*. En d'autres termes, lorsque les jurisconsultes emploient, pour désigner la complicité, la formule *opem consilium dare*, doit-on entendre ces termes séparément, ou faut-il décider que l'association criminelle n'est pas suffisamment caractérisée, tant qu'à l'élément intellectuel ne s'est pas joint un élément matériel résultant d'actes d'assistance ?

Un doute sérieux s'élève au premier abord, en présence de textes dont nous ne prétendons pas contester l'autorité, mais qui ont à nos yeux une signification toute différente de celle qui leur est parfois attribuée. La confusion vient de ce que les jurisconsultes romains, dans leurs différentes décisions, quelquefois même dans le même texte, ont pris le mot *consilium* dans diverses acceptions. Vinnius, dans son commentaire des Institutes (1), nous donne l'explication de cette apparente incohérence et établit des distinctions qui nous seront fort utiles pour la solution des difficultés relatives à l'existence de la complicité morale. Selon lui, le mot *consilium* peut être pris dans trois acceptions différentes. Quelquefois on désigne par là *malitiosum propositum, seu animus dolosus ;* c'est en ce sens qu'il serait exact de dire qu'il n'y a pas de complicité *ope, sine consilio*. D'autres fois, *consilium usurpatur pro simplici suasione, seu monitione*, comme par exemple, lorsque l'on engage d'une façon générale un homme pauvre à recourir au vol pour s'enrichir. Cette simple exhortation ne peut rendre complice des vols que commettra par la suite cet individu ; car une des conditions essentielles à l'existence de la complicité fait défaut :

(1) *A. Vinnii institution. imperial. commentarius*, p. 723.

le *consilium* qui a été donné à l'auteur n'a pu exercer une influence directe et déterminante sur sa résolution. Enfin, pris dans une troisième acception, *consilium strictius accipitur, ut sit idem quod persuasio, impulsio, simulque instructio ad furtum faciendum.* C'est dans ce sens que les textes prennent le mot *consilium,* lorsqu'ils l'opposent à *opem,* qui, alors, désigne l'*aide matérielle* directement fournie avant ou pendant l'exécution du délit. C'est aussi en entendant donner au mot *consilium* cette signification, que nous soutiendrons l'existence à Rome de la complicité *solo consilio.*

Ces distinctions préliminaires vont nous permettre de répondre facilement aux textes invoqués par les partisans du système qui nie l'existence d'une complicité *consilio.* Et d'abord, énumérons ces textes, en faisant ressortir l'objection que prétend en tirer ce premier système. Ulpien, dans la loi 36, *pr. de furtis,* s'exprime ainsi : *nec qui alicui malum consilium dedit furtum facit.* Qu'y a-t-il là, dit-on, sinon une application pure et simple du principe posé par la loi 2 *mandati, nemo ex consilio obligatur,* conforme en cela à la règle plus générale formulée par Ulpien : *cogitationis pœnam nemo patitur?* Telle paraît être aussi en définitive l'opinion de Paul dans la loi 53, § 2 *in fine, de verbor signific.* Ce jurisconsulte, après s'être, il est vrai, dans la première partie du texte rallié à l'opinion de l'affirmative, ne se contredit-il pas immédiatement, lorsqu'en dernier lieu il ajoute : *Et sane, post veterum auctoritatem eo perventum est, ut nemo ope videatur fecisse, nisi et consilium malignum habuerit ; nec consilium habuisse noceat, nisi et factum secutum fuerit?*

Ce texte peu probant par lui-même (ceux qui l'invoquent doivent le reconnaître eux-mêmes), se trouve corroboré, dit-on, par un autre beaucoup plus formel : c'est la dernière phrase du § 11, l. IV, t. I, des Institutes : *Certe qui nullam opem ad furtum faciendum adhibuit, sed tantum consilium dedit atque hortatus est ad furtum faciendum, non tenetur furti.* Il est impossible, ajoute-t-on, de douter que cette formule ne soit l'expression exacte de la doctrine romaine sur ce point, quand on voit les textes qui caractérisent la complicité par conseil exiger qu'elle soit manifestée par une aide matérielle, *ope consilio.*

Tels sont les arguments invoqués en faveur du premier système. Grâce aux explications que nous avons présentées dès le début, il nous sera facile de donner de toutes ces lois une interprétation satisfaisante, et conforme en outre aux nombreux textes qui se prononcent formellement dans le sens de notre opinion. Pour cela, il est nécessaire d'entrer sur chacun des fragments qui nous sont opposés dans quelques détails d'explication.

Et d'abord, on a invoqué plus haut la loi 36 *pr. de furtis* dont on a extrait ce membre de phrase : *nec qui alicui consilium dedit furtum facit.* Une étude complète de cette loi va nous faire saisir le sens exact de ces mots. *Qui servo persuasit ut fugeret,* dit-elle, *fur non est.* La raison de cette première disposition est facile à donner : pour qu'il y ait complicité punissable, il ne faut pas seulement, nous le savons, que l'acte de complicité ait été fait dans l'intention de provoquer ou faciliter un fait coupable ; il faut en outre qu'un délit ait en réalité suivi l'aide ou le conseil : *oportet ut furtum revera secutum sit.* Or, reportons-nous à notre hypothèse : cette seconde condition ne nous fait-elle pas défaut, l'esclave fugitif ne pouvant être *ipsius fur* (1) ? *Nec enim qui alicui*

---

(1) On dit souvent, il est vrai, que l'esclave qui s'enfuit commet un *furtum sui* ; mais cela est inexact. A défaut d'autres arguments, notre loi 36, *pr.* le prouverait à elle seule, lorsque supposant qu'un tiers s'est emparé de l'esclave, elle s'exprime ainsi : *cum quis fugitivi fur esse cœ-*

malum consilium dedit, *furtum facit*, ajoute la loi, c'est-à-
dire : celui qui donne un conseil à un autre, n'est pas, par
le fait seul de ce conseil, coupable de délit (si en réalité un
délit ne s'ensuit pas). Il n'y a pas plus complicité de vol
ici, continue le jurisconsulte, que si on avait persuadé à
l'esclave de se donner la mort; car dans l'un et l'autre cas,
le délit principal, le vol fait défaut : *non magis quam si ei
persuasit ut se præcipitet, aut sibi manus inferret*. Et que
l'on ne doute pas que le sens ainsi attribué à cette phrase
ne soit bien celui qu'a entendu lui donner le jurisconsulte :
la fin de la loi ne permet aucune hésitation à cet égard.
Ulpien, pour mieux exprimer que la complicité ne peut
exister que si un délit a été le résultat du conseil, examine
une hypothèse nouvelle. Si quelqu'un, dit-il, a persuadé la
fuite à un esclave *afin de favoriser les projets d'un voleur*
qui a l'intention de s'en emparer, *furti tenetur is qui persuasit*(1). Pomponius, qui cependant est plus sévère, reconnaît aussi, selon Ulpien, la nécessité de la réalisation du
délit ; mais il n'est pas indispensable, d'après lui, pour que
le *suasor* soit tenu de l'action *furti*, qu'il ait eu l'intention

---

perit. Il n'est vrai de dire que l'esclave est *ipsius fur*, qu'au point de
vue de l'usucapion, l'esclave fugitif ne pouvant, comme une chose fur-
tive, être usucapé qu'après son retour entre les mains de son propriétaire. — Celui qui persuade à un esclave de fuir encourt la peine des
plagiaires (6, 2, *ad leg. Fab. de plag.*).

(1) Remarquons qu'il ne s'agit plus ici de complicité *consilio* proprement dite ; car le conseil n'a pas été donné *au voleur* lui-même ; mais,
donné à un autre, il a été pour lui un secours ; il y a là en réalité complicité par assistance, de même que dans le cas où une personne donne
à une autre le conseil de suivre telle route, où elle sait que des assassins sont postés pour la surprendre. — Cette observation toutefois n'in-
firme en rien la conclusion que nous déduisons de cette phrase; car
tout ce que nous en voulons retenir, c'est que Ulpien, dans cette loi,
n'a d'autre but que de poser la règle : pas de complicité sans délit principal.

d'aider le voleur : il suffit qu'un tiers se soit en réalité emparé de l'esclave dont il a favorisé la fuite ; car alors le fait principal, le vol auquel se rattachera le fait accessoire ne fait plus défaut. *Plus Pomponius scripsit eum qui persuasit quamvis interim furti non teneretur, tunc tamen incipere teneri cum quis fugitivi fur esse cœperit, quasi videatur ope consilio ejus furtum factum.* Nous n'insisterons pas sur les §§ 1 et 2 de la loi, qui confirment encore notre théorie en nous disant que pour caractériser la complicité punissable, il n'est pas nécessaire que l'*action furti* soit possible contre l'auteur principal ; il suffit qu'il y ait eu vol de sa part. Enfin, le § 3 pose successivement deux hypothèses différentes : deux esclaves se sont mutuellement conseillé de fuir, et se sont échappés ensemble : *alter alterius fur non est* ; pas de délit principal, pas de complicité. Mais si l'un d'eux cache l'autre, il commence alors à être tenu comme voleur, de même qu'un étranger serait tenu, non pour avoir conseillé à un esclave de fuir, mais pour l'avoir caché (1) : *quemadmodum si alii singulos subripuissent tenerentur.* Ceci est conforme à la théorie que nous soutenons.

Cette étude du texte, dont on nous opposait tout à l'heure un fragment, est, on peut s'en convaincre, tout en faveur de notre opinion. Aussi nous permet–elle de ne tenir aucun compte de la loi 2 *mandati*, dont le but évident est de s'occuper uniquement de la force du mandat licite donné dans certaines circonstances. La règle *nemo ex consilio obligatur*, règle de droit civil pur, ne peut prévaloir contre les principes posés dans des textes spéciaux à la matière qui nous occupe.

Quant à l'argument tiré par le premier système de la dernière phrase de la loi 53 § 2, il ne pourra résister long–

---

(1) *Sic*, l. 4, C., *de furtis et servo corrupto.*

temps à un examen sérieux du texte. Il est impossible de nier la valeur de l'objection que nous pouvons tirer dès l'abord de la première partie de cette loi. Paul, après avoir dit qu'il est des cas où *conjuncta pro disjunctis accipiuntur et disjuncta pro conjunctis*, examine plusieurs hypothèses particulières, et enfin dans le § 3 ajoute : *Item dubitatum illa verba ope consilio quemadmodum accipienda sunt, sententiæ conjungentium, aut separantium ? Sed verius est, quod et Labeo ait, separatim accipienda, quia aliud factum est ejus qui ope, aliud ejus qui consilio furtum facit: sic enim alii condici potest alii non potest.* Il semble à première vue difficile de contester la force d'un texte si formel et si explicite. Aussi est-on obligé, pour la défense du système opposé, de prétendre que le jurisconsulte s'est lui-même contredit dans la dernière partie du paragraphe. C'est précisément là ce que nous ne pouvons accorder. Toute la confusion vient ici de ce que le jurisconsulte a malheureusement donné dans cette phrase au mot *consilium* un sens différent de celui qu'il lui attribue dans la première partie du texte. Jusque-là par *consilium* il a entendu l'exhortation, l'encouragement, donné au crime, et en ce sens il a opposé *consilium* à *ope*. Lorsqu'il dit ensuite : *eo perventum est, ut nemo ope videatur fecisse, nisi et consilium malignum habuerit*, qui ne voit qu'il entend alors donner au même mot *consilium* une signification nouvelle ? L'épithète de *malignum*, et le verbe *habuerit* employé au lieu de *dederit* ne laissent aucun doute sur ce point. Paul entend dire par là que, pour rendre un fait de complicité matérielle (*ope*) punissable, il faut qu'il y ait eu à la fois aide fournie et intention criminelle de favoriser un délit ; *consilium malignum* est donc alors, comme dit Voët (1), synonyme de *pro-*

---

(1) Voët, *Commentar. ad pand.* L. 47, t. II, n° 7. — *Sic* Poth. eod tit., n° 1303, note.

positum furti adjuvandi. — *Et sic conciliatur,* conclut Rebuffe (1), *utraque sententia, quod separatim accipienda sint
hæc verba ope consilio, si consilium accipiatur pro suasione
alteri facta ; si autem capiatur pro sua mala voluntate, et
impulsu, tunc conjunctim accipienda sunt.*

Ce texte de Paul, loin de nous contredire, suffirait, on le
voit, à fonder toute notre théorie ; mais il est loin d'être
le seul qui vienne démontrer la séparation de l'*ops* et du
consilium. Un grand nombre d'autres seraient absolument inexplicables dans le système adverse. Bornons-
nous à en citer quelques-uns : *Aut facta puniuntur, aut
dicta, aut scripta, aut consilia..., quosque alios suadendo
juvisse sceleris est instar.* — *Si quis servo meo persuase-
rit ut nomen suum ex instrumento emptionis tolleret, et
Mela scripsit, et ego puto furti agendum.* — *Si paret ope
consiliove Dionis Hermœi filii furtum factum esse paterœ
aureœ...* (2).

Arrivons maintenant à l'explication du paragraphe des
Institutes qu'a invoqué plus haut le premier système : *Certe
qui nullam opem ad furtum faciendum adhibuit, sed tantum consilium dedit atque hortatus est, non tenetur furti.* Ce
texte, qui semble au premier abord en contradiction formelle avec notre théorie, peut, grâce aux distinctions précédemment établies, se concilier parfaitement avec le système que nous défendons. Nous avons, d'après Vinnius,
reconnu plus haut, au mot *consilium,* trois acceptions différentes, qui lui sont successivement attribuées par les
textes. Tantôt, avons-nous dit, *consilium* est synonyme de
propositum ; tel n'est évidemment pas son sens, dans la

---

(1) Rebuffe, *de verbor. signif.*, p. 253.
(2) L. 16, *pr. de pœnis.* — L. 52, § 23, *de furt.* — Gaïus, IV, § 37. —
Adde, l. 50, § 2, *de furt.* — L. 11, § 6 et l. 15, § 8, *de injur.* — L. 6,
de condict. furt. — Paul, *Sent.*, II, 31, § 10, etc.

phrase qui nous occupe : les mots *hortatus est* en sont la preuve. Tantôt *consilium* signifie *persuasio, instructio ad furtum faciendum ;* c'est en l'entendant ainsi que nous soutenons l'existence à Rome d'une complicité *consilio.* Est-ce dans ce sens que nous devons le prendre dans le texte précité ? Oui, répondent MM. Chauveau et Hélie (1) ; Justinien a voulu ici introduire une règle nouvelle et (il faut bien le reconnaître) contraire aux textes du Digeste, en décidant que le seul conseil, quel qu'en puisse être d'ailleurs le résultat, ne suffit pas à constituer un fait de complicité punissable : il faut de plus qu'une aide matérielle ait été fournie.

Cette interprétation, qui semble à première vue se justifier par la traduction littérale de la phrase des Institutes, doit, croyons-nous, être écartée ; car comment comprendre que Justinien se soit mis ainsi en contradiction avec lui-même, surtout si l'on se rappelle que c'est un mois à peine après les Institutes, que le Digeste a été confirmé par lui (2) ? La concision même de la phrase des Institutes le prouve amplement. Justinien se montre d'ordinaire trop prodigue d'explications minutieuses à l'appui de ses innovations, pour que nous puissions admettre qu'il ait voulu en quelques mots produire une telle révolution dans la doctrine universellement admise jusqu'à lui.

Deux nouvelles interprétations produites par Vinnius se trouvent dès lors en présence. La première ne prétend voir dans le passage des Institutes, que la reproduction de l'une des conditions exigées pour constituer la complicité punissable, à savoir que le conseil doit être suivi d'effet. Si Justinien déclare ici le *consilium* non punissable, c'est qu'il suppose que le conseil n'a pas été suivi par celui qui

(1) Code pénal, I, n° 179.
(2) Instit., *proœmium, in fine.* — D. *de confirm. digest.*, § 3.

l'a reçu. On doit alors sous-entendre, à la fin de notre phrase, cette limitation : *nisi furtum fuerit secutum*. La rédaction du texte se plie trop difficilement à une interprétation aussi arbitraire, pour qu'il nous soit possible de nous y rallier.

Une dernière explication, qui nous paraît la plus satisfaisante, consiste à attribuer ici au mot *consilium* le sens de *simplex monitio*, c'est-à-dire simple encouragement ou exhortation (*hortatus est*), n'ayant pas influé directement et principalement sur l'auteur du fait incriminé. C'est donc dès lors avec raison que Justinien pose en principe que ce *consilium* ne peut constituer à lui seul un fait de complicité.

N'avons-nous pas dit, en effet, dans notre premier chapitre, que pour rendre un acte de complicité punissable, une des conditions essentielles est que cet acte ait exercé une influence décisive sur la volonté de l'auteur, ou sur l'exécution du fait coupable ?

Nous venons d'établir, par cette discussion préliminaire, la séparation de l'élément matériel et de l'élément intellectuel. Nous pouvons donc, maintenant que nous avons reconnu l'existence de la complicité morale à Rome, étudier successivement les règles spéciales à chacune des diverses formes sous lesquelles elle se manifeste. Et d'abord, qu'entendent dire les jurisconsultes, lorsqu'ils nous enseignent qu'on peut se rendre complice par conseil ? C'est Ulpien qui nous l'apprend : *Consilium dare videtur, qui persuadet atque impellit, atque instruit consilio ad furtum faciendum* (1). Ainsi donc, les trois modes de complicité par conseil sont la *persuasion*, l'*excitation*, les *instructions données ;* pourvu, hâtons-nous de le dire, que

_____

(1) L. 50, § 3, *de furtis.*

ces faits aient eu une action directe sur la résolution de l'agent, ou sur la réussite de l'entreprise criminelle. Car, nous l'avons déjà établi, et nous croyons inutile d'insister de nouveau sur ce point, il ne peut être question de complicité morale qu'autant que les manœuvres du prétendu complice ont exercé sur l'auteur principal une action décisive. C'est ainsi que nous avons vu qu'un simple avertissement, n'ayant été nullement la cause déterminante qui a entraîné l'agent, ne peut constituer un fait de complicité.

La distinction entre le conseil et les deux autres modes de complicité morale est facile à faire : « Il y a cette différence entre le conseil et le mandat (ou l'ordre), dit Muyart de Vouglans (1), qu'au lieu que celui-ci a principalement pour objet l'utilité particulière de celui qui le donne, le conseil n'est censé avoir d'autre objet que l'avantage de celui à qui il est donné. » Des conséquences importantes, que nous aurons bientôt à noter, découlent de cette idée.

Section II.

Complicité par ordre.

La complicité par ordre revêt un caractère particulier de gravité que nous ne retrouvons pas dans la complicité par conseil ou mandat ; car, d'une part, la volonté du donneur d'ordre doit être plus énergique que la volonté de celui qui se borne à conseiller, et, d'autre part, son intervention a une influence beaucoup plus directe sur l'exécution de l'acte coupable. C'est donc avec raison que les lois romaines considéraient, en principe, le donneur d'ordre non plus comme un simple complice auxiliaire, mais

(1) *Lois crimin. de France*, p. 8.

comme un véritable *auteur intellectuel*. C'est ce qu'expriment formellement les jurisconsultes romains : *Is damnum dat qui jubet dare. — Dejecisse etiam is videtur, qui jussit ut aliquis dejiceretur, parvi enim referre visum est suis manibus quis dejiciat, an vero per alium* (1).

Pour que ce degré de criminalité soit atteint, certaines conditions essentielles sont spécialement exigées ici. Il faut, en premier lieu, que celui qui a donné l'ordre ait droit de puissance sur l'agent, sinon, il ne serait plus qu'un simple complice par conseil ou mandat. *Actio legis Aquiliae cum eo est qui jussit, sic modo jus imperandi habuit, quod si non habuit, cum eo agendum est qui fecit* (2).

Cette distinction est encore posée d'une façon très nette dans plusieurs des textes que nous allons étudier.

Deux espèces de personnes peuvent être contraintes d'obéir aux ordres d'une autre. L'injonction peut, en effet, s'adresser à un esclave, ou à un homme libre soumis au *jus imperandi* d'un autre homme libre. Examinons donc successivement ces deux hypothèses.

Nous savons que à Rome, le maître se trouvait toujours obligé par les délits de son *servus*, tout en conservant, il est vrai, la faculté de se libérer par abandon noxal. Cette *facultas noxœ dedendœ* lui était toutefois retirée lorsque c'était par son ordre que le délit avait été commis. Il était alors, nous l'avons dit, tenu du crime, non plus seulement au point de vue des réparations civiles, mais encore au point de vue pénal, comme auteur intellectuel.

Ne devons-nous pas aller plus loin, et ne convient-il pas de décider que c'est le maître seul qui a assumé toute la responsabilité de l'acte, sa culpabilité effaçant

---

(1) L. 169 *de regul. juris.* — L. 1, § 12, *de vi.* — *Adde,* l. 7, § 4, *arbor. furt. cœs.*

(2) L. 37, *ad leg. Aquil.*

ici toute culpabilité chez l'esclave qui lui a servi d'instrument? Une distinction aussi rationnelle que curieuse à noter est faite sur ce point par les juriconsultes ; ils reconnaissent deux espèces de délits : les *delicta atrocia* (appelés aussi *facinora* ou *scelera*), et les délits d'une moindre gravité, *quæ non habent atrocitatem facinoris* (1). Quant à ces derniers, le principe est que l'esclave qui s'est rendu coupable d'un de ces faits pour obéir à son maître n'encourt aucun châtiment : *Ad ea quæ non habent atrocitatem facinoris vel sceleris, ignoscitur servis, si vel dominis, vel his qui vice dominorum sunt obtemperaverint* (2). C'est là une application de la règle plus générale : *is damnum dat qui jubet dare ; ejus vero nulla culpa est, cui parere necesse sit* (3).

Mais si le délit présente un caractère de gravité plus grand, s'il est *atrox*, l'esclave ne doit point être exempt de toute peine, car *nec in omnia servus parere debet* (4). Qui songerait, en effet, à admettre que l'esclave puisse pousser la soumission jusqu'à se rendre coupable de crimes dont la pensée seule doit révolter sa conscience ? Sa personnalité est, il est vrai, complètement anéantie par la servitude; il est la *res domini*, la machine que celui-ci met en mouvement par sa seule volonté ; aussi paraît-il juste et humain de prendre en considération l'obéissance passive que lui impose la puissance dominicale, pour lui pardonner une faiblesse. Mais autant cela est équitable en cas de *delictum* simple, autant il serait immoral et dangereux pour

(1) Il est intéressant de remarquer ce rapprochement entre la jurisprudence romaine et notre droit actuel. — Au *facinus* correspond aujourd'hui le crime ; au simple *delictum* correspond le délit correctionnel.

(2) L. 157, *pr. de reg. juris*, et l. 11, § 7, *quod vi aut clam*.

(3) L. 169, *de reg. juris.*

(4) L. 17, 7, *de injur.*

l'ordre public de permettre à l'esclave de devenir impunément l'instrument docile des coupables projets de son
maître. Cependant, en ce dernier cas, on tient encore
compte de la pression que celui-ci a dû exercer sur la
volonté de son *servus*, et l'on réduit la peine qui devrait
être prononcée contre ce dernier, s'il avait agi en toute
liberté. C'est ainsi que la loi 8 *pr.* au code, *ad legem Juliam
de vi* décide que l'esclave coupable de violences sera puni
de mort, s'il a agi *motu proprio*, tandis qu'il sera seulement *metallo deditus*, s'il a agi d'après l'ordre de son maître.

Cette distinction, quant à la pénalité à infliger à l'esclave, entre les *delicta* ordinaires et les *delicta atrocia*, se
trouve confirmée par d'autres textes encore. C'est ainsi que
la loi 20, *de obligationibus* dit que, *servus non in omnibus
rebus sine pœna domino audiens esse solet*. Aussi, s'il a
commis par ordre de son maître, un vol, un meurtre, un
acte de piraterie ou de violence, il sera puni ; on pourra
même le poursuivre en ce cas après son affranchissement.
Mais s'il a seulement commis un délit moins grave, comme
une *rixa* ou une violence *juris retinendi causa*, on ne peut
dire qu'il y ait alors un *facinus* ; on rentre donc dans le
droit commun, l'esclave ne doit encourir aucune peine
après son affranchissement. — La loi 17, § 7, *de injuriis* dit de même : *Si jussu domini servus injuriam fecerit,
utique dominus conveniri poterit, etiam suo nomine. Sed si
proponatur servus manumissus, placet Labeoni dandam in
eum actionem, quia et noxa caput sequitur, nec in omnia
servus domino parere debet.*

Nous avons supposé jusqu'ici que l'agent qui a reçu
l'ordre est un esclave ; il convient de nous demander
quelle sera la solution, s'il est un homme libre. Les textes,
quoique moins précis sur ce point, admettent encore, sem-

Salmon.   4

ble-t-il, la même théorie. En principe, c'est le père seul qui est responsable des conséquences pénales du délit accompli d'après son *jussus*, par son fils. On sait que les lois déclaraient déchu de tout droit au legs celui qui s'était engagé par fidéicommis à restituer une chose héréditaire à une personne incapable de la recevoir directement. Or, plusieurs textes décident que le fils qui accepte cette mission, parce qu'elle lui est imposée par son père, n'encourt aucune peine, *quia parendi necessitatem habet* (2).

L'édit du préteur notait d'infamie celui qui avait épousé une veuve pendant le temps du deuil ; or les lois 11, § 4 et 12, *de his qui notantur* déclarent que le fils qui s'est rendu coupable de ce délit *jussu patris* échappe à la peine ; et, en effet, il est de principe que *velle non creditur qui obsequitur imperio patris vel domini*. Cependant, si le crime était un de ceux que nous avons qualifiés de *atrocia*, il semble que le fils *in potestate* ne pourrait, en alléguant l'ordre reçu, se décharger de toute responsabilité pénale ; car l'esclave lui-même, malgré sa position beaucoup plus dépendante est, dans ce cas, punissable pour avoir obéi.

Remarquons en terminant que si l'ordre donné est révoqué à temps, toute participation morale de la part de l'instigateur disparaît. La règle de la loi 1, § 2, *quod jussu*, bien que posée à propos d'une question de droit civil, est trop conforme à l'équité et au bon sens pour que nous ne l'étendions pas au cas qui nous occupe : *sed quæro an revocare hoc jussum antequam credatur possit ? Et puto posse*.

---

(1) L. 10, § 2, *de his quæ ut indign.* — L. 13, *ad l. Falcid.*

Section III

Complicité par mandat

Lorsqu'une personne libre et non soumise *au jus impe-randi* d'une autre se charge d'accomplir un crime que cette dernière ne veut, ou ne peut exécuter elle-même, sa responsabilité est engagée d'une façon beaucoup plus directe que ne le serait celle d'un esclave ou d'un *filiusfamilias* qui se rendrait coupable du même acte. En effet, tandis que dans un cas l'exécuteur *cui parere necesse est* n'est, en quelque sorte, que l'instrument passif des volontés du donneur d'ordre, dans l'autre, il agit dans le plein et entier exercice de sa liberté. Aucun doute n'est donc possible; c'est bien celui qui exécute le mandat librement accepté de commettre un crime, qui est l'auteur principal de l'infraction. La volonté de l'instigateur a exercé, il est vrai, une influence considérable sur sa détermination; mais il pouvait résister aux sollicitations de celui qui le provoquait, et il ne l'a point fait; il a donc assumé l'entière responsabilité de l'acte commis. C'est cette considération qui explique que nous ne retrouvions pas ici, formulés en faveur du mandataire, les cas d'excuse ou d'impunité dont les lois accordent le bénéfice à l'exécuteur de l'ordre.

Quant au mandant, l'influence qu'ont exercée ses instigations sur la volonté du mandataire a pu être plus ou moins grande; peut-être son intervention a-t-elle été la cause efficiente du crime, peut-être ne s'y relie-t-elle, au contraire que d'une façon fort éloignée. La position du mandant doit donc, semble-t-il, être différente suivant les cas; tantôt, il sera coauteur, tantôt simple complice. Les textes nous permettent de faire cette distinction : *manda-*

tor cædis, pro homicida habetur. — Quoties verus procurator dejecerit, cum utrolibet eorum id est sive domino, sive procuratore agi potest, dit Ulpien (1) : c'est-à-dire le mandataire et le mandant sont placés sur la même ligne, sont coauteurs. Un rescrit de Gordien au contraire considère le mandant comme complice auxiliaire, l'exécuteur étant alors *principalis reus* ; *hoc casu (in injuriarum judicio), præter principalem reum, mandatorem quoque ex sua persona conveniri posse ignotum non est* (2).

Une différence capitale distingue du mandat civil l'instigation coupable dont nous étudions les conséquences, et que les jurisconsultes ont, par un fâcheux abus de mots, qualifiée de mandat. Tandis que l'un est un acte licite, reconnu et sanctionné par les lois, l'autre revêt un caractère immoral et criminel, qui nécessite une répression. Nous ne pouvons donc songer à appliquer à ce dernier les règles du mandat véritable, *qui originem ex officio atque amicitia trahit.* Aussi le mandat dont nous nous occupons n'a-t-il rien d'obligatoire ; le mandataire peut le laisser impunément sans exécution, et, l'ayant exécuté, n'a aucune action pour le remboursement des frais qu'il a pu faire, ou le dédommagement du préjudice qu'il a subi : *Rei turpis nullum mandatum est et ideo hac actione non agetur. — Illud mandatum non est obligatorium, quod contra bonos mores est, veluti si Titius de furto aut de damno faciendo, aut de injuria facienda tibi mandet ; licet enim pœnam istius facti nomine præstiteris, non tamen ullam habes adversus Titium actionem* (3).

---

(1) L. 15, *ad l. Corn. de sic.* — L. 1, § 13, *de vi.* — *Adde,* 1. 152, *de reg. jur.* — L. 11, § 3, *de inj.* — L. 7, § 5, *de juris.*

(2) L. 5, C., *de accus.*

(3) L. 6, § 3, *mandati.* — Inst., § 7, *de mandato.* — *Adde,* l. 12, § 4 et 22, § 6, D. *mandati,* 35, § 2, *de contrah. emptione.*

Ainsi donc aucun doute possible, la sanction est refusée au mandat criminel. C'est là un premier résultat du caractère immoral et illicite de cette convention ; sera-ce le seul? Nous ne le croyons pas. Il paraît dès l'abord logique d'aller plus loin, et de décider que, en principe, le provocateur sera même responsable de ce que son mandataire aura fait en dehors des limites strictes de son mandat. La loi n'accorde , en effet, son secours que pour la défense d'intérêts légitimes, et non pour la protection d'actes violant l'ordre social. Il est vrai que, à ne considérer que les régles générales du mandat, on serait tenté d'adopter une solution contraire : *diligenter fines mandati custodiendi sunt, nam qui excessit, aliud quid facere videtur* (1).

Mais, est-il besoin de le dire? cette règle a été posée en vue d'intérêts purement civils, et ne peut recevoir d'application dans notre hypothèse, où il n'y a même pas mandat valable. La situation est d'ailleurs toute différente dans les deux cas ; car, tandis que l'on peut facilement prévoir quelles seront les conséquences du mandat civil, et apprécier en argent la responsabilité qui en découlera pour le mandant, il est en général impossible de déterminer avec précision les suites d'un acte criminel et l'avantage qu'en attendait l'instigateur. Les règles établies à l'égard du mandat civil ne peuvent donc s'étendre par interprétation au mandat illicite dont nous nous occupons ; mais, comme d'autre part, on ne peut soutenir que le mandant doive toujours être responsable du fait du mandataire qui s'est entièrement écarté du mandat, il est nécessaire de faire ici une distinction. Le mandant a-t-il pu prévoir le résultat, il répondra de l'évènement. S'agit-il au contraire d'un crime nouveau qui n'est pas la conséquence naturelle de la com-

(1) L. 5, *pr. mandati*.

mission donnée, le mandant ne peut-être responsable de ce fait. Car on peut dire alors, en considérant la disproportion qui existe entre le fait exécuté et le fait demandé, que ce n'est pas le mandat qui a été exécuté; la volonté du mandant n'a donc pas été la cause directe du crime: or *maleficia voluntas et propositum delinquentis distinguit.*

De même que l'ordre, le mandat peut être révoqué. Si cette révocation est notifiée en temps utile au mandataire, le mandant est déchargé de toute responsabilité. Aucun doute ne peut exister à cet égard: les textes sont d'accord avec le bon sens et l'intérêt social pour assurer cette immunité au provocateur qui écoute, quoique tardivement, la voix de sa conscience: *recte mandatum contractum, si dum adhuc integra res sit revocatum fuerit, evanescit* (1).

Une dernière question nous reste à étudier, à propos de la complicité par mandat. En droit civil, au mandat se rattache la gestion d'affaires. La différence essentielle qui les sépare, est l'absence dans cette dernière de consentement réciproque. Aussi, cet élément vient-il à exister après coup, c'est-à-dire, les actes du gérant sont-ils ratifiés par le *dominus*, la gestion d'affaires se transforme en un véritable mandat, *rati enim habitio mandato comparatur* (2). En sera-t-il encore ainsi en matière criminelle? L'approbation donnée *ex post facto* à un acte délictueux sera-t-elle, de même que le mandat, punissable comme fait de

(1) Inst., *de mandato*, § 9. — D., *quod jussu*, l. 1, § 2.
(2) L. 12, § 4, *de solut.* — Les interprètes, il est vrai, se demandent si, dans ce cas, l'action *mandati* était substituée à l'action *negotiorum gestorum*. Mais cette question qui ne présente aucun intérêt si l'on se place dans le dernier état du droit, se résume à l'époque classique à savoir si c'est une gestion d'affaires ou un mandat qu'il faut mentionner dans la *demonstratio*; or on sait qu'une erreur dans cette partie de la formule ne compromet jamais le droit du demandeur. (Accarias, *Précis de droit romain*, II, p. 576).

complicité ? Telle est là question qu'ont agitée les commentateurs, en présence du texte d'Ulpien : *in maleficio ratihabitio mandato comparatur* (1).

Observons, d'abord, qu'évidemment, il ne s'agit pas ici d'une approbation quelconque donnée à un crime ; pour que la question puisse se poser, deux conditions doivent être remplies, il faut : 1° que le délit ait été commis au nom de celui qui le ratifie ; 2° que celui-ci le ratifie comme ayant été commis en son nom.

La question ainsi précisée, abordons la discussion. A ne consulter que le fragment d'Ulpien, l'affirmative ne paraît pas douteuse, surtout lorsque l'on voit d'autres textes encore se prononcer formellement dans le même sens : *cum procurator armatus venit, et ipse dominus armis dejecisse videtur sive mandavit, sive ratum habuit* (2).

La ratification semble donc, aussi bien en droit pénal qu'en droit civil assimilée au mandat ; de même que lui, elle pourra constituer un fait de complicité punissable.

Cette interprétation littérale des textes ne nous paraît pas admissible. Elle est trop contraire aux principes rationnels du droit pénal et au simple bon sens, pour que nous puissions croire que telle ait été la pensée d'Ulpien. La véritable signification du fragment que nous avons rapporté est, croyons-nous, celle donnée par les interprètes modernes ; le jurisconsulte romain a entendu parler uniquement des réparations civiles résultant d'un fait illicite, cause d'un préjudice. « La loi romaine, disent MM. Chauveau et Hélie, ne s'appliquait évidemment qu'aux intérêts civils, qu'à l'action en dédommagement au profit de la partie lésée ; mais transportée hors de ces limites, la règle qu'elle pose serait d'une injustice évidente. »

(1) L. 152, § 2, *de regul. juris.*
(2) L. 3, § 10 *de vi.* — L. 1, § 14, cod. tit.

Cette explication est aussi adoptée par M. Ortolan (1) qui fait en outre remarquer que la portée exacte de la loi 152 *de reg. juris* est beaucoup moins générale qu'on ne serait tenté de le croire à première vue ; elle nous est révélée par un autre fragment d'Ulpien ainsi conçu : *Sed, et si quod alius dejecit ratum habuero, sunt qui putent secundum Sabinum et Cassium, qui ratihabitionem mandato comparant, me videri dejecisse, interdictoque isto teneri : et hoc verum est ; rectius enim dicetur in maleficio ratihabitionem mandato comparari* (2). Ce texte n'est pas relatif aux accusations, ni aux peines publiques ; de même que la loi 132, « il a trait exclusivement à l'interdit *unde vi*, accordé à celui qui a été expulsé par violence de son fonds, pour s'en faire restituer la possession, soit contre l'auteur même de l'expulsion, soit contre celui qui, la ratifiant après coup, en a profité pour prendre posession de ce fonds. »

En principe donc, on doit se refuser à voir un mode de complicité dans la ratification donnée après coup par celui au nom de qui un crime a été commis. C'est une application de cette règle, qu'il faut voir dans la loi 13, *de his qui notantur*. Voici le sens de ce texte : on sait que l'édit du préteur notait d'infamie celui qui épousait une veuve pendant le temps du deuil, ou le *paterfamilias* qui, ayant autorité sur le futur mari ne s'opposait pas au mariage. Ulpien suppose que le père n'a pas eu dès l'abord connaissance de la situation de la femme, mais que l'apprenant ensuite, il donne son approbation au mariage, et le jurisconsulte décide qne le père n'encourra pas l'infamie : *quid ergo, si non ducere sit passus, sed postea quam duxit ratum habuit ; utputa, initio ignoravit talem esse postea scit ? Non*

---

(1) *Elém. de dr. pénal*, p. 601, note.
(2) L. 1, § 14, *de vi*.

notabitur. Et quel est le motif de cette disposition ? C'est que le préteur doit se reporter au jour de la célébration du mariage, c'est-à-dire au jour du délit, pour apprécier la responsabilité du père de famille : *prætor enim ad initium nuptiarum se retulit* (1). Il suffit de généraliser cette disposition (et rien ne s'y oppose), pour arriver à cette conclusion qu'un simple fait d'approbation postérieur au délit ne peut jamais être considéré comme un fait de complicité.

APPENDICE.

Nous avons démontré qu'à Rome, les faits moraux ayant aidé ou provoqué à la perpétration d'un crime pouvaient constituer à eux seuls des actes de complicité punissables. Nous avons maintenant à nous demander si la législation romaine poussant plus loin la sévérité n'a pas été jusqu'à voir un acte de complicité dans la participation négative de celui qui, ayant connu le projet du crime, ne l'a pas empêché ou révélé. C'est à ces faits purement passifs d'abstention que les auteurs ont quelquefois donné le nom de complicité fictive ou présumée.

Si nous nous reportons aux explications données dans

(1) On peut nous objecter que si, dans notre cas, la ratification n'engage pas la responsabilité pénale du père, c'est que le délit n'a pas été commis au nom et dans l'intérêt de celui qui l'approuve. Nous répondons que la solution nous importe peu : tout ce que nous voulons retenir de ce texte, c'est que, pour établir la part de responsabilité revenant à chacun dans l'accomplissement d'un délit, il faut se placer au moment même de la perpétration du fait incriminé : *prætor ad initium nuptiarum (id est delicti) se retulit.*

le premier chapitre de notre étude, sur les caractères essentiels de la complicité en droit romain, la négative ne semble
pas douteuse. Le premier élément indispensable pour constituer la complicité est, avons nous dit, l'élément intentionnel; il faut que l'aide ou le *consilium* ait été fourni *dolo
malo*; or, comment affirmer, *a priori*, que les faits d'abstention ont été commis dans un but coupable? N'est-ce pas
faire une interprétation arbitraire de la volonté d'un homme,
que de la considérer en principe comme tournée vers le
crime. alors que sa conduite peut s'expliquer, sinon se
justifier entièrement par d'autres motifs, tels que la crainte
ou les préjugés? Une seconde condition reconnue nécessaire pour caractériser la complicité est que le fait incriminé ait été pour l'agent une aide ou une provocation.
Tel n'est certes pas le résultat du non-empêchement ou de
la non-révélation. Car on ne peut dire que l'inaction et
le silence aident ou provoquent à la perpétration du crime. Ainsi donc, à ne consulter que les principes généraux
de la complicité, tels que nous les avons déduits des textes
du droit romain, il semble dès l'abord, que l'on doive se
refuser à punir comme complice l'homme, qui, n'ayant
nullement poussé au crime, en a seulement été spectateur
indifférent. Une règle d'interprétation nous paraît, par suite,
pouvoir être posée dès le début de nos explications. Les règles générales de la législation romaine sur notre matière
s'opposant à l'existence d'une complicité par abstention, le
seul silence des lois ou des inductions plus ou moins conclu-
antes ne pourront suffire à établir l'existence de cette complicité. Nous nous trouvons ici dans une matière d'exception;
une disposition formelle de la loi est indispensable. *Quod
contra rationem juris receptum est, non est producendum
ad consequentia* (1).

(1) L. 141, *de reg. jur.* — L. 14, *de legibus.*

§ I

Non-empêchement.

La question, relativement au non-empêchement, se trouve posée par deux fragments de Paul qui servent de base à toute la discussion : *Culpa caret qui scit, sed prohibere non potest. — Nullum crimen patitur is qui non prohibet, cum prohibere non potest* (1).

Rien de plus logique, semble-t-il au premier abord, que de tirer de ces textes un argument *a contrario*. S'ils déclarent exempt de toute reponsabilité celui qui a laissé accomplir un crime parce qu'il ne pouvait l'empêcher, n'est-il pas juridique de décider qu'à l'inverse celui-là sera puni comme complice, qui est resté spectateur indifférent d'un délit auquel il pouvait s'opposer? Cette première impression n'est pas exacte, croyons-nous, car elle a pour résultat de donner aux textes précités une portée qu'ils n'ont pas. Ces deux fragments ont été extraits, sous forme d'axiomes, de passages où Paul, dans son commentaire sur l'édit, traitait de la responsabilité du *paterfamilias*, quant aux faits de son fils ou de son esclave (2). Or, nous allons

---

(1) L. 50 et 109, *de regul. juris.*

(2) La loi 109 est tirée du livre 5 du commentaire sur l'édit. Dans ce livre, Paul s'occupe des personnes *quibus postulare non licet* (*infames purpilli, furiosi*, etc.) (L. 4, *de postul.*, 5, 7, 12, 14, *de his qui not.*). Or, à propos des *infames*, il nous dit que la peine sera prononcée contre le père qui a, par son ordre, déterminé son fils à épouser une veuve *intra tempus luctus*, le fils de famille étant alors déchargé de toute responsabilité (l. 12, *de his qui not.*). D'un autre côté, nous verrons bientôt que l'on assimilait au *jussus* du père le simple non empêchement de sa part. La règle : *nullum crimen patitur qui non prohibet cum prohibere non potest*, devait donc être le complément nécessaire de ce principe.

essayer de le démontrer tout à l'heure, le père ou le maître qui avait laissé consommer un délit par un membre de sa *familia* était puni comme complice. C'est donc avec raison que le jurisconsulte tempérait ce principe en ajoutant: à moins qu'il n'ait été dans l'impossibilité de s'y opposer. Les commissaires de Justinien, voyant dans cette règle l'expression d'une vérité incontestable, crurent bon de la généraliser, en la transportant dans le titre *de regulis juris*; le sens qu'ils ont entendu lui attribuer n'est dès lors pas douteux; il est le même que celui du vieil adage : à l'impossible nul n'est tenu. Conclure de ces deux lois que celui qui a laissé commettre un délit, sans s'y opposer, se rend coupable de complicité, serait donc à la fois dépasser la pensée de leur auteur, et procéder par interprétation dans une matière qui, nous l'avons déjà dit, est toute d'exception (1).

La règle générale est donc qu'aucune complicité ne peut résulter en principe du non-empêchement. Cette théorie souf-

---

— Quant à la loi 50, le livre XXXIX du commentaire de Paul, d'où elle est extraite, est relatif au *furtum*. Or, la loi 9, *de nox. act.*, nous apprend que dans ce livre, le jurisconsulte s'occupait de la responsabilité du maître, pour le vol qu'il laisse sciemment commettre par ses esclaves. La formule : *culpa caret qui scit, sed prohibere non potest*, tempérament indispensable de la règle que le maître est toujours tenu *ob scientiam*, n'était donc, dans l'esprit de l'auteur du commentaire, que la reproduction, sous une forme un peu différente, du principe général posé dans un autre passage de ses ouvrages : *In delictis servorum, scientia domini quomodo accipienda est ? Utrum cum consilio, an et si viderit tantum, quamvis prohibere non potuerit? Rectius dicitur scientiam ejus accipiendam, qui prohibere potest : et hoc in toto edicto intelligendum est, circa scientiæ verbum* (L. 4, *de nox. act.*).

(1) Cujas se refusait comme nous, à étendre cette règle à tout autre qu'au père ou au maitre : *Si ergo extramens non prohibet quem delinquere, cum prohibere potest, nullum crimen patitur.* (*In l.* 109, *de reg. jur. — In lib. V, Pauli, ad edict.*)— De même Pothier, *de reg. jur.*, n° 1283.

fre toutefois des exceptions. Et d'abord, les textes y dérogent à l'égard du père de famille qui a laissé commettre un crime par son fils ou son esclave, alors qu'il pouvait s'y opposer. Cette exception se comprend parfaitement, dans la législation romaine, où l'autorité du *paterfamilias* était si grande sur les personnes soumises à sa puissance : son silence en présence du délit commis par son esclave était en quelque sorte une approbation tacite et anticipée du fait de ce dernier. C'est donc le cas d'appliquer la maxime : *semper qui non prohibet pro se intervenire mandare creditur* (1).

L'existence de ce cas exceptionnel de complicité est, il est vrai, généralement niée. Les lois 50 et 109 n'ont trait, dit-on, qu'aux réparations civiles dont est tenu la *paterfamilias*, pour tout préjudice causé par ses esclaves. Tel n'est pas, croyons-nous, le sens de ces textes. Leurs termes mêmes, qui se rapportent bien plutôt au langage du droit pénal, qu'à celui du droit civil, suffiraient à prouver qu'il s'agit ici d'une action criminelle directement intentée contre le *paterfamilias*. D'autre part, il est de principe que les actions *pœnæ persecutoriæ* seules peuvent être données *in solidum* contre chacun de plusieurs délinquants, de telle sorte que *quod alius præstitit alium non relevet*. Or, Ulpien dit qu'il en sera ainsi dans le cas qui nous occupe : *Si plurium servus deliquerit omnibus scientibus, quivis eorum, tenebitur detracta noxæ deditione quemadmodum si plures deliquissent : nec altero convento, alter liberabitur* (2). S'il s'agissait ici d'une simple action en dommages-intérêts, le montant de la condamnation ne pourrait être au contraire réclamé qu'une seule fois.

Les actions pénales présentent aussi ce caractère parti-

(1) L. 60, *de reg. juris.*
(2) L. 5, *pr.*, *de noxal. act.*

culier de ne pouvoir s'exercer contre l'héritier de celui en la personne de qui elles ont pris naissanse. L'action donnée contre le maître qui a laissé commettre un délit par son esclave est dans ce cas, ainsi que le prouve la loi 5, § 1 : *Differentia autem harum actionum, non solum illa est, quod qui scit, in solidum tenetur, verum illa quoque, quod sive alienaverit servum, qui scit, sive manumiserit, sive decesserit servus, dominus tenetur ; sed si ipse dominus decesserit, heres ejus non tenetur.*

Une troisième preuve que l'action dont il s'agit est bien une action pénale ayant pris naissance en la personne du maître lui-même, c'est qu'ici la faculté de se libérer par abandon noxal de l'esclave lui est refusée, ainsi que le dit formellement la loi 5, *pr.* (1), citée plus haut. Il est en effet en quelque sorte auteur du délit : *ipse enim videtur dominus occidisse*, dit la loi 2 *pr.*, *de nox. act.*

Ainsi donc, n'y a-t-il aucune faute à reprocher au maître ? Il est soumis aux actions qui sont données contre son esclave, mais avec le droit de s'y soustraire *noxæ deditione*. Est-ce au contraire par une indifférence coupable qu'il a laissé commettre le crime ? Dans ce cas, outre les actions qui sont données contre lui du chef de son esclave, il aura à supporter, de son propre chef, en qualité de complice, une action pénale (qui, il est vrai, ne sera pas cumulée avec les premières) : *Cum dominus ob scientiam teneatur, an servi quoque nomine danda sit actio videndum est; nisi forte prætor unam pœnam a domino exigi voluit. Ergo dolus servi impunitus erit, quod est iniquum; imo utroque modo dominus tenebitur : una autem pœna exacta quam actor elegerit, altera tollitur* (2).

Une dernière remarque, enfin, nous prouve encore qu'ici

(1) *Adde*, L. 5, § 10, *de his qui effud.*
(2) L. 4, § 2, *de nox. act.*

l'action est bien une action pénale dirigée contre le maître lui-même, en raison de sa participation passive au délit. La loi 5, § 1, déjà citée, dit que la différence entre le cas où l'esclave a agi *sciente domino* et le cas contraire, c'est que, dans la première hypothèse seulement, l'action contre le maître survit à la mort, à l'affranchissement ou à l'aliénation de l'esclave : *sive alienaverit servum, qui scit, sive manumiserit, sive decesserit servus, dominus tenetur.*

De cette discussion résulte donc la preuve de l'existence d'une première exception au principe que le non-empêchement ne peut à lui seul constituer un fait de complicité. Nous avons donné plus haut les raisons qui ne nous permettent pas de généraliser ce cas ; nous pouvons maintenant en ajouter une nouvelle, que les explications précédentes feront facilement comprendre. Cet argument est tiré du § 1, 1. 4, *de noxal. act.*, ainsi conçu : *Si extraneus servus sciente me fecerit, eumque redemero, noxalis actio in me dabitur, quia non videtur domino sciente fecisse, cum eo tempore dominus non fuerim.* En d'autres termes, le non-empêchement émané d'un étranger ne donne lieu contre cet étranger à aucune action (à moins qu'il ne vienne plus tard à être tenu *noxaliter* comme acquéreur de l'esclave) ; pour que l'action *directe* naisse, il faut que l'auteur du crime soit, au moment où il le commet, en la puissance de celui qui lui donne l'approbation tacite.

Tous les fragments que nous venons de citer ne s'occupent que du maître qui a laissé commettre un crime à son esclave. S'ils ne parlent pas du père, témoin du délit de son fils, la raison n'en est pas que des règles différentes fussent admises en ce cas, car les mêmes motifs de décider existent encore ici. La cause de ce silence est que tous les textes que nous avons examinés sont relatifs à la théorie des actions noxales. Or, l'abandon noxal permis au père du temps de

Gaïus et de Paul, ne lui était plus possible à l'époque de Justinien (1). Tout ce qui, dans les ouvrages des jurisconsultes, avait trait à l'abandon du fils de famille dut donc disparaître des passages rapportés au Digeste. Nous avons d'ailleurs, pour confirmer notre théorie sur ce point, un texte qui ne permet aucune équivoque : le père qui, de propos délibéré, laisse son fils épouser une veuve pendant le temps du deuil, encourt la peine portée contre l'auteur de ce délit : *et ipse (pater) qui passus est ducere notatur.* (2)

Un second cas où, par exception, le non-empêchement peut constituer un fait de complicité nous est présenté par le Digeste. C'est en matière de crime de fabrication de fausse monnaie : *Lege Cornelia cavetur, ut is qui in aurum vitii quid addiderit, qui argenteos nummos adulterinos flaverit, falsi crimine teneri. — Eadem pœna afficitur is qui, cum prohibere tale quid posset, non prohibuit.* (3) Cette sévérité exceptionnelle de la loi ne doit pas nous étonner. Le crime de fausse-monnaie, à cause de sa gravité et de la difficulté d'en découvrir les auteurs, était soumis à des règles toutes spéciales. C'est ainsi que le propriétaire de la maison où avait eu lieu la fabrication de la fausse monnaie était, en principe, puni de la confiscation de l'immeuble, alors même qu'il n'aurait eu aucune connaissance du crime. L'individu condamné pour ce fait ne pouvait appeler du jugement, ni obtenir sa grâce par rescrit du prince (4).

Nous pourrions encore trouver d'autres cas de complicité résultant d'une simple abstention. Ainsi, le soldat qui ne porte pas secours à son chef dont la vie est menacée

---

(1) Paul, *Sent.*, II, 31, § 9. — Gaï., I, §§ 140 et 141. — Inst. de Just., § 7, *de nox. act,*

(2) L. 11, § 4, *de his qui not.*

(3) L. 9, *pr.* et § 1, *de lege corn. de falsis.*

(4) L. 1 et 3, C. *de falsa moneta.*

par un assassin, est puni de la même peine que le meurtrier. Le soldat qui s'échappe de prison les armes à la main
est puni de mort : celui qui, par sa négligence, a favorisé
cette évasion, encourt la même peine (1).

Il importe de ne pas confondre avec les hypothèses exceptionnelles de complicité par abstention certains cas de
responsabilité spéciale établis par les textes. Nous voyons,
par exemple, des lois soumettre à la question l'esclave qui
n'a pas porté secours à son maître, alors qu'il le pouvait ;
et il est présumé l'avoir pu s'il habitait sous le même toit
que lui. Il s'agit ici de punir non pas un fait de complicité,
mais le non-accomplissement d'un devoir imposé à l'esclave, dans l'intérêt de la sécurité des citoyens : *quum nulla
domus tuta esse possit, nisi periculo capitis sui, custodiam
dominis præstare servi cogantur* (2). — Sont punis d'une
amende les magistrats qui ont laissé ensevelir un mort
dans la ville ou qui ont négligé de poursuivre les violateurs
de sepulcres (3). Il ne peut être évidemment question de
complicité en ce cas. La loi a voulu seulement assurer
d'une manière efficace le respect de ses prescriptions, en
édictant des peines contre les magistrats négligents.

§ II.

De la non-révélation.

Pas plus que le non-empêchement, la non-révélation ne
peut constituer un fait de complicité. Un texte formel vient

---

(1) L. 6, § 8, et l. 3, § 22, *de re milit.* — 38, § 11, *de pœnis.*
(2) L. 1, *pr.* et §§ 26 et 28, *de S. C. Silan.*
(3) L. 3, § 5, D. *de sepul. viol.* — L. 3, C. *d. tit.*

ici corroborer la théorie générale que nous avons énoncée plus haut : *Qui furem novit, sive indicet eum, sive non indicet, fur non est ; cum multum intersit furem quis celet, an non indicet : qui novit, furti non tenetur ; qui celat, hoc ipso tenetur* (1). Il n'y a donc pas complicité de vol à ne pas dénoncer un voleur que l'on connaît. Cette solution est trop conforme aux principes, pour que l'on puisse hésiter à la généraliser. S'il est légitime, en effet, de refuser (comme nous l'avons fait dans le § précédent), de créer, par argument *a contrario*, une théorie exceptionnelle, il est non moins juridique, en présence du silence de la loi, de s'appuyer sur un texte spécial, pour conclure à l'existence d'un principe général conforme au droit commun.

Nous n'avons pu trouver au Digeste un seul texte dérogeant à cette règle que la simple non-révélation ne peut constituer un fait de complicité. On reconnaît, il est vrai, quelquefois l'existence de deux de ces cas exceptionnels. C'est là une erreur, selon nous ; mais cela fût-il exact, ces dérogations apportées au principe dans des circonstances extraordinairement graves ne pourraient infirmer en rien la déduction tirée de la loi 48, *de furtis*.

La première des deux décisions spéciales où l'on a prétendu trouver la reconnaissance d'un fait exceptionnel de complicité par non-révélation, est la loi 2, livre XLVIII, titre IX, où nous lisons, à propos du crime de parricide : *Frater autem ejus qui cognoverat tantum, nec patri indicaverat, relegatus est, et medicus supplicio affectus.* C'est, dit-on, en qualité de complice, que le fils ou le médecin qui a laissé commettre le parricide encourt une peine. Tel ne nous semble point être le sens du texte : le jurisconsulte ne nous dit nullement qu'il entende parler ici de la répression d'un fait de complicité. Ce

_____

(1) L. 48, § 1, *de furtis*.

qui est puni, c'est l'indifférence coupable de ceux à qui leur situation faisait un devoir de s'opposer à l'exécution d'un acte aussi monstrueux. L'abstention du fils ou du médecin de la victime n'a certes pas été plus utile à l'assassin que le silence de toute autre personne, qui aurait connu ses projets ; c'est donc en raison seulement de leur qualité qu'une peine est édictée contre eux. Cette peine, remarquons-le d'ailleurs, est la *relegatio*, et non la peine des parricides ; tandis que, au contraire (ainsi que nous l'établirons plus tard), il est de principe que le complice encourt la même pénalité que l'auteur principal ; c'est ce que dit spécialement la loi 6, *ad. leg. pomp.*, pour l'hypothèse qui nous occupe : *Ait Marcianus etiam conscios eadem pœna adficiendos, non solum parricidas.*

Le crime de lèse-majesté a fourni une seconde hypothèse où l'on a cru trouver la non-révélation punie comme complicité. La loi 5, *pr.* au Code *ad legem juliam majestatis*, nous dit en effet que la peine de mort sera prononcée contre celui *qui scelestam inierit factionem de nece virorum illustrium*, etc ; et le § 6 de la même constitution ajoute : *id quod de prædictis cavimus, etiam de satellitibus, consciis ac ministris eorum simili severitate censemus.* Qu'est-ce, dit-on, que ces *conscii*, sinon les individus qui, sans avoir pris une part active au complot, en ont eu seulement connaissance ? Il est vrai qu'on donne alors à ce mot une signification spéciale, différente de celle qui lui est ordinairement attribuée ; mais le *principium* de la loi punissant déjà de mort tous ceux qui ont participé au complot, à quoi servirait dès lors la disposition du § 6, si *conscii* y désignait encore les conspirateurs ?

Cette argumentation ne peut nous convaincre, car rien, croyons-nous, n'autorise à donner du mot *conscii* une interprétation aussi arbitraire et aussi détournée de son sens habituel. Le dernier § de la loi semble même s'y opposer, lorsqu'il dit : *Sane si quis in exordio initæ factionis studio veræ laudis accensus initam prodiderit factionem, et præmio, et honore a nobis donabitur. Is vero qui usus fuerit factione, si vel sero (incognita tamen adhuc) consiliorum arcana patefecerit, absolutione tantum ac venia dignus habebitur.* Deux cas sont prévus dans ce fragment : la première phrase parle du simple confident du crime qui, par un zèle louable, s'empresse de dénoncer les projets des conspirateurs, son action est alors jugée digne de recompense. Que si, au lieu de révéler le complot dès qu'il en est instruit, il y prend part (*utitur factione*), il devient alors, mais alors seulement, complice, et, comme tel, passible des peines édictées au commencement de la loi. Si toutefois, avant que le crime ne soit découvert, il en révèle le secret, la loi, en récompense du service qu'il rend à la société, lui accorde son pardon (*venia dignus est*).

C'est à cette interprétation du mot *conscius* que se rallie J. Godefroy (1), qui, remarquant la place occupée par cette expression entre les mots *satellites* et *ministri*, conclut avec raison, que ce terme doit désigner un individu qui a participé d'une façon positive au crime par les conseils ou les instructions qu'il a donnés : *conscius* est donc ici, dit-il, synonyme de *particeps, fautor, socius.*

(1) Comment. de la l. 3, L. IX, t. XII, du C. Théodos., n° 7. — Sic Balde, Pothier.

CHAPITRE III

COMPLICITÉ MATÉRIELLE

Nous venons d'examiner dans quels cas il peut y avoir complicité morale ; nous avons reconnu, dans la législation romaine, la complicité par conseil, ordre, mandat, et nous avons rejeté en principe toute idée de complicité par approbation, non-empêchement ou non-révélation. Après avoir ainsi étudié les différentes manières dont on participe à un crime *consilio*, il nous reste à rechercher dans quelles circonstances on peut y coopérer *ope*, c'est-à-dire par assistance matérielle.

Nous avons établi, dès le début de ce travail, l'existence d'une complicité morale, indépendamment de toute participation physique à l'acte coupable. Nous devons de même reconnaître ici qu'un acte matériel d'assistance sciemment accompli peut, à lui seul, constituer son auteur en état de complicité. Ce point ne saurait d'ailleurs donner lieu à aucune difficulté, après les développements fournis sur la question inverse au commencement du chapitre II. Il pourra nous arriver parfois, il est vrai, de rencontrer dans le cours de cette étude de la complicité physique, des cas où, à l'acte matériel d'assistance se joint le conseil, l'ordre ou le mandat ; nous reconnaîtrons alors qu'il y a un double motif de poursuivre le complice ; mais, pour conserver la division que nous avons adoptée, nous ne nous occuperons que de rechercher si l'acte matériel d'assistance est de nature à constituer à lui seul la complicité.

Opem ferre, tels sont les termes desquels se servent les jurisconsultes romains pour désigner la complicité matérielle. Ulpien, dans une loi déjà citée, nous indique ce qu'il faut entendre par là : *opem fert*, dit-il, *qui ministerium atque adjutorium ad subripiendas res præbet* (1).

Avant d'aborder l'étude des principes qui régissent cette matière, il est naturel de nous demander en quoi la complicité matérielle diffère de la complicité morale. Que les faits qui constituent chacune d'elles soient de nature absolument distincte, c'est ce qui est évident et n'a besoin d'aucun commentaire : *aliud factum est ejus qui ope, aliud ejus qui consilio furtum facit*. Mais une différence essentielle existe encore quant à leurs effets : *sic enim alii condici potest*, dit Paul, *alii non potest* (2).

Pour se rendre un compte exact de la portée réelle de cette seconde différence entre les deux espèces de complicité dans le *furtum*, il est nécessaire d'entrer dans quelques détails d'explication.

On sait qu'à l'origine, outre l'*actio furti, pænæ persecutoria*, l'individu victime d'un vol avait, pour recouvrer sa chose, une action *rei persecutoria*, la revendication. A cause même du but différent qu'elles poursuivaient, ces deux actions n'étaient pas données contre les mêmes personnes : l'action *furti* seule pouvait être intentée contre le complice. Lorsque plus tard, par un progrès inspiré par la haine des voleurs, (*odio furum*) la jurisprudence introduisit la *condictio furtiva*, elle fut, de même que l'action en revendication, refusée contre le complice : *Proindè, et si ope consiliove alicujus furtum factum sit, condictione non tenebitur ; etsi furti tenetur* (3). Le caractère même de la *condictio furtiva* commandait cette solution. Elle suppose, en effet, qu'un patrimoine s'est enrichi aux dépens d'un au-

(1) L. 50, § 3, *in fine, de furtis*.
(2) L. 53, § 2, *de verb. signif.*
(3) L. 6, *de condict. furtiva*.

tre, et a pour but de faire revenir dans le second ce qui est indûment entré dans le premier. Or, qui a dû profiter du vol, sinon le voleur ? C'est donc contre lui seul que pourra être intentée la *condictio furtiva*. *Nunquam ea condictione alius quam qui fecit tenetur aut heres ejus* (1).

Nous voici, semble-t-il, fort loin du principe de Paul : *alii (qui opem dedit), condici potest, alii (qui consilium dedit) non potest*; car, prises à la lettre, les deux lois que nous venons de citer sont la contradiction formelle de cette règle. Deux systèmes différents ont été proposés pour l'interprétation de ces textes. Le premier, attribuant à la loi 53 *de verbor. signif.* un sens absolu et général, décide que la *condictio furtiva* pourra toujours être donnée contre quiconque a fourni une aide matérielle au voleur. Les termes de la loi 6, *de condict. furt.* semblent, il est vrai, contredire cette proposition. Mais, répond Cujas, Paul nous enseigne que les mots *ope, consilio* doivent être entendus *disjonctivement: pro disjunctis accipiuntur*. Nous devons donc les interpréter ainsi dans la loi 6, de sorte que la règle posée par ce texte ne s'applique qu'au second membre de l'alternative, *consiliove*. Le principe posé par Ulpien signifie donc seulement que celui-là ne doit pas être tenu de la *condictio*, qui n'a coopéré au crime que *consilio tantum* (2).

Cette explication qui concorde, il est vrai, parfaitement avec le texte de la loi 53, nous paraît donner une interprétation peu satisfaisante de la loi 6. Nous préférons nous rallier à l'opinion d'Antoine Favre (3), qui, partant au contraire du principe : *nunquam ea condictione alius quam*

---

(1) L. 5, *de condict. furtiva.*

(2) « *Et respondeo sententiam legis 6, tantum referendam ad alteram partem disjunctionis, id est ad eum qui tantum consilium dedit.* » Cujas, *ad* l. 28, *de verb. sign.* — Sic, Pothier, pand., l. 13, t. I, nº 7, note.

(3) *Faber, Rationalia, ad l. 6, de condict. furtiva.*

qui fecit tenetur, reconnaît que cependant il y aura un cas
où la *condictio* pourra être donnée contre un complice *ope* ;
c'est lorsque, aux actes d'assistance, il aura joint le fait
de s'emparer de la chose même, la *contrectatio*. Nous l'a-
vons dit, en effet, la raison d'être de la *condictio* est la présomption qu'un enrichissement a été pour le *reus* le résultat du vol. Elle ne peut donc être possible que contre celui
qui fur est ; or, les Institutes nous l'ont appris, le simple
complice *furti quidem tenetur, sed furtum non fecit*. Ne serait-il pas, en effet, contraire à la raison de supposer que,
par là même qu'un individu a favorisé le vol, *ferramenta,
vel scalas commodando*, par exemple, l'objet volé lui a procuré un enrichissement ? Que si, au contraire, sa participation a consisté à appréhender l'objet, *verbi gratia*, pour
aider à l'emporter, il est permis de le considérer comme
ayant, par suite de cette *contrectatio*, tiré profit de la chose
volée : on accordera donc au propriétaire le bénéfice de la
condictio contre lui.

Les textes se plient sans difficulté à cette explication qui
les concilie tous : voici quelle est, par suite, la portée de
chacun d'eux. La loi 6, *de cond. furt.*, en parlant des
complices *ope*, n'entend parler que de ceux dont le rôle
n'a pas consisté à mettre la main sur la chose, car ceux-
là, seuls, ne peuvent pas être présumés en avoir tiré profit. Le sens de la loi 53, *de verb. sign.*, est, dès lors, facile
à saisir. Elle n'entend nullement faire entre la complicité *ope* et la complicité *consilio* une distinction aussi absolue que celle que le premier système prétend y trouver. *Alii condici potest, alii non potest*, dit-elle. *Alii non
potest* s'applique sans difficulté au cas de complicité morale ; jamais la *condictio* n'est possible contre le complice
consilio tantum. Alii potest s'applique à la complicité par
assistance matérielle, qui présente ce caractère particulier

non pas d'admettre toujours la *condictio*, mais de pouvoir l'admettre dans certains cas. Le texte de Paul doit donc se traduire ainsi : la *condictio*, toujours refusée contre le dernier, est parfois possible contre le premier (1).

Cette interprétation des lois, qui, il faut le reconnaître, est peut-être aussi arbitraire que la première, a cependant sur elle l'avantage de faire disparaître toute antinomie entre les textes, en respectant leur lettre même. Peut-être est-il en outre permis de voir une confirmation de ce que nous avançons dans le fragment suivant d'Ulpien : *Quamvis autem earum rerum quas quis non abstulit furti teneatur, attamen condici ei non potest; idcirco quia condici ea res quæ ablata est potest* (2). En d'autres termes, ne pourra être tenu de la *condictio furtiva,* que celui-là seul qui aura coopéré à l'enlèvement de la chose, *qui abstulit,* c'est-à-dire le voleur lui-même ou les complices qui l'auront aidé dans la *contrectatio* de l'objet.

Afin de bien saisir l'importance qu'avait, aux yeux de la loi romaine, le rôle joué par le complice dont nous nous occupons, il convient maintenant de rechercher quel était le degré de responsabilité attribué par elle à chacun des participants d'un crime. Malheureusement, nous n'avons pas, sur ce point, rencontré de théorie générale nettement formulée. Mais de l'étude des différents textes il semble résulter que, en principe, on ne considérait le complice par

---

(1) Celui-ci est, dans ce cas, non plus un simple complice, mais un véritable coauteur, comme nous allons le voir plus loin. — Favre, *loc. cit.*, fait remarquer qu'il n'y a rien d'étonnant à voir ainsi la *condictio* refusée contre une personne soumise cependant à une action *quæ gravior est*, l'action pénale *furti*. Ce cas, en effet, n'est pas isolé ; la l. 28, § 9, *de jurejur.*, dit que celui qui a juré *furtum sibi factum esse*, obtient bien l'action *furti* ; mais n'a pas, par là même, la *condictio*, car ce serment ne prouve pas que la chose lui appartienne.

(2) L. 21, § 10, *de furtis.*

assistance que comme simple auxiliaire. Des exceptions
nombreuses étaient toutefois apportées à cette règle, dans
des cas où son intervention prenait un caractère particulier de gravité ; le complice devenait alors coauteur. Nous
n'avons certes pas la prétention de présenter une énumération complète de tous ces cas ; nous allons seulement
essayer de donner une idée des opinions des jurisconsultes
relativement aux principaux délits qualifiés par le Digeste.

Vol. — Les textes qui se prononcent sur la responsabilité
de celui *qui opem tulit furti* nous disent tous qu'il sera poursuivi par l'action *furti* : *furti tenetur*, — *Cum eo furti actio
est*, etc. Certains interprètes, notamment MM. Chauveau
et Hélie (1), ont prétendu trouver dans cette application
de l'action *furti*, la preuve que le complice *ope* était
toujours un coauteur. Les mêmes mots sont employés
pour désigner tous les participants, les mêmes peines sont
édictées contre eux ; c'est donc, dit-on, que leur responsabilité dans la perpétration du crime est identique. Cette
opinion ne conduirait, on le voit, à rien de moins qu'à rendre impossible la découverte d'une seule hypothèse de
complicité auxiliaire ; car les jurisconsultes dans les cas
de complicité morale, aussi bien que dans ceux de complicité matérielle, disent que le participant sera poursuivi par
l'action *furti*. L'argument ne prouve donc rien, car il
prouve trop. A quel résultat contraire au bon sens ne con-
duirait-il pas d'ailleurs ? Ainsi les textes nous disent en
parlant des recéleurs que l'*actio furti* est donnée contre
eux ; nous devrions donc en tirer cette conclusion que, eux
aussi sont des codélinquants ; et cependant, ainsi que nous
l'établirons bientôt, l'acte qu'on leur reproche étant es-

(1) Code pénal, I, n° 189, note.

sentiellement distinct de celui de l'auteur du délit, ils ne peuvent être envisagés tout au plus que comme de simples complices.

Une loi relative à la complicité matérielle, et que nous avons eu l'occasion de citer dans le premier chapitre de cette étude, semble aussi venir indirectement confirmer notre opinion (1). Si, dit-elle, après que j'ai consenti à prêter de l'argent à Titius que vous m'avez présenté comme solvable et qui l'est en effet, vous lui substituez frauduleusement un autre individu, vous commettez un vol, pourvu toutefois que vous ayez agi de connivence avec le pseudo-Titius. Remarquons-le, les termes de cette loi sont encore plus énergiques que ceux rapportés plus haut : *furtum facies*, dit-elle. Et cependant, ici on ne peut nier qu'il y ait simple complicité accessoire, de la part du substituant ; car, s'il était un véritable auteur, quelle raison y aurait-il de distinguer s'il a ou non agi de l'aveu du substitué ? Son fait est aussi répréhensible dans un cas que dans l'autre, et cependant, dans l'un, il est tenu de l'action *furti*, dans l'autre d'une simple action *in factum*. Cette distinction ne peut s'expliquer que par cette considération, que la complicité ne saurait exister là où il n'y a pas de délit principal ; celui que la loi déclare ici coupable de vol est donc un simple complice, et non un codélinquant. Le texte dit d'ailleurs lui-même : *quod si Titius nesciat, non facies furtum ; nec enim qui adduxit opem tulisse potest videri, cum furtum factum non sit.*

Il est, croyons-nous, inutile d'insister plus longtemps sur ce point, car nous aurions pu, dès l'abord, nous contenter de citer le passage suivant où Gaïus et Justinien contredisent formellement la théorie du premier système :

(1) L. 66, *de furtis.*

Interdum, furti tenetur qui ipse furtum non fecit, qualis est cujus ope, consiliove furtum factum est (1). Paul n'est pas moins explicite : *Non tantum qui furtum fecerit, sed etiam is, cujus opera aut consilio furtum factum fuerit, furti actione tenetur* (2). Remarquons toutefois, qu'il faut se garder d'attribuer à ces textes une portée trop absolue ; car il serait inexact de dire que tout agent *ope aut consilio* ne peut jamais être que simple auxiliaire. Nous avons déjà rencontré, en effet, dans l'étude de la complicité morale des décisions qui, dans certains cas, assimilent complètement à un auteur celui qui a participé à un délit par ordre ou mandat.

Que si l'on se demande quelle utilité il peut y avoir en droit romain à établir que l'on se trouve en présence d'un complice, et non d'un coauteur, puisque tous deux sont tenus de l'*actio furti*, il suffit de se reporter aux développements que nous venons de fournir sur la loi 66, *de furtis*. Pour qu'un auteur soit puni, il n'est pas nécessaire que la culpabilité de ses prétendus codélinquants soit prouvée ; la complicité au contraire ne devient punissable qu'à condition de se rattacher à un fait principal présentant un caractère délictueux. Ajoutons, spécialement pour le *furtum*, que la *condictio furtiva* est toujours donnée contre tous les coauteurs, tandis qu'elle est refusée contre les simples complices, c'est-à-dire contre tous ceux qui n'ont participé au crime que *consilio tantum*, et *ordinairement* contre ceux qui y ont participé *ope*. Car nous devons reconnaître le caractère d'auteurs et non plus celui de simples complices à ceux dont la participation au vol a consisté à enlever la chose, et qui (nous l'avons vu), sont tenus, à

(1) Instit. de Gaius, III, § 202. — Inst. de Just. L. IV, t. I, § 11.
(2) *Sent.* L. II, t. XXXI, § 10.

raison de ce fait de la *condictio furtiva*. Le *furtum*, en effet, consiste dans une *contrectatio rei fraudulosa* ; on doit donc considérer comme auteur de ce délit quiconque a pris part à la *contrectatio* elle-même.

Injures. — Pour l'injure, comme pour le vol, le principe est encore que celui qui a assisté *ope* l'auteur de l'injure est un simple complice. Ainsi, pour ne citer qu'un seul texte, la loi 11, *pr. de injuriis*, dit d'une façon générale que celui-là est auteur principal (*fecit injuriam*), qui a porté les coups, tandis que tout autre participant n'est qu'un auxiliaire ; ce n'est que par extension de la règle ordinaire, que l'action *injuriarum* est donnée contre ce dernier. *Non solum is injuriarum tenetur, qui fecit injuriam, hoc est qui percussit ; verum ille quoque continetur qui dolo fecit, vel qui curavit ut mala pugno percuteretur* (1).

Plusieurs exceptions sont cependant faites au principe que nous reconnaissons ; c'est qu'alors, le rôle du participant dans l'accomplissement du crime a une importance telle, qu'on peut le considérer comme coauteur du fait délictueux. Ainsi, celui qui récite en public une chanson diffamatoire est assimilé à l'individu qui l'a composée. Cela s'explique aisément, car une chanson s'apprend et se retient facilement ; on cause donc autant de mal en la disant en public, qu'en la composant pour la répandre ensuite : *Psalterium, quod vulgo dicitur canticum, in alterius infamiam compositum, et publice cantatum, tam in eos qui hoc cantaverint, quam in eos qui composuerint, extra ordinem vindicatur* (2).

Adultère. — Deux sortes de personnes peuvent participer à l'adultère commis par une femme mariée (3). Ce sont,

(1) *Adde*, Inst., § 11, *de injur*. — Paul, *Sent*., l. 5, t. IV, § 20.
(2) Paul, *Sent*., l. 5, t. IV, § 16. — *Conf*. l. un, C., *de famos. libel*.
(3) L'adultère du mari n'était pas puni par les lois romaines : l. 1, C. (L. IX, t. IX). — Aulu-Gelle, *nuits attiques*, X, 23, *infine*.

d'une part, l'amant de la femme, d'autre part, tous ceux
qui, par une assistance coupable, ont favorisé la perpétration de ce crime. Quant au premier, sa responsabilité dans
l'accomplissement du délit est toute différente de celle qui
peut revenir à ceux *qui opem consiliumve dederunt.* Le bon
sens, seul, nous dit que nous ne nous trouvons plus ici en
face d'un simple auxiliaire, d'un complice, mais bien d'un
véritable coauteur ayant eu, dans l'accomplissement du
crime, une part égale à celle de la femme infidèle. Telle est
aussi la théorie romaine. *Aperte lege Julia de adulteriis
cavetur,* dit Julien, *si quidem vidua sit de cujus adulterio
agitur, ut accusator liberum arbitrium habeat adulterum,
an adulteram prius accusare malit ; si vero nupta sit, ut
prius adulterum peragat, tunc mulierem* (1). Ainsi donc,
l'*adulter* peut toujours et doit, dans un cas, être poursuivi
avant la femme avec laquelle il a consommé le crime :
n'est-ce pas indiquer clairement qu'il a aux yeux de
la loi pénale une responsabilité au moins égale à celle
de la femme, et supérieure certainement à celle d'un simple complice ? Aussi la loi 39, § 6, *h. t* , rappelant la
règle de la loi 5, qualifie-t-elle l'adultère de *maris ac femi-
nœ commune crimen.*

Tout autre est la responsabilité de ceux qui sont seulement intervenus par une assistance criminelle dans la perpétration de l'adultère. Ils sont, il est vrai, punis des mêmes peines que les deux coauteurs ; mais comme nous
l'avons déjà remarqué à propos du vol, cela n'empêche
nullement de les considérer comme simples complices :
quasi adulteri puniuntur. On frappait ainsi, non seulement ceux qui avaient prêté leur maison ou procuré celle
d'un ami, pour y commettre le crime ; mais encore ceux

(1) L. 5, *ad leg. J. de adult.* — L. 15, § 8 et 2 *pr., eod.* t.

qui avaient simplement favorisé l'entente des coupables,
ou reçu une somme d'argent, comme prix de leur silence :
*Qui domum suam, ut stuprum, adulteriumve cum aliena
matrefamilias, vel cum masculo fieret, sciens præbuerit...,
quasi adulter punitur. — Et si amici quis domum præbuisset, tenetur. Sed si, in domum aliquam soliti fuerint convenire ad tractandum de adulterio, etsi eo loci nihil fuerit admissum, verumtamen, videtur is domum suam, ut stuprum
adulteriumve committeretur præbuisse* (1).

La mari pouvait aussi être poursuivi pour avoir favorisé la débauche de sa femme : *Qui quæstum ex adulterio uxoris suæ fecerit, cujuscumque sit conditionis, quasi
adulter punitur* (2). Il fallait, toutefois, pour que l'abstention du mari devînt répréhensible, qu'elle fût un véritable
encouragement fourni aux coupables, dans le but de tirer
profit (*quæstum*) de l'inconduite de la femme ; la simple
tolérance, quoique inexcusable en morale, échappait aux
sévérités de la loi pénale : *Quod si patiatur uxorem delinquere, non ob quæstum, sed negligentiam, vel culpam, vel
quamdam patientiam, vel nimiam credulitatem, extra leges
positus videtur* (3). La question étant ainsi précisée, demandons-nous en quelle qualité l'accusateur poursuivra le
mari *qui cum adultero uxoris suæ pactus est.* Ce n'est, certes, pas comme coauteur ; car, nous l'avons déjà reconnu,
l'amant et la femme sont les seuls auteurs principaux.
Sera-ce comme complice ? Nous ne le croyons pas, quoique l'on ait soutenu l'opinion contraire. La loi 8, que nous
venons de citer, dit bien, il est vrai, que le mari, de même

---

(1) L. 8, *pr.;* l. 9, *pr.* et § 2 ; l. 29, § 2, *ad leg. J. de adult.*
(2) L. 8, *pr., infine, h. t.*
(3) L. 29, § 4, *h. t. — Adde,* l. 2, § 3, *eod. tit.* — Le mari cependant
était puni des mêmes peines que s'il avait tiré profit de l'inconduite de
sa femme, lorsque l'ayant surprise en flagrant délit, il ne la renvoyait
pas. (L. 2, § 2; l. 29, *pr., ad l. Jul. de adult. — L. 2, C., eod. tit.)*

que tous ceux qui ont favorisé le crime, sera poursuivi *quasi adulter* ; on pourrait donc se croire autorisé à en tirer cette conséquence que lui aussi est un complice. Mais cette manière d'envisager la question ne nous semble pas conforme à l'esprit de la loi. D'autres textes viennent, en effet, donner un caractère tout spécial à cette apparente complicité. *Qui quæstum ex adulterio uxoris suæ fecerit, plectitur*, dit Ulpien, *nec enim mediocriter delinquit, qui lenocinium in uxore exercuit* (1). Les mêmes actes qui, d'après la loi 8, sembleraient constituer le mari complice auxiliaire du crime de sa femme sont, dans celle-ci, qualifiés du nom spécial de *lenocinium*. Une foule d'autres textes relatifs à cette matière emploient aussi la même expression pour désigner la complaisance coupable du mari; c'est donc qu'il y avait là non plus un acte de complicité accessoire, mais un délit spécial, distinct de l'adultère (2). Quant au rapprochement que nous avons constaté entre le mari coupable de *lenocinium* et le *quasi adulter*, il s'explique parfaitement, si l'on se place au point de vue de la pénalité, le châtiment étant le même pour le premier que pour le second. Nous ne devons pas, au reste, nous étonner de voir dans un titre relatif à l'adultère le digeste s'occuper d'un autre délit spécial ; car on sait que la loi *Julia de adulteriis*, appelée aussi *lex Julia de pudicitia*, frappait d'autres crimes que l'adultère : c'est ainsi qu'elle punissait l'*incestum* et le *stuprum*.

Homicide. — Ici encore, les textes reconnaissent deux manières de participer au crime. La loi 1, § 21, *de S. C. Silaniano*, par exemple, suppose clairement cette distinc-

---

(1) L. 29, § 3, *h. t.*

(2) Le *lenocinium*, en général, est le crime de tout individu *qui pretium pro comperto stupro accipit* (L. 29, § 2, *ad l. jul. de adul.* — L. 4, § 2, *de his qui notantur.* — L. 6, C., *de spectaculis*).

tion : *Si qui conscii, vel factores sceleris fuerint, hi de-*
mum supplicio adficiuntur. *Factores* désignant ici tous les
coauteurs, *conscii* doit s'entendre des simples complices.

Le principe semble être de même, en cette matière,
que tous ceux qui ont prêté au criminel une aide matérielle quelconque ne sont tenus que comme complices, à
moins toutefois qu'ils n'aient pris au meurtre une part
tellement importante, que l'on doive les considérer
comme véritables coauteurs. C'est ainsi que l'on ne verra
qu'un simple fait de complicité dans l'acte de celui qui
a seulement fabriqué ou vendu le poison. Les textes le distinguent parfaitement de celui qui a commis le meurtre,
et ne lui appliquent que par extension les peines portées
contre l'assassin lui-même : *Ejusdem legis pœna adficitur*
qui in publicum mala medicamenta vendiderit, vel hominis
necandi causa habuerit (1). Sera encore complice d'homicide, celui qui aura prêté de l'argent pour aider à la
réalisation du crime : *Si sciente creditore, ad scelus com-*
mittendum, pecunia sit subministrata (utputa, si ad veneni
mali comparationem, vel etiam ut latronibus adgressoribus-
que daretur, qui patrem interficerent), parricidii pœna
tenebitur, qui quæsierit pecuniam, quique eorum ita cre-
diderit aut a quo ita caverunt (2).

(1) L. 3, § 1, *ad leg. corn. de sic.*
(2) L. 7, *de lege Pomp. de parric.*

———

CHAPITRE IV

DU RECEL

Nous avons eu, dans le courant de cette étude, l'occasion de nous demander si la législation romaine ne reconnaissait pas l'existence d'une complicité morale postérieure au délit. Les textes, avons-nous dit, ne permettent pas de penser que tel ait été le système de la législation romaine : les faits purement intellectuels d'approbation ou de ratification, quelque répréhensible que soit leur caractère au point de vue moral, ne peuvent suffire à eux seuls à constituer leur auteur complice d'un délit dont ils supposent l'exécution achevée. En sera-t-il de même des actes d'assistance matérielle qui ont eu pour but de soustraire le coupable aux poursuites, c'est-à-dire du recel, soit des objets provenant du délit, soit du criminel lui-même ? De nombreux textes édictent des peines contre les recéleurs. L'étude de ces lois va nous montrer qu'il s'agit bien là de la répression de faits de complicité.

Il faut d'ailleurs se garder de croire qu'en admettant ainsi l'existence d'une complicité matérielle postérieure au délit nous contredisions ce que nous avons admis à propos de la ratification ; car les hypothèses ne sont pas identiques, dans le cas de ratification, le fait que l'on voudrait qualifier de complicité n'a certainement été pour le délinquant ni une provocation, ni une aide. Tout autre est le caractère de la complicité matérielle ; elle n'a, il est vrai, exercé aucune influence sur la perpétration même du crime ; mais elle a eu pour résultat d'aider le coupable à échapper aux recherches de la justice ; elle a été pour lui une assistance. On s'explique donc facilement que celui qui s'est, par ce fait, associé au délit, soit puni par les lois romaines comme complice.

Recel des choses. — Nous lisons au Code : *Crimen non dissimile est rapere, et ei qui rapuit, raptam rem scientem delictum servare* (1). *Eos qui a servo furtim ablata scientes susceperint, non tantum de susceptis convenire, sed etiam pœnali furti actione potes* (2). Les Institutes ne sont pas moins formelles : *manifestissimum est, quod omnes qui scientes rem furtivam susceperint et celaverint, furti nec manifesti obnoxii sunt* (3). Celui qui recèle les objets volés est donc, quant à la pénalité, assimilé en principe au voleur : or l'acte qu'on lui reproche étant essentiellement différent de celui qui a été commis par ce dernier, on ne peut évidemment l'envisager comme coauteur ; c'est donc en qualité de complice que les lois le déclarent tenu de l'action *furti*. Le texte suivant qui met sur la même ligne les complices (*ministri*) et les recéleurs suffit à justifier cette assertion : *Judices qui tempore administrationis publicas pecunias subtraxerunt,... capitali animadversioni subdi jubemus. His quoque nihilominus, qui ministerium eis ad hoc adhibuerunt vel qui subtractas res ab his scientes susceperunt, eadem pœna percellendis* (4).

Recel des criminels. — Les textes abondent encore ici, pour établir l'assimilation du recéleur à l'auteur principal, et par là-même au complice. C'est ainsi que Marcien nous dit : *Pessimum genus est receptatorum, sine quibus latere nemo diu potest. Et precipitur ut perinde puniantur atque*

(1) L. 9, C., *ad l. Jul. de vi.* — *Adde*, l. 3, § 3, D., *de incendio, ruina.*
(2) L. 14, C., *de furt.* — *Adde*, l. 12, C., *ad l. Fab. de plag.*
(3) Inst., *de oblig. quœ ex del.*, § 4, *infine.*
(4) L. un. C., *de cr. pecul.* — *Adde*, inst., § 9, *de publ. jud.*

latrones (1). L'individu qui donne asile à un assassin encourt donc les peines de l'homicide : *Si quis eorum servum servamve ex ea familia qui ejus facinoris noxius erit, receperit vel celaverit sciens dolo malo, in ea causa est ac si lege quæ de sicariis lata est, facinoris noxius fuerit* (2). C'est bien d'ailleurs à titre de complice que ce recéleur est puni des peines portées contre l'auteur, les deux lois suivantes ne permettent pas d'en douter : *Eos qui secum alieni criminis reos occultando eum eamve sociarunt, par ipsos et reos pœna expectet. — .... Omnes qui conscii ac ministri hujus criminis (raptus) reperti et convicti fuerint, vel qui eos susceperint, vel quicumque opem eis tulerint, pœnæ tantummodo capitali subjicimus* (3).

Conditions générales de la complicité par recel. — Nous avons, dès le début de ce travail, établi que le premier élément nécessaire à l'existence de la complicité est l'intention frauduleuse, *dolus malus*. Les textes insistent plus particulièrement sur cette condition en cas de recel. Presque tous ceux qui traitent de ce genre de complicité ont soin, afin de mettre en relief cette nécessité du dol, d'employer, pour désigner le *receptator*, les expressions : *qui ablata sciens suscepit, qui sciens dolo malo recipit*. La portée exacte de ces termes nous est définie par deux textes d'Ulpien : *Sed additum est dolo malo*, dit le jurisconsulte, *quia non omnis qui recipit statim etiam delinquit, sed qui dolo malo recipit. Quid enim si ignarus recepit, aut quid si ad hoc recepit ut custodiret salvaque faceret ei qui amiserat ? Utique non debet teneri* (4). Dans ces deux

---

(1) L, 1, *de receptat.* — *Adde*, Paul, *Sent.* V, 3, § 4. — L. 48, § 1, D. *de furt.*

(2) L. 3, § 12, *de S. C. Silan.*

(3) L. 1, C. *de his qui latr.* — L. un. C., *de raptu virg.*

(4) L. 3, § 3, *de incendio*, etc.

cas, toute intention frauduleuse fait défaut : l'acte ne peut donc être incriminé. Il en sera encore de même toutes les fois que la personne accusée de recel pourra prouver qu'elle n'a agi que par humanité, par pitié, ou par tout autre motif légitime : *Doli verbum etiam ad eum qui recepit referendum est, ut non alius teneatur, nisi qui dolo malo fecerit. Cæterum si quis ut domino custodiret recepit, vel humanitate, vel misericordia ductus, vel adprobata atque justa ratione, non tenebitur* (1). La parenté existant entre le recéleur et le criminel auquel il a donné asile ne peut toutefois être une excuse suffisante pour le décharger de toute responsabilité pénale; mais on tiendra compte dans ce cas des motifs d'affection qui ont pu le guider, et la peine sera adoucie en sa faveur : *Eos apud quos adfinis vel cognatus latro conservatus est, neque absolvendos, neque severe admodum puniendos; non enim par est eorum delictum, et eorum qui nihil ad se pertinentes latrones recipiunt* (2).

Un point controversé entre les interprètes du droit romain est celui de savoir si, outre l'intention frauduleuse, il ne faut pas encore exiger ici l'existence d'un nouvel élément, l'association antérieure entre les criminels et leurs recéleurs. La question s'est posée en présence du texte suivant : *Eos qui secum alieni criminis reos occultando, eum eamve sociarunt, par ipsos et reos pœna expectet* (3).

On est, à première vue, assez disposé à interpréter strictement ce texte, car d'une part on remarque qu'il se trouve dans le titre du Code spécialement consacré au recel et doit avoir par là même plus d'autorité ; d'autre part cette nouvelle condition ferait mieux comprendre, au point de vue des principes rationnels, la théorie romaine. Car dans ce

(1) L. 5, *pr., de servo corrupto.*
(2) L. 2, *de receptator.*
(3) L. 1, C., *de his qui latrones.*

cas, la promesse de recel faite avant le crime constituant
en réalité un encouragement à le commettre, on pourrait
soutenir qu'ici, le véritable fait de complicité n'est point
l'acte matériel de recel, mais bien l'engagement pris
antérieurement. Cette première impression semble encore
confirmée par cette remarque qu'un certain nombre de
textes relatifs au recel édictent des peines spéciales et
parfois toutes différentes de celles portées contre les auteurs
principaux (1), et cependant, nous allons le voir bientôt, la
conséquence ordinaire de la complicité est la similitude du
châtiment. Or, dans les hypothèses où se sont placées ces
lois, il n'est jamais question de la *societas sceleris*, dont
nous parlons. C'ést donc, dit·on, que sans cette association
préexistante, le seul fait de recel ne peut constituer un
acte de complicité.

Cette théorie absolue, qui pose comme une règle inflexible
la nécessité de l'entente préalable entre le récéleur et le criminel, ne nous paraît nullement avoir été celle des jurisconsultes romains. Quelques textes, il est vrai, se plaçant
dans l'hypothèse où aucune association n'a existé entre le
receptator et le *reus* décident que des peines différentes seront prononcées contre eux ; mais combien d'autres ne
viennent-ils pas nous dire d'une façon générale et excluant
toute distinction, que quiconque a sciemment commis un
acte de recel, est tenu des mêmes peines que l'auteur principal, c'est-à-dire est complice? Il suffit de se reporter aux
nombreuses lois que nous avons déjà citées, pour voir
qu'une seule condition y est exigée pour l'existence de la
complicité par recel: c'est l'intention frauduleuse (2). Nous

---

(1) L. 1, *pr.* et 3, § 3, D., *de abig.* — L. 1, *infine*, C., *de his qui lat.*
(2) L. 14, C., *de furt.* — L. 12, C., *ad l. Fab.* — L. un. C., *de crimin.*
pecul. — L. 9, C., *ad·l. Jul. de vi.* — L. 1, § 2, C., *de raptu virg.* —
L. 3, § 12, D. *de S. C. Silan.* — L. 3, § 3, D. *de incend.*

nous bornerons à rapporter un texte qui exclut d'une façon encore plus expresse l'idée d'association entre le *reus* et les recéleurs : *Qui furem novit, sive indicet eum, sive non indicet, fur non est, cum multum intersit furem quis celet, an non in dicet ; qui novit, furti non tenetur, qui celat, hoc ipso tenetur* (1). *Hoc ipso tenetur*, c'est-à-dire est tenu de l'action *furti* par cela seul que, à la connaissance de la culpabilité du voleur, se joint le fait de lui donner asile. Quelle conclusion tirer de cette loi, sinon que l'entente préalable entre les coupables n'est nullement un élément essentiel de la complicité par recel ? Quant aux quelques textes qui édictent des peines spéciales contre certains recéleurs, nous nous refusons à les considérer autrement que comme de simples exceptions apportées aux règles de la complicité par recel. Les jurisconsultes romains ne paraissent pas avoir eu, sur le point qui nous occupe, une théorie bien nette et bien précise ; nous devons donc nous garder, en présence des indécisions de la jurisprudence, de fonder une doctrine générale sur quelques textes peu formels et contredits d'ailleurs par un grand nombre d'autres.

La loi 1, C. *de his qui latrones*, d'où le système adverse tire son principal argument, s'explique au reste prfaitement dans notre théorie. La première phrase de ce texte est ainsi conçue : *Eos qui alieni criminis reos occultando eum eamve sociarunt, par ipsos et reos pœna expectet*. Ce mot *sociarunt* indique, dit-on, que la loi romaine entend ici ne prononcer les peines de la complicité que contre ceux qu'une association antérieure au crime a unis à l'auteur principal. C'est là, il faut l'avouer, donner à cette expression une importance bien grande, et que ne paraissent pas

(1) L. 48, § 1, D., *de furt.*

avoir entendu lui attribuer les auteurs de la constitution.
Tout ce quils semblent avoir voulu dire, c'est que celui-là
sera puni comme complice, qui s'est associé à un crime en
consentant (même après coup) à donner asile aux coupables. L'emploi du mot *sociarunt* n'a donc d'autre but que
de rappeler la nécessité de la connaissance du crime chez
le recéleur ; en fournissant sciemment une retraite au *reus*,
il lui prête une assistance efficace, il s'associe en quelque
sorte à son crime, et en devient par suite complice. On nous
objectera, il est vrai, que la seconde phrase de la loi que
nous étudions porte une peine différente contre des individus qui, eux aussi, ont reçu les criminels, mais chez qui
aucune association antérieure ne peut-être supposée.
Quelle est la raison d'être de cette différence dans la pénalité ? Serait-ce que d'un côté il y a association antérieure et
de l'autre il y a simple recel ? Il suffit de lire attentivement
le texte pour se convaincre du contraire : *Et latrones quisquis
sciens susceperit et eos offerre judicibus suspersederit supplicio corporali aut dispendio facultatum... plectetur*. Ce
que punit ici le législateur, ce n'est plus un recel véritable,
commis avec l'intention de soustraire le coupable aux recherches de la justice ; mais la simple négligence de celui
qui reçoit chez lui un criminel, et tarde à le livrer, *offerre
judicibus suspersederit* (1). C'est une hypothèse analogue à

---

(1) Il est important de remarquer que cette loi 1, *de his qui latr.* a
été formée par Tribonien de la réunion de deux constitutions (l'une
des empereurs Valentinien, Valens et Gratien, l'autre de Gratien, Valentinien et Théodose), qui formaient les lois 1 et 2, l. IX, t. XXIX, au
Code théodosien. La seconde phrase de notre fragment ne doit donc
pas être considérée comme un exemple apporté à l'appui de la règle
que l'on prétend trouver dans la première, à savoir, qu'il ne pourrait y
avoir complicité par recel sans association antérieure — Notons, en
outre, que dans le code de Justinien, la loi 2 du Code théodosien se
trouve tronquée : cette dernière phrase a été omise : *Si vero actor, sive
procurator latronem domino ignorante occultaverit, et offerre judici ne-*

celle que prévoit la loi 2, au même titre, lorsqu'elle dit :
Domini etiam prædiorum (in quibus latrones degunt seu latitant), impunes non manebunt, si scientes et præsentes ultro non obtulerint nocentes, vel admoniti eos exhibere, distulerint.

Ainsi donc, une seule condition est formellement exigée par les textes, c'est la condition de dol. Est-ce par humanité, par intérêt pour le véritable propriétaire, ou par tout autre motif légitime que l'asile a été fourni, aucune peine n'est encourue. Est-ce par une négligence coupable, une sanction pénale est prononcée ; mais ce n'est pas celle qu'édictent les lois contre les complices.

CHAPITRE V

CONSÉQUENCES PÉNALES DE LA COMPLICITÉ

Une importante question, sur laquelle déjà nous avons été amené à nous prononcer incidemment, nous reste à étudier en détail. Nous avons recherché jusqu'ici dans quelles circonstances peut se produire la complicité ; nous devons maintenant nous demander quelle était la part de responsabilité faite par la loi romaine à chacun des divers participants d'un crime. Traitait-elle, avec une égale sévérité l'auteur principal et le complice, ou bien apportait-elle, en faveur de ce dernier, et en raison du rôle secondaire

glexerit flammis ultricibus concremetur. On le voit, ce qui est puni par ce texte, ce n'est pas un fait de complicité, mais bien une simple négligence.

joué par lui, une atténuation à la peine prononcée contre le premier? Les textes ne répondent pas d'une façon générale et absolue à cette question; mais, de l'ensemble des dispositions spéciales, il semble résulter que le principe fondamental est ici celui de l'assimilation (1). C'est ainsi que l'individu qui, par ses conseils, favorise l'exécution d'un crime, encourt les mêmes peines que l'auteur : *quosque alios suadendo juvisse sceleris est instar* (2). Celui qui donne mandat de commettre un crime est, de même, puni comme s'il l'avait commis en personne : *Si mandatu meo facta sit alicui injuria, plerique aïunt, tam me qui mandavi, quam eum qui suscepit injuriarum teneri. — Mandator cœdis pro homicida habetur* (3). Nous avons encore vu que le non-empêchement du crime de fausse monnaie est puni comme le crime lui-même, etc. — Telles sont les principales dispositions relatives à la complicité morale; la règle est encore la même pour la complicité matérielle. Ainsi, celui qui vend le poison est, aussi bien que celui qui l'administre, pas-

(1) Ce principe de l'assimilation est celui que semblent avoir admis toutes les législations les plus anciennes. Dans l'Inde, les lois de Manou punissaient déjà des mêmes peines que les voleurs, ceux qui leur fournissaient des instruments ou des armes, ceux qui leur donnaient des vivres ou un asile ou consentaient à recéler les choses dérobées (Liv. IX, §§ 271 et 278). La loi mosaïque qui ne s'occupe de la complicité que dans le délit d'adultère pose une règle analogue (*Deutéronome*, ch. XXII, v. 22 et s.). Enfin la législation pénale des Athéniens « infligeait à celui qui facilite l'exécution d'un crime la même peine qu'à celui qui l'exécute. » (Andocide, *Défense contre l'accusat. de sacrilège*). Platon, dans son douzième livre des lois, étendait même cette identité des châtiments au recel d'objets volés. Les termes dont il se sert semblent bien indiquer, il faut le remarquer, qu'il rappelle ici l'esprit d'une loi positive en même temps qu'il expose les déductions de la raison (*Traduct. de Cousin*, VIII, p. 367).

(2) L. 16, *pr. de pœnis.*

(3) L. 11, § 3, *de injur.* — L. 15, *ad leg. corn. de sic.*

sible des peines de la loi Cornelia (1). Le propriétaire qui a prêté sa maison *ut stuprum adulteriumve fieret*, est poursuivi *quasi adulter* (2). Ces quelques citations, auxquelles nous pourrions en ajouter un grand nombre d'autres, suffisent pour montrer quel était le principe pénal de la complicité à Rome. Une même action était donnée contre le complice et contre l'auteur, et une peine égale prononcée contre eux : ils étaient, en tous points assimilés l'un à l'autre : *nihil interest occidat quis, au causam mortis præbeat.* (3).

Cette similitude des peines existait même à l'égard des recéleurs qui cependant forment une catégorie toute spéciale de complices ; *perinde puniuntur atque latrones,* dit Marcien (4). Mais relativement à eux, une difficulté se présente. Les textes nous apprennent en effet qu'une action *furti concepti* était donnée contre celui *apud quem testibus præsentibus furtiva res quæsita et inventa erat.* C'était l'action spécialement établie par la loi des Douze Tables contre les recéleurs : une peine du triple en était le résultat. Nous savons, d'autre part, que la loi divisait les voleurs eux-mêmes en deux catégories ; les voleurs non manifestes et les voleurs manifestes. Le voleur non manifeste encourait une peine égale au double du préjudice causé et poursuivie par l'action *furti nec manifesti.* Le voleur manifeste était d'abord frappé de verges, puis attribué (*addictus*) à la personne volée : cette rigueur de la loi des Douze Tables fut atténuée par l'édit du prêteur qui substitua à cette punition

---

(1) L. 3, *ad leg. corn. de sic.*

(2) L. 8, *ad leg. Jul. de adult.*

(3) L. 15, *pr. ad leg. corn. de sic.* — *Adde, Nov. Leon.* 70 (4e et 5e phrase).

(4) L. 1, *de recept.* — *Adde,* l. 1, C., *de crim. pecul.* — L. 14, C., *de furt.* — L. 9, C., *ad leg. Jul. de vi.* — L. 1, C., *de his qui latr.* — L. 3, § 12, D. *de S. C. Silan.* — L. 3, § 3, D. *de incend.*

exagérée une peine pécuniaire du quadruple. Aucune assimilation, quant à la pénalité (1), n'existait donc dans le droit classique entre le recéleur d'objets volés et le voleur lui-même, la peine étant toujours du triple contre le premier, et tantôt du double, tantôt du quadruple contre le second. Mais lorsque l'action *furti concepti* fut, à cause de son iniquité (2) tombée en désuétude, c'est l'action *furti nec manifesti* qui la remplaça et qui servit à poursuivre celui qui, sciemment, recélait les effets volés (3). Le principe de la répression du recel fut, dès lors, comme pour tous les autres genres de complicité, l'assimilation.

Cette règle générale n'était pas, hâtons-nous de le dire, sans laisser place à de nombreuses exceptions. Ainsi, d'après la loi du Code relative aux peines qui frappent la prise de possession des terrains abandonnés par le Nil, les auteurs principaux sont condamnés à être brûlés vifs, tandis que leurs complices encourent seulement la peine de la déportation (4). De même, les complices de l'individu convaincu du crime de magie sont livrés aux bêtes ou mis en croix, tandis que l'auteur est brûlé vif (5).

La loi 1, *de raptu virginum* au Code, crée aussi une exception. D'après ce texte, une double peine, la mort et la *bonorum amissio*, frappe le ravisseur et tous ceux *qui hunc comitati in ipsa invasione et rapina fuerunt*, c'est-à-dire les

---

(1) La différence entre le recéleur et le voleur n'existait qu'au point de vue seulement du montant de la peine encourue ; car, suivant Labéon et les Proculéiens (dont l'opinion finit par prévaloir), l'action *furti concepti* devait être considérée non pas comme la sanction d'un vol d'une nature distincte, mais seulement comme une action inhérente au vol, selon les circonstances accidentelles : *nam conceptum et oblatum species potius actionis sunt, furto cohærentes, quam genera furtorum.*

(2) Elle atteignait même les personnes de bonne foi.

(3) Inst. IV, 1, § 4, *in fine*.

(4) Un. C., *de Nili agger*.

(5) Paul, *Sent.* V, 23, § 17.

coauteurs. La mort, au contraire, est seule prononcée contre les simples complices, c'est-à-dire tous ceux *qui conscii ac ministri fuerunt, vel qui eos receperunt* (1).

Le voleur de troupeau est, suivant les pays, condamné *ad gladium, aut in opus* : le recéleur qui lui a donné asile n'encourt au contraire, en vertu d'un rescrit de Trajan, que la *relegatio extra terram italicam* (2).

La parenté existant entre le recéleur et le coupable qu'il soustrait aux recherches de la justice est encore (nous l'avons déjà vu) une cause d'atténuation de la peine : *neque absolvendus, neque severe admodum puniendus est.*

Remarquons enfin, relativement au vol, que l'assimilation du complice au voleur pouvait ne pas être toujours complète. Le voleur, avons-nous dit, était poursuivi tantôt par l'action *furti manifesti*, tantôt par l'action, *furti nec manifesti*. En était-il de même des complices ? Non, évidemment, la nature même du vol manifeste s'y opposait : *Is qui opem furtum facienti fert, nunquam manifestus est : itaque accidit ut is quidem qui opem tulit, furti nec manifesti, is autem qui deprehensus est, ob eamdem rem manifesti teneatur* (3).

En résumé, donc le principe posé par la loi romaine est l'égalité des peines entre tous les participants. Des textes assez nombreux semblent, il est vrai, contredire cette règle ; mais on ne doit les considérer que comme de simples exceptions, parfaitement explicables, d'ailleurs, en présence

---

(1) On essaierait en vain de tirer de cette loi un argument pour prouver que le recéleur n'est pas toujours considéré comme complice ; car si, dans notre cas, le recéleur n'encourt pas, il est vrai, la même peine que l'auteur principal, il en est de même de tous les autres complices auxquels le texte l'assimile d'ailleurs formellement.

(2) L. 1, *pr.*, et l. 3, § 3, *de abigeis.*

(3) L. 34, *de furt.* — *Adde* (pour le recel), Inst. IV, 1, § 4, *infine.*

de l'imperfection du système pénal des Romains, où le châtiment était si souvent hors de proportion avec le degré de
perversité de l'agent.

La règle générale adoptée par le droit romain sur les
conséquences pénales de la complicité étant ainsi reconnue, une difficulté nous reste à résoudre. Nous avons à
nous demander si la jurisprudence, poussant jusqu'à ses
dernières conséquences le principe d'assimilation, ne faisait
pas subir au complice l'influence des circonstances aggravantes inhérentes au crime ou personnelles à l'auteur principal. Cette question qui divise encore les jurisconsultes
modernes ne souffrait aucune difficulté dans la législation
romaine. L'affirmative y était admise sans conteste. Et
d'abord, quant à l'aggravation résultant de qualités personnelles à l'auteur principal, un texte d'Ulpien résout
formellement la question : le complice du parricide encourt,
dit-il, non seulement la peine du meurtre, mais la peine
spéciale établie par la loi *Pompeïa de Parricidiis* : *Utrum
qui occiderunt parentes, an etiam conscii, pœna parricidii
adficiuntur quæri potest. Et aït Marcianus etiam conscios
eadem pœna adficiendos, non solum parricidas : proinde
conscii etiam extranei eadem pœna adficiendi sunt* (1). S'il
en était ainsi pour les circonstances tenant à la seule qualité de l'auteur principal, à plus forte raison devait-il en
être de même pour les circonstances aggravantes inhérentes
au fait lui-même. La loi 16, *de pœnis* ne permet aucun
doute sur ce point. Dans son *principium*, après avoir énu-

---

(1) L. 6 et 7, *de lege Pomp. de parric.* — Justinien nous apprend
quelle est cette peine du parricide et de ses complices (Inst. IV, 18,
§ 6) : *Insutus culeo, cum cane et gallo gallinaceo et vipera et simia, et inter
has ferales angustias comprehensus, vel in vicinum mare, vel in amnem
projiciatur, ut omnium elementorum usu vivus carere incipiat et ei cœlum
superstiti, et terra mortuo auferatur.*

méré les quatre modes de délit, elle ajoute : *quosque alios suadendo juvisse, sceleris est instar,* c'est-à-dire, le complice par conseil doit être en tout assimilé à l'auteur principal. Or, dans les paragraphes suivants, elle examine les différentes circonstances d'aggravation que doit prendre en considération le juge appelé à prononcer la peine : ces diverses causes d'aggravation sont donc communes à tous ceux qui ont participé au crime, sans qu'il y ait à distinguer quelle a été l'importance du rôle joué par eux : *Aut facta puniuntur... ant dicta,... aut scripta,... aut consilia,... quosque alios suadendo juvisse sceleris est instar. Sed hœc quatuor genera consideranda sunt septem modis : causa, persona, loco, tempore, qualitate, quantitate et eventu.* Ce texte est à lui seul une preuve suffisante : nous pourrions encore, en revenant sur des passages déjà cités, montrer par de nombreux exemples que l'assimilation complète du complice à l'auteur existait aussi bien par rapport aux circonstances que par rapport aux qualités aggravantes : nous nous contenterons de rapporter deux cas particuliers.

Le vol commis avec violence donnait lieu à une action spéciale, l'action *bonorum vi aptorum : Qui res alienas rapit tenetur quidem etiam furti...; sed tamen propriam actionem ejus delicti nomine prœtor introduxit, quœ appellatur bonorum vi raptorum* (1). Or, le complice de ce voleur était tenu, non pas de l'action *furti,* mais bien de l'action *bonorum vi aptorum,* comme l'auteur principal : *Is autem cujus dolo fuerit raptum, furti quidem non tenebitur, sed vi bonorum raptorum* (2).

Le vol au préjudice de l'Etat ou d'un temple constitue un délit particulièrement grave, réprimé sous le nom de

(1) Inst. IV, t. II, pr. — La peine est du quadruple pendant une année utile ; *sed in quadruplo, inest rei persecutio.*
(2) L. 80, § 4, *de furt.*

péculat : *Labeo peculatum definit pecuniæ publicæ aut sacræ furtum* (1). L'action donnée contre le complice de ce crime est non pas l'action de vol, mais l'action de la loi Julia sur le péculat : *Lege Julia peculatus cavetur, ne quis ex pecunia sacra, religiosa, publicave auferat, neve in rem suam vertat, neve faciat quo quis auferat, intercipiat, vel in rem suam vertat* (2).

---

(1) L. 9, § 2, *ad l. Jul. pecul.* — La peine portée contre les auteurs de ce crime était à l'origine du quadruple de la somme soustraite. Elle fut plus tard remplacée par *l'aquæ et ignis interdictio*, puis par la *deportatio* (ou les mines contre les *humiliores*) (l. 3, *h. t.* — Paul, V, 27).

(2) L. 1, *ad l. Jul. peculatus.*

LOIS BARBARES, COUTUMES ET ORDONNANCES,

DROIT INTERMÉDIAIRE.

Nous venons, dans l'étude qui précède, de rechercher quels étaient à Rome les principes suivis pour la répression des faits de complicité. Avant d'aborder l'examen de notre législation actuelle, il nous paraît utile de jeter un rapide coup d'œil sur les législations intermédiaires qui, avec le droit romain, forment les sources de notre droit. Nous n'avons certes pas l'intention de faire ici l'historique complet de la transformation successive des lois anciennes ; nous nous bornerons à rechercher sommairement quel est l'esprit général de chacune. Nous passerons ainsi en revue la législation des différents peuples barbares qui occupèrent la Gaule, puis celle de la France sous l'ancienne monarchie, et enfin le droit intermédiaire de 1791 à 1810.

§ I.

Lois barbares.

Le premier peuple dont l'histoire ait constaté la présence en Gaule est celui des Celtes ou Gaulois. Sa législation n'a dû entrer que pour une faible part dans la formation de

Salmon.   7

notre droit ; en réalité, « l'époque celtique n'est pas le vrai commencement de l'histoire du droit français, elle n'en est que la préface (1) ». Les coutumes de ce peuple nous sont d'ailleurs presque complètement inconnues ; aucun monument de ses lois n'est parvenu jusqu'à nous, et César lui-même nous fournit sur ce point des renseignements trop vagues, pour qu'il soit possible de reconstituer l'ensemble de cette législation de l'ancienne Gaule. On a prétendu, il est vrai, trouver l'image de ces coutumes dans le vieux droit de certaines contrées de la Grande-Bretagne, dont l'idiôme, d'origine celtique, est un indice de parenté avec les Gaulois. Quelle que soit la valeur de cette conjecture, nous croyons qu'il n'est pas sans intérêt de rechercher quel fut, relativement à la question qui nous occupe, l'esprit de la législation criminelle de celui de ces peuples dont les monuments législatifs sont le mieux connus.

Chez les Gallois, comme chez les autres peuples barbares dont nous allons examiner les usages, un des caractères principaux du droit pénal est l'étroite solidarité qui, au point de vue de la répression des délits, unit tous les membres d'une même famille. L'un d'eux a-t-il commis un méfait envers un autre individu ? une guerre privée naît entre les familles auxquelles appartiennent le coupable et sa victime. La paix ne peut dès lors être achetée qu'au moyen de certaines satisfactions données à l'offensé. Cette composition, (appelée *galanas* chez les Gallois, *wehrgeld* chez les Germains), de facultative qu'elle fut à l'origine, finit par devenir obligatoire. D'après les coutu-

---

(1) M. de Vabroger, *la Gaule celtique*, p. 557. « J'en trouve une preuve qui suffirait dans notre langue néo-latine... Quand on voit la Gaule transformée à l'époque romaine dans sa langue, on peut en conclure avec assurance qu'elle doit être à bien plus forte raison transformée dans son droit. »

mes galloises, le coupable, quoique en état de payer le *galanas*, n'en supportait jamais qu'une partie ; le reste était à la charge de ses parents paternels et maternels, ces derniers ne devant payer qu'une partie égale à la moitié de celle imposée aux parents paternels (1). Il y a là une sorte de complicité présumée entre le criminel et tous les membres de sa famille.

C'est au Ve siècle, en vertu d'un traité conclu avec Honorius, que les Wisigoths s'établirent en Gaule, entre la Loire et les Pyrénées. Pendant qu'il régnait à Toulouse, leur roi, Enric, fit rédiger le premier recueil de leurs coutumes. En 506, son successeur, Alaric II, fit recueillir et publier, sous le titre de *liber legum romanarum*, les lois de ses sujets gallo-romains. Ce n'est qu'au VIIe siècle, après que les Wisigoths eurent été rejetés en Espagne, que cessa ce dualisme de législation, par la promulgation d'un code destiné à être la loi unique du royaume. Ces lois, que Montesquieu (2) a trop sévèrement qualifiées de « puériles, gauches, idiotes, frivoles dans le fond et gigantesques dans le style », ont été, croyons-nous, plus justement appréciées par M. Guizot (3) : « Le code Wisigoth, dit-il, est incomparablement plus rationnel, plus juste, plus doux, plus précis, il connaît beaucoup mieux les droits de l'humanité, les devoirs du gouvernement, les intérêts de la société, que toutes les autres législations barbares. »

Cette supériorité tient à l'influence qu'eut le droit romain sur cette législation. Car, de toutes les lois barbares, celle dans la formation de laquelle il eut la plus grande part est certainement la loi des Wisigoths. C'est ainsi que nous y retrouvons formellement écrite la règle es-

(1) M. de Vabroger. *Op. cit.*, p. 472.
(2) *Esprit des lois*, XXVIII, 1.
(3) *Hist. de la civilisat. franç.*, I, p. 385.

sentiellement romaine de l'assimilation du complice à
l'auteur : *Non solum ille qui furtum fecit, sed etiam qui
cumque conscius fuerit, vel furtim ablata sciens susceperit, in numero furantium habeatur, et simili vindictæ sub-
jaceat* (1). Mais à côté de cette disposition, qui semble
l'expression d'une règle générale et absolue, nous en trouvons un grand nombre d'autres qui ne devraient en être
que l'application, et qui sont, au contraire, la négation de
toute idée d'assimilation. Le complice par conseil, par
exemple, est, dans les lois suivantes, soumis à des peines
différentes de celles qui sont édictées contre l'auteur. *Si
quis ad diripiendum alios incitaverit..., illi cujus res di-
repta est, in undecuplum quæ sublata sunt restituantur. Hi
vero qui cum ipso fuerint..., quinos solidos componere com-
pellantur. — Quicumque aliqua diripienda indicaverit, pro
eo quod indicaverit, centum flagella accipiat* (2).

En général, le recel est chez les Wisigoths, comme chez
les Romains, frappé des peines édictées contre le crime
qu'il a eu pour but de favoriser. Cela n'est toutefois vrai
qu'au cas où le recéleur a omis de dénoncer le criminel ;
c'est ainsi que dans le cas de recel des personnes, la loi 19,
livre IX, titre I, dit que, *si quis sciens latrones celandos susceperit præsentet quos celavit, et ducentos ictus accipiat fla-
gellorum. Quod si non præsentavit, pœnam quam illi mere-
bantur incurrat.* Même distinction pour le recel des choses : *Apud quem scelus aut pars rapinæ fuerit inventa, statim socios suos cogatur nominare ; quod si nominare
noluerit, teneatur ad vindictam* (3). En effet, comme dit la

(1) *Lex Visigoth.*, loi 7, L. VII, t. II. — *Adde*, 1. 19, L. IX, t. I.
(2) 6 et 11, L. VIII, t. 1. — *Adde*, 1 et 5, L. IX, t. I.
(3) L. 10, L. VIII, t. I. — Nous trouvons dans l'édit de Rotharis, roi
des Lombards, un autre exemple de complicité résultant de l'aide
fournie au criminel après l'accomplissement du délit : *Si portunarius*

loi 9, livre **VII**, titre II, *apparet et illum furi esse similem qui rem furtivam sciens comparasse agnoscitur.*

Dans tous ces textes, une seule condition est exigée pour que la responsabilité du recéleur se trouve engagée ; il faut qu'il ait agi en parfaite connaissance de cause, *sciens*, sans que l'habitude de pareils actes semble avoir une influence quelconque sur la pénalité. Ici encore l'influence du droit romain est évidente.

Dans les lois des Francs, de même que dans celles des autres peuples barbares de cette époque, nous trouvons établie entre tous les membres d'une même famille l'espèce de solidarité dont nous avons tout à l'heure constaté l'existence dans le droit gallois. Une sorte de complicité morale était présumée avoir existé entre le coupable et ses parents: d'où l'obligation, pour ces derniers, de payer la composition, si le criminel lui-même ne pouvait en acquitter le montant ; au moyen de certains rites symboliques, celui-ci faisait passer la dette sur leur tête (*chrenecruda jactare*). Un seul moyen leur était alors donné pour échapper à cette charge : ils devaient déclarer renoncer à toute parenté avec le coupable et ses parents, et à tous les liens de la famille (*parentilla tollere*) (1).

Une solidarité analogue est établie entre tous les membres d'une centaine, par un décret de Clotaire II (595) (2).

Plusieurs exemples de complicité véritable nous sont donnés par les lois franques: complicité physique : *Si quis villam alienam adsalierit*, dit la loi salique (3), *ipse et omnes qui convicti fuerint quod in ejus contubernio fuissent,*

---

furem sciens transposuerit, cum aliqna re furtiva, collega furis sit, et cum eo ipsum furtum componat (§ 271).

(1) L. salique, tit. 61 et 63.
(2) Walter, 2, p. 11.
(3) T. 16, § 1. — *Adde*, t. XIV, § 1.

M M D denar. unusquisque ipsorum culpabilis judicetur.
Complicité morale : *Si quis furtim aliquem locaverit ut
hominem interficiat et pretium propter hoc dederit, M M D
denar. culp. judi. — Similiter et ille qui pretium accepit.—
Si vero per tertium locatio fuerit transmissa, M M D denar.
culp. jud. sic dans, accipiens, portans, unusquisque illorum culp. jud.* (1).

Le principe pénal de la complicité paraît être, d'après
ces lois, celui de l'assimilation : d'autres textes encore semblent l'admettre. Un grand nombre viennent cependant
nous prouver qu'il ne faut point voir dans ces dispositions
le résultat d'un système général établi pour la répression
de la complicité. C'est ainsi par exemple, que l'esclave qui
a commis un vol avec l'aide d'un ingénu encourt une
peine moindre que son compagnon (2). C'est ainsi encore
que, dans certains textes, nous voyons les agents et complices d'un crime divisés en plusieurs catégories correspondant à des peines différentes : *Si quis foris casa a contubernio fuerit occisus et tres vel amplius habuerit plagas,
et tres de eodum contubernio convicti fuerint, singillatim
mortis ejus compositionem componant, et tres alii de ipso
contubernio M C C denar. unusquisque illorum culp. jud.
et tres alii adhuc de ipso contubernio D C den. culp.
jud* (3).

Le même système de graduation des peines est aussi plusieurs fois employé dans la loi ripuaire : *Si quis hominem*

---

(1) T. XXX, §§ 1, 2, 3.
(2) *Lex Salica Eccardi,* tit. 39, *infine* (Walter, I, p. 133).
(3) L. 3, t. XLVI ; *adde,* l. 3, t. XLV. — L'édit de Rotharis nous
offre l'exemple d'un autre genre de partage de la peine entre les complices : *Si plures furtum in unum fecerint, tam liberi quam servi, liceat
eis, si voluerint, se adunare, et furtum ipsum in octogild reddere. Et si
ex ipsis aliquis se subtraxerit, pro se tantum legibus componat, id est furtum sibi nonum reddat* (§ 268).

in domo propria cum hariraida interfecerit, auctor facti tri-
plici weregildo multetur, et tres priores nonaginta solidis
culpabiles judicentur, et quanti ei sanguinem fuderint unus-
quisque weregildo eum componat. Et quanticumque post
auctorem sanguinis effusores, vel post tres priores fuerint,
unusquisque quindecim solidis multetur : et quidquid ei
talaverint restituant (2).

Quelques dispositions intéressantes de la loi des Bur-
gondes méritent encore d'attirer l'attention. Le texte suivant semble indiquer que le principe de solidarité passive
entre les parents d'un criminel tendait à disparaître des
coutumes bourguignonnes à cette époque : *Interfecti paren-*
tes nullum nisi homicidam persequendum esse cognoscant,
quia sicut criminosum jubemus extingui, ita nihil molestiæ
sustinere patimur innocentem (2). Nous trouvons cependant
encore un cas de complicité présumée, que le législateur
présente d'ailleurs comme une exception motivée par le
besoin de mettre un terme à l'audace croissante des voleurs : *Praesenti lege decernimus ut quicumque ingenuus...*
caballos aut boves furto abstulerit, et uxor ejus commssvm
crimen non statim prodiderit, ut occiso marito, ipsa libertate
privetur... quia dubitare non potest et sæpe compertum est
eas maritorum suorum criminibus esse participes. La même
peine est portée contre le fils du voleur âgé de plus de 14
ans, *quoniam commissum scelus absque ulla dubitatione*
cognoscit (3). La simple connaissance du crime suffit donc
pour constituer la complicité, et cette connaissance elle-
même se présume de la part de la femme et des enfants du
coupable.

Quant au principe pénal de la complicité, il semble avoir

(1) *L. rip.*, tit. LXIV ; *adde*, t. XXXIV.
(2) T. II, § 6 ; *adde*, § 1, *eod tit.*
(3) T. XLVII, § 1.

été encore ici celui de l'assimilation : lorsqu'un esclave a commis un meurtre, *si dominus hujus facti fuerit conscius, ambo tradantur ad mortem* (1). En cas de vol, nous trouvons cependant une exception, qui s'explique d'ailleurs par la nature même des peines prononcées : *si ingenuus aut servus simul furtum fecerint, ingenuus triplum solvat quantum furatum est, si tamen capitale crimen non fuerit. Servus vero fustuario supplicio deputetur* (2).

§ II

Coutumes et ordonnances royales.

C'est au XIIIᵉ siècle que nous voyons commencer à se fixer les principes de notre droit coutumier : c'est alors aussi qu'apparaissent les premiers commentateurs dont les études ont puissamment contribué à la renaissance de la science du droit. Dès cette époque, on trouve déjà posés dans les monuments de la législation et les ouvrages des jurisconsultes, quelques principes intéressants, relatifs à la matière qui nous occupe.

Beaumanoir qui cependant fait en général peu d'usage de la loi romaine pose, relativement à la complicité, des principes qui ne sont autres que ceux dont nous avons constaté l'application à Rome. Et d'abord, il nous donne une définition remarquable de l'association criminelle, dans laquelle il comprend aussi bien la complicité par recel que la complicité véritable : « Cil qui tient le coze emblée à essient et set qu'ele fut emblée, et cil qui le porçare àembler, et cil par qui conseil ele est emblée et par quel

(1) T. II, § 4.
(2) T. LXX, § 1.

consentement et cil qui partizt à le coze emblée, tout ne fut-il pas au larrecin fere, tous cil sunt coupable du larrecin, aussi bien comme s'il y eussent esté, et doivent estre justicié por le fet, quant il en sunt ataint (1). » Beaumanoir examine ensuite dans quelles circonstances ces différentes espèces de complicité peuvent se produire : il donne des exemples de complicité par aide et assistance : « Il est bien resons que cil soit coupable du larrecin qui enfet fuir les bestes d'aucuns en tel lieu que ses compains puist embler ou qui donne lieu au larrecin ferre ; si comme aucuns de me mesnié œvre l'uis as larron' (§ 9).» Quant au recel, il peut notamment avoir lieu dans les deux cas suivants : « Cil est bien atains de receter larrecin, contre qui il est prové qui prist loier du garder à autrui ce qu'il savoit bien qui estoit emblé à autrui personne qu'à celui qui li ballia ou qui l'açata à meure pris de moitié qu'ele ne valoit et bien savoit qu'ele estoit à autrui qu'à celi qui le vendoit et par ce doit il estre punis du fet. (§ 8). » L'une des conditions essentielles exigées par toutes les législations pour que le recel constitue un fait punissable est, remarquons-le, formellement exprimée dans ce texte : il faut que le recéleur ait agi sciemment, c'est-à-dire connaissant la provenance illégitime de l'objet volé.

Le principe de l'assimilation est, on le voit, déjà adopté par Beaumanoir. Tel est celui que, vers la même époque posaient également les Etablissements de Saint-Louis. Les auteurs de ce recueil déclarent que « se aucun ou aucune leur tenait compagnie (aux murtriers), qui les consentissent et ne emblassent rien, si leur ferait len autretant de peine comme se eus l'eussent emblé (2). » Ainsi donc la

(1) Cout. de Beauvoisis, chap. XXXI, § 7, édit. de M. Beugnot, p. 460.
(2) Chap. XXXII. Laurière, Ordonn. des rois de la 3e race, I, p. 132.

simple complicité morale, sans aucune part directe au crime suffit pour faire encourir la peine de ce crime. A plus forte raison la coopération à l'exécution doit-elle amener cette identité des châtiments. Si même c'est une femme qui s'est ainsi associée par une participation effective, la peine à prononcer contre elle sera, comme le remarque Laurière, plus sévère que celle portée contre l'auteur principal : celui-ci sera condamné à être pendu, tandis que les Etablissements nous disent que « fames qui sont avec murtriers et avec larrons et les consentent, si sont à ardoir. »

Les recéleurs sont aussi punis des mêmes peines que les auteurs, lors même que des circonstances particulières aggraveraient la situation de ceux-ci, pourvu d'ailleurs qu'ils en aient connaissance : « Se li murtriers apportent aucune chose que soit à ceux qu'ils auront tués, et ils l'apportent chiés aucun âme, soit hons ou fame, et ils sachent bien que eux sont larron ou murtriers, et il les reçoivent, ils sont pendables, ainsi comme li murtriers sont, selon droit écrit... car li consenteour si sont aussi bien pugnis comme li maufeteur. »

Un siècle plus tard, Boutillier (qui consacre tout un chapitre à la complicité) s'exprimait ainsi : « Si est à sçavoir que tous sont faiseurs qui au délit faire mettent peine, soit en conseillant ou en confortant, soit en soutenant ou en commandant à le faire, soit en instituant, enseignant à faire, ou participant, si comme de prêter chevaux, varlets, armures à escient pour ce faire, soit en conduisant ou devisant du faut faire, soit par menaces précédentes, tous tels sont tenus comme faiseurs, selon la loi écrite. »

De nombreuses dispositions dans les ordonnances des rois de France prévoient et répriment la complicité. Il serait superflu de vouloir s'attacher à les rappeler toutes : nous nous bornerons à citer quelques-unes des principales, qui nous autorisent à conclure que c'est encore le principe d'identité des peines qui prévalut pendant cette période,

Un édit de Louis XI, du 22 décembre 1477, punit des peines du crime de lèze-majesté ceux qui négligent de révéler les conspirations qu'ils savent être formées contre le roi et sa famille, ou contre le sûreté du royaume : « Ordonnons que toutes personnes quelconques qui d'ores en avant sçauront ou auront connoissance de quelque conspiration et entreprise qui se fairont à l'encontre de notre personne... soient tenus et réputés crimineux de crime de lèze-majesté, et punis de semblable peine que doivent être les principaux aucteurs desdits crimes,... s'ils ne le révèlent le plutôt que possible leur sera. »

L'édit de Châtillon-sur-Loing (9 mai 1539), qui a pour but de réprimer les assemblées illicites contient une disposition analogue : « Ains si tost que telles personnes seront venues à leurs cognoissance et notice, ils le nous viennent remonstrer..., sur peine d'estre dits complices et fauteurs des autres et d'estre punies de pareille et semblable peine. »

La complicité d'un simple projet de crime est punie comme la complicité du crime même, par l'article 195 de l'ordonnance de Blois (1579) : la peine contre celui qui a donné l'ordre est la même, que cet ordre ait pu ou non être exécuté : « Et pour le regard des assassins et ceux qui se loüent pour tuer,... ensemble ceux qui les auront loüez ou induits pour ce faire ; nous voulons la seule machination et attentat être puni de mort, encore que l'effet ne s'en soit suivi. » Par l'article 4 de l'ordonnance du mois d'août 1670, le roi s'enlève même le droit de donner aucune lettre d'abolition à ces individus « qui à prix d'argent ou autrement se louent ou s'engagent pour tuer, outrager, excéder ou recourre des mains de la justice des prisonniers pour crimes et à ceux qui les auront loués ou induits pour ce faire, encore qu'il n'y ait eu que la seule machination ou attentat, et que l'effet n'en soit ensuivy. »

Des règles spéciales furent établies par certaines ordonnances pour la répression du duel. Nous y trouvons plusieurs dispositions qui déterminent les peines à appliquer aux complices de ce crime. L'édit de 1643 porte : « Quant aux seconds ou tiers, nous voulons qu'ils souffrent les mêmes peines portées par l'article 14 contre les appelants. » L'édit de 1679 édicte même un châtiment contre les simples spectateurs qui se sont rendus exprès sur le terrain et ne se sont pas opposés à la rencontre. L'édit de 1643 (art. 27) prescrivait aussi que les maisons des gentilshommes qui auraient retirés chez eux des prévenus de duel fussent rasées, et qu'eux-mêmes fussent bannis pendant deux années de la cour. Ajoutons enfin que l'article 4 de l'ordonnance criminelle de 1670 déclarait qu'aucune lettre d'abolition ne serait accordée « pour les duels, ni pour les assassinats préméditez, tant aux auteurs qu'à ceux qui les auraient assistez. »

La complicité par recel de l'individu coupable d'un crime fait l'objet de nombreuses dispositions pendant cette période. Le roi, dont la souveraineté est encore mal affermie, cherche par la rigueur des châtiments à intimider ceux qui voudraient faire échec à son autorité. Nous trouvons déjà, portée par l'ordonnance du 17 décembre 1559, l'interdiction de donner asile aux condamnés : « Autrement, en défaut de ce faire, ils sont tenus pour coupables et consentants des crimes dont les autres auront été chargez, et punis comme leurs alliez et complices de la même peine qu'eux. » L'ordonnance de Moulins (février 1566) pose de même la règle d'après laquelle le recéleur encourt une peine égale à celle de l'auteur du délit, auquel il donne asile (article 26) : « Défendons à tous nos sujets de recevoir ni recéler aucuns accusez et appelez à ban, pour crime ou délit, sur peine de semblable punition que mériteraient les dits accusez. » Cette disposition est reproduite presque textuellement par l'article 193 de l'ordonnance de Blois (mai 1579). Enfin, l'article 168 du code Michaud (ordonn. de janv. 1629) et l'article 7 de l'ordonnance de décembre 1660 sont non moins formels.

Quant au recel d'objets provenant d'un délit, nous pouvons citer l'article 14 de l'ordonnance de François I sur la chasse (mars 1515) qui punit des mêmes peines le recéleur et le braconnier : « Ordonnons qu'iceux réceptateurs soient punis de telles et semblables peines pour la première, seconde, tierce et autre fois, qu'a esté cy dessus dit desdits preneurs et chasseurs des dites bestes et gibiers. »

Dans notre ancien droit, de même que dans le droit romain, le principe pénal de la complicité est donc encore, celui de l'assimilation. Nous n'avons pas à revenir sur les critiques formulées contre ce système dans la première partie de notre travail ; mais il importe de remarquer que l'injustice et l'inconséquence d'une telle règle législative furent, dès le siècle dernier l'objet des critiques des criminalistes et des philosophes. C'est Montesquieu qui le premier, à propos du recel, mit en lumière les vices de cette théorie : « La peine du vol étant capitale, dit-il, on n'a pas pu, sans outrer les choses, punir le recéleur comme le voleur... L'un empêche la conviction d'un crime déjà commis l'autre commet ce crime ; tout est passif dans l'un, il y a une action dans l'autre ; il faut que le voleur surmonte plus d'obstacles et que son âme se roidisse plus longtemps contre les lois (1). »

(1) *Espr. des lois*, L. XXIX, ch. XII.

Beccaria est encore plus formel ; mais il invoque à l'appui de son opinion un argument tout différent, que nous avons eu déjà l'occasion d'apprécier A la même époque, Servan dans son *discours sur l'administration de la justice criminelle*, se prononçait dans le même sens : « N'aurait-on pas lieu de se plaindre de la loi qui condamne à la même peine celui qui recèle le vol et celui qui l'a fait ? N'y a-t-il pas quelque distance entre ces deux actions ? » L'iniquité d'une semblable législation ne peut se justifier, car comme il le fait observer lui-même, « l'esprit de toute bonne loi criminelle doit être de concilier autant qu'il est possible le moindre châtiment du coupable avec la plus grande utilité publique (1). » C'est ce qu'exprime également Blackstone dans son *Commentaire sur les lois anglaises*, quand, rappelant l'opinion de l'auteur du *traité des délits et des peines*, il s'exprime ainsi : « Les punitions d'une trop grande sévérité, surtout si elles sont indistinctement employées, ont moins d'effet pour prévenir les crimes que celles qui sont modérées..... La certitude, plutôt que la sévérité arrête et empêche de commettre le crime. » Aussi, « la plus grande des absurdités est-elle d'infliger la même peine pour plusieurs crimes d'une espèce différente. (2) »

Les commentateurs eux-mêmes s'étaient depuis longtemps déjà rendu compte de ce vice de la législation française ; mais ne pouvant la réformer, ils avaient cherché à en atténuer les effets par des distinctions. Jousse, adoptant la théorie de Julius Clarus et de Farinacius, pose en principe que la condamnation à la même peine que l'auteur principal ne peut être prononcée contre le com-

---

(1) *OEuvres thoisies de Servan*, I, p 79 et 82.
(2) *Comment. sur les l. angl.*, trad. de Gomicourt, V, p. 334.

plice, que quand il a été la *cause prochaine* et immédiate du crime, c'est-à-dire quand, sans lui, le crime n'eût pu être commis. N'en a-t-il été que la cause éloignée, il sera puni d'une peine moindre que le principal délinquant (1). Cette distinction est à peu près celle que proposait déjà Puffendorf pour l'imputation des actions humaines. L'imputation des actions d'autrui doit, disait-il, être faite à celui qui y a concouru, de trois manières différentes, selon qu'il en a été la cause principale, la cause collatérale ou la cause subalterne (2).

Denizart, à la fin du siècle dernier, cherchait aussi à établir une graduation des peines basée sur la gravité de l'intervention de chacun dans la perpétration du fait coupable (3). Il divisait en quatre classes « ceux qui se rendent complices par des actions ». La première classe comprend ceux qui coopèrent à l'exécution même du crime ; la seconde, ceux qui sciemment ont fourni les moyens de le commettre ; la troisième, ceux qui en partagent le produit ; la quatrième, ceux qui, sans intérêt personnel, cherchent à mettre les coupables à l'abri des poursuites, en cachant les objets volés ou les malfaiteurs eux-mêmes. « Les complices de la première classe paraissent être les seuls contre lesquels il puisse y avoir lieu de prononcer des peines aussi fortes que contre l'auteur. » Quant aux autres, « nous observerons que les complices de la dernière classe ne doivent pas être punis aussi rigoureusement que ceux de la troisième ; que ceux de la troisième doivent l'être moins que ceux de la seconde ; et ceux de la seconde, moins que ceux de la première. — Quant à la complicité résultant du conseil

(1) *Traité de la just. crim. de Fr.*, I, p. 22.
(2) *Devoirs de l'homme et du citoy.*, I, I, 27.
(3) *Collect. de décis. nouv.* (édit. de 1786). V° complice.

donné, comme il y a loin du conseil à l'exécution, l'équité ne permet pas ordinairement de punir l'un aussi rigoureusement que l'autre. »

§ III.

Droit intermédiaire.

L'ancienne théorie, nous venons de le constater, était déjà fort attaquée, lorsqu'éclata la révolution de 1789. On serait donc en droit de s'attendre à la voir, dès lors, remplacée par un système plus équitable. Malheureusement, il n'en fut rien ; la Constitutante eut le tort de négliger tant de sages avertissements, pour s'en tenir aux principes plus simples, il est vrai, de l'ancienne tradition. L'assimilation absolue de l'auteur principal et des complices est encore la règle posée par la législation intermédiaire.

L'article 1, du titre III de la deuxième partie du code pénal de 1791, est ainsi conçu : « Lorsqu'un crime aura été commis, quiconque sera convaincu d'avoir, par dons, promesses, ordres ou menaces, provoqué le coupable ou les coupables à le commettre, — ou d'avoir, sciemment et dans le dessein du crime, procuré au coupable ou aux coupables les moyens, armes ou instruments qui ont servi à son exécution, — ou d'avoir sciemment, et dans le dessein du crime, aidé et assisté le coupable ou les coupables, soit dans les faits qui ont préparé ou facilité son exécution, soit dans l'acte même qui l'a consommé, sera puni de la même peine prononcée par la loi contre les auteurs dudit crime.»

L'article 2 achève l'énumération des cas généraux de complicité punissable : « Lorsqu'un crime aura été commis, quiconque sera convaincu d'avoir provoqué directement à le commettre, soit par des discours prononcés

dans les lieux publics, soit par des placards ou bulle-
tins affichés ou répandus dans lesdits lieux, soit par des
écrits rendus publics par la voie de l'impression, sera puni
de la même peine prononcée par la loi contre les auteurs
du crime. »

Ces deux articles, il faut le reconnaître, précisent d'une
façon fort nette tous les différents cas de complicité ;
mais nous n'y trouvons pas trace de la moindre distinction entre les complices et les auteurs du crime ; la même
peine frappe tous les membres de l'association criminelle.

Il est important aussi de remarquer que les dispositions de ces deux textes, de même que toutes celles du code
pénal de 1791, sont uniquement relatives aux crimes emportant peine afflictive ou infamante. Un doute s'éleva donc
sur le point de savoir si elles devaient être applicables à la
complicité, en matière de délits correctionnels ; mais la
jurisprudence, se fondant sur des raisons de justice et d'u-
tilité sociale, se prononça pour l'extension du principe de
nos articles. Elle s'y trouvait d'ailleurs autorisée par les
termes de l'article 42, titre II du décret du 19 juillet 1791 :
« Les amendes de police correctionnelle et municipale seront solidaires entre les complices » (1).

Le recel n'est puni comme fait de complicité qu'en matière de vol : « Lorsqu'un vol aura été commis avec l'une
des circonstances spécifiées au *précédent titre* (2), quiconque

(1) Merlin. *Répert.*, V° Délit, § 7. — Le Graverend, ch. III, sect. v.
(2) Tel est le texte rapporté par Merlin (V° Complice, 1). Dans
toutes les collections de lois qu'il nous a été donné de consulter, au
lieu de ces derniers mots, nous trouvons ceux-ci : « Spécifiées *au présent article.* » Quelle est des deux rédactions celle qu'a votée l'Assem-
blée constituante ? Nous ne savons. Mais celle qu'adopte Merlin est
évidemment la seule qui ait un sens raisonnable : dans le titre précé-

sera convaincu d'avoir reçu gratuitement, ou acheté, ou recélé tout ou partie des effets volés, sachant que les dits effets provenaient d'un vol, sera réputé complice, et puni de la peine prononcée par la loi contre les auteurs du crime. » Au contraire le recel du cadavre d'une personne homicidée, ne constitue pas un acte de complicité : la disposition suivante, quoique comprise dans le titre de la complicité, en fait un délit spécial : « Quiconque sera convaincu d'avoir caché et recelé le cadavre d'une personne homicidée, encore qu'il n'ait pas été complice d'homicide, sera puni de la peine de quatre années de détention » (art. 4).

C'est donc encore la règle rigoureuse de l'assimilation du complice à l'auteur qui prévaut dans la législation intermédiaire : un moyen existe toutefois pour échapper aux conséquences souvent iniques de ce principe. La loi du 16 septembre 1791 sur l'établissement du jury, et la loi en forme d'instruction sur la procédure criminelle, du 29 septembre 1791 exigent de la part des jurés des réponses distinctes sur le fait et sur la moralité : « La loi leur ordonne donc, lorsqu'ils ont trouvé que le délit existait et que l'accusé était convaincu de l'avoir commis, de faire une troisième déclaration d'équité, sur les circonstances particulières du fait. » C'est ce que le Code des délits et des peines du 3 brumaire an IV exprime aussi dans son article 374 : « Viennent ensuite les questions qui, sur la moralité du fait et le plus ou moins de gravité du délit résultent de l'acte d'accusation, de la défense de l'accusé ou du débat. »

Il y avait dans cette disposition qui admettait toutes les atténuations sans les définir, ni les régler, un remède à

dent, il est en effet question de la répression du vol qualifié. — La collection de décision nouvelle de Denizart (édit. de 1806), porte : « Spécifiés *au précédent article.* »

l'excessive sévérité du Code de 1791. C'est encore cette faculté laissée au jury d'apprécier la moralité de l'acte incriminé, qui dans l'importante question des circonstances aggravantes, conduisit la jurisprudence à se prononcer dans le sens de la théorie que nous avons reconnue plus haut comme conforme à la logique et à l'équité. Jusqu'à la promulgation du Code de 1810, la Cour de cassation a constamment décidé que, sous l'empire de la législation de 1791, les circonstances d'aggravation n'étaient à la charge du complice que s'il en avait eu connaissance au moment du délit (1).

Notons enfin l'article 16, sect. IV, du Code pénal militaire du 12 mai 1793, qui contient une application spéciale du principe d'assimilation. Il dispose que tout complice d'un délit militaire doit subir la même peine que l'auteur.

(1) Cass., 28 vend. an IX, 18 vend. an X, 16 mess. an XII, etc.

N.-B. — A moins d'indication contraire, tous les arrêts que nous citons se trouvent, à leur date, dans le *Bulletin des arrêts de la Cour de cassation en matière criminelle*.

DROIT ACTUEL

Dans le code pénal de 1810, deux articles seulement sont consacrés à poser les règles générales de la complicité. Le premier, l'article 59, nous fait connaître le principe pénal qui doit présider à la répression des faits de participation coupable ; l'autre détermine quels seront ces faits, et dans quelles circonstances ils devront s'être produits, pour que la responsabilité de l'agent auxiliaire se trouve engagée. Telle est aussi la division que nous adopterons ; mais, procédant dans un ordre inverse, nous nous attacherons d'abord à rechercher quels sont les caractères constitutifs de la complicité dans notre droit actuel, puis nous verrons quelles conséquences pénales entraîne cette association criminelle. Un chapitre spécial sera aussi consacré aux deux cas particulier que les articles 61 et 62, conformes en cela à une tradition constante, ont assimilés à la complicité. Nous aurons enfin à établir quelles sont les règles de compétence spéciales a notre matière. Une étude sommaire de droit pénal comparé complétera cet exposé.

CHAPITRE PREMIER

CARACTÈRES CONSTITUTIFS DE LA COMPLICITÉ

Section I

Faits qui constituent la complicité.

L'article 60 du code pénal est ainsi conçu : « Seront punis
« comme complices d'une action qualifiée crime ou délit,
« ceux qui, par dons, promesses, menaces, abus d'auto-
« rité ou de pouvoir, machinations ou artifices coupables,
« auront provoqué à cette action, ou donné des instruc-
« tions pour la commettre ; ceux qui auront procuré des
« armes, des instruments ou tout autre moyen qui aura
« servi à l'action, sachant qu'ils devaient y servir ; — ceux
« qui auront, avec connaissance, aidé ou assisté l'auteur
« ou les auteurs de l'action dans les faits qui l'auront pré-
« parée ou facilitée, ou dans ceux qui l'auront consom-
« mée ; sans préjudice des peines qui seront spécialement
« portées par le présent code, contre les auteurs de com-
« plots ou de provocations attentatoires à la sûreté inté-
« rieure ou extérieure de l'état, même dans le cas où le
« crime qui était l'objet des conspirateurs ou des provoca-
« teurs n'aurait pas été commis. »

Trois espèces différentes de participation à un acte coupable sont prévues par cet article. Le premier alinéa détermine les faits qui constituent, aux yeux de la loi, la complicité morale : tous ces faits ne peuvent évidemment se
produire qu'antérieurement au délit. Le second paragra-

phe énumère les actes de complicité matérielle antérieurs à l'infraction ; enfin le dernier définit la complicité par assistance matérielle fournie au moment même du délit.

§ 1er

Avant de reprendre en détail l'étude de ces divers cas d'association criminelle, une remarque générale de la plus haute importance doit être faite. On sait qu'un principe fondamental régit l'interprétation de loi pénale ; c'est que toutes ses dispositions sont de droit strict. Aucune condamnation ne peut-être prononcée, aucune peine ne peut-être infligée, qu'en vertu de dispositions formelles et explicites ; en pareille matière, toute interprétation tirée d'analogies, de déductions ou de précédents historiques doit donc être sévèrement interdite. Le texte même de notre article 60 suffit d'ailleurs à prouver qu'il doit en être ainsi en cas de complicité ; les diverses circonstances desquelles peut résulter pour l'agent, auxiliaire, une responsabilité pénale y sont énumérées d'une façon essentiellement limitative. Tout fait de provocation ou d'assistance qui ne rentrerait pas rigoureusement dans les termes de cet article, ne tomberait donc sous le coup d'aucune sanction pénale. Ajoutons que non-seulement les hypothèses prévues par l'article 60 (les cas spéciaux prévus par les articles 61 et 62 étant mis à part) sont les seules hypothèses générales dans lesquelles il puisse y avoir complicité légale, mais que, de plus, cette complicité n'existe qu'autant que toutes les circonstances définies par ces articles, pour chaque espèce de complicité en particulier, se trouvent réunies.

Ainsi, le simple conseil ou le mandat qui, en droit romain, constituaient des faits de complicité, échappent aujourd'hui à toute répression, à moins que les circonstances qui les

accompagnent ne leur donnent le caractère de la provocation telle qu'elle est déterminée par le premier alinéa de
l'article. Est aussi exempt des peines de la complicité,
le fait de faciliter la fuite des coupables, pourvu qu'aucune aide ne leur ait été fournie, lors de la perpétration
du crime.

Nul doute non plus, quant aux simples faits d'abstention ; ils ne peuvent jamais constituer des actes de complicité punissable. Tous ceux qu'énumère par l'article 60
sont des faits positifs. Leur assimiler la coupable indifférence de celui qui laisse commettre sous ses yeux un délit
qu'il a le pouvoir d'empêcher, serait donc dépasser les
termes mêmes de la loi (1).

On s'est demandé, dans la pratique, s'il doit encore en
être ainsi, lors même que cette abstention est soldée. La
question s'est présentée spécialement dans l'hypothèse du
délit d'entraves à la liberté des enchères. La personne qui
agrée des dons ou promesses pour s'abstenir d'enchérir
est-elle complice du délit ? Il faut, croyons-nous, répondre
négativement ; car cet individu n'a en réalité commis aucun des actes constitutifs de la complicité. Mais ne doit-on
pas, avec la jurisprudence, le reconnaître comme coauteur ? Nous ne le pensons pas ; le délit prévu par l'article 412 consiste à écarter les enchérisseurs par des dons ou
promesses, et l'on ne peut considérer comme commettant
l'infraction, celui qui ne fait que céder à cette influence
illicite. Il est juste qu'une peine soit portée contre l'auteur
des entraves ; mais elle ne se comprendrait plus à l'égard
de celui qui s'abstient d'enchérir, car rien ne le force à le

---

(1) Cass., 27 mars 1846 ; 16 déc. 1852. — Les art. 103 et suivants
(abrogés par la loi de 1832), punissaient la non-révélation des complots
contre la sûreté de l'Etat. Mais il y avait là un délit *sui generis*, et non
un fait de complicité.

faire, il n'enfreint aucune obligation en gardant le silence (1).

Enfin la tentative de complicité d'un crime ne peut jamais être punissable. C'est à la complicité effective que se borne la sévérité de la loi, et rien ne nous autorise à en étendre les termes (2). Nous donnerons bientôt une solution inverse pour le cas de complicité de la tentative.

De ce que la complicité ne peut résulter que de certains actes strictement déterminés par le code résulte cette conséquence nécessaire que, dans une accusation de complicité, nulle condamnation ne peut être valablement prononcée, si le verdict du jury, tel qu'il résulte des réponses affirmatives aux questions posées, n'exprime d'une façon précise quel est celui des divers chefs énumérés par les articles 60 et suivants dans lequel rentre la participation coupable de l'accusé. Cette règle admise par tous les auteurs et souvent proclamée par la jurisprudence se justifie parfaitement par cette considération que, sans une déclaration aussi expresse, la loi dont nous venons de constater l'esprit essentiellement restrictif serait sans cesse violée : le jury aurait en fait le droit de déclarer l'accusé coupable de complicité, pour des actes non mentionnés dans l'énumération du code.

La Cour de cassation a cependant déclaré, dans un arrêt, que lorsque « la question proposée au jury énonce tous les

---

(1) *Contra* : Cass., 12 mars 1841 ; 8 janv., 14 août 1863, etc.

(2) Cass., 23 vendém. an VIII. — La loi peut cependant, dans certains cas, punir comme délit spécial la tentative de complicité. C'est ainsi que les articles 2 et 3 de la loi du 17 mai 1819 punissent de peines particulières la provocation définie par l'art. 1, lorsqu'elle n'a point été suivie d'effet. « Une telle provocation, bien qu'elle soit demeurée stérile, offre en effet, dit l'exposé des motifs, les deux caractères auxquels les lois reconnaissent la tentative. » (Discours du comte de Serre, I, p. 260).—Cette disposition remplace l'art. 102 du c. p. auquel fait allusion l'art. 60, *infine*.

cas de complicité prévus par le code pénal, et que le jury répond que l'accusé est coupable de complicité avec connaissance, la réponse se réfère à la question et établit contre l'accusé une complicité légale (1). » Il nous est impossible d'admettre cette solution, car une incertitude plane ici sur la déclaration du jury. Comment, en effet, affirmer que tous les jurés composant la majorité aient entendu se référer au même fait constitutif? Où trouver la preuve qu'il se fût établi une majorité sur l'un des actes énoncés, si on les eût divisés? Peut-être les jurés, obligés de voter par oui ou par non sur l'ensemble de la question se sont-ils trouvés convaincus sur des faits différents.

C'est encore ce dernier motif qui nous décidera à considérer comme insuffisante la déclaration d'après laquelle l'accusé est reconnu coupable de s'être associé au crime, soit de telle manière, soit de telle autre. Une telle alternative laisse nécessairement subsister l'incertitude sur la signification du verdict. Le jury a-t-il entendu répondre affirmativement aux deux membres de la question posée, ou bien à un seul, et auquel? Il est impossible de le savoir. Et cependant, il est de principe qu'aucun doute ne doit planer sur le sens de la déclaration. Nous ne pouvons donc nous rallier à l'opinion de Merlin, d'après laquelle, « ni la raison, ni la loi ne s'opposent à ce que le jury résolve alternativement pour l'affirmative une question qui embrasse deux faits, quoiqu'il ne sache pas bien positivement lequel des deux est constant (2). » Tel est cependant aussi le système de la Cour de cassation, qui a, par de nombreux arrêts, autorisé la position de questions alternatives au jury, pourvu toutefois que les deux termes de l'alternative supposent la même

(1) Cass., 12 févr. 1818 ; 21 août 1845.
(2) *Quest. de droit*, V° Complice, § 4.

criminalité et entraînent la même peine. C'est ainsi que,
pour le cas de complicité, elle décide que les divers modes
énoncés par l'article 60 peuvent être réunis dans une seule
question (1), mais qu'il y aurait vice de complexité à comprendre, dans le même contexte, la complicité de l'article 60
et le recelé, qui constitue une complicité d'une nature spéciale et soumise, quant à sa pénalité à certaines règles particulières (art. 63, c. p.) (2). Nous ne pouvons admettre cette
jurisprudence : toute réponse affirmative à une question alternative est nécessairement obscure et ambiguë, et se trouve
par là même impuissante à motiver une condamnation.

La question alternative n'est-elle pas d'ailleurs essentiellement complexe, puisqu'elle réunit deux ou plusieurs
faits distincts? Or, depuis les lois du 9 septembre 1835
et 13 mai 1836, aucune question complexe ne peut être posée au jury ; car le scrutin étant devenu secret, les questions doivent nécessairement être divisées, pour que l'opé-
ration du vote puisse s'effectuer. La Cour de cassation
elle-même a reconnu ce dernier point, pour le cas de complicité spécialement ; elle a déclaré que la question ainsi
posée : « l'accusé est-il coupable : 1° d'avoir provoqué par
promesses à commettre le crime ; 2° d'avoir donné à l'auteur des instructions pour le commettre », est entachée
du vice de complexité, comme « appelant en même temps
l'attention du jury sur deux faits principaux (3) ». Tel
est bien aussi, semble-t-il, le caractère de la question alternative.

Aucune condamnation pour complicité d'un crime ne
peut donc être prononcée, sans que le jury ait répondu
d'une façon précise sur tous les différents éléments qui,

(1) Cass., 18 sept. 1840 ; 6 avr. 1854, etc.
(2) Cass., 22 juil. 1847 ; 19 avr. 1860 ; 27 déc. 1873.
(3) Cass., 30 mai 1856.

d'après la loi, sont nécessaires pour caractériser la participation coupable. La même règle devra-t-elle être observée en matière de délits? Le juge correctionnel est-il, sous peine de nullité de sa décision, obligé d'énoncer dans sa condamnation les faits d'où résulte à ses yeux la complicité? La négative est soutenue par M. Le Sellyer (1), qui, tout en reconnaissant l'utilité de cette énonciation croit que dans le silence de la loi, il serait excessif de la déclarer obligatoire par le juge.

N'y a-t-il pas d'ailleurs, dit-on, une analogie frappante entre notre cas et celui de la tentative qui, elle aussi, ne peut être punissable que si certaines conditions limitativement déterminées se sont rencontrées dans l'espèce? Or, dans cette hypothèse, il est de jurisprudence que « les tribunaux correctionnels, juges du fait et du droit, en déclarant un prévenu coupable d'une tentative de délit, reconnaissent nécessairement que les circonstances qui la caractérisent existent dans la cause (2). » La même raison de décider existe dans le cas d'un jugement qui reconnaît l'existence de la complicité.

Nous préférons le système soutenu par M. Carnot, qui pose un principe tout opposé : « Les tribunaux doivent, dit-il, mentionner dans leurs jugements les faits constitutifs de la complicité, et ils doivent en faire une déclaration aussi expresse que devraient le faire les jurés dont ils remplissent les fonctions en cette occasion. » En effet, le Code pénal ayant déterminé les actes susceptibles de donner naissance à la complicité punissable, un prévenu ne peut être régulièrement déclaré complice que sur la reconnaissance d'un ou plusieurs des faits spécifiés. La Cour de cassation s'est, il est vrai, prononcée en sens contraire pour la

_____

(1) *De la criminalité*, II, p. 26.
(2) Cass., 26 sept. 1828 ; 23 févr, 1851.

tentative ; mais sa jurisprudence (qui donne lieu d'ailleurs à bien des critiques sur ce point) peut se justifier dans ce cas par cette considération que l'article 2, du Code pénal, qui énumère tous les éléments de la tentative, se réfère uniquement à la tentative de *crime*, tandis que l'article 3, relatif à la tentative de *délit* se contente de renvoyer aux dispositions spéciales qui la punissent exceptionnellement. On doit par conséquent, s'occuper uniquement des règles posées pour ces cas particuliers, sans se préoccuper de celles de l'article 2. Or, les arrêts cités sont intervenus sur des condamnations pour escroquerie, et l'article 405, comme tous les autres articles du code relatifs à la tentative de délit, ne définit pas ce que l'on doit entendre par *tentative* d'escroquerie. On comprend donc que la Cour de cassation n'ait pas exigé la mention, dans l'arrêt de la Cour, des divers éléments constitutifs de la tentative. Il n'en est plus de même au cas de complicité : ses caractères essentiels sont définis par l'article 60, aussi bien pour les délits que pour les crimes : leur énonciation est par suite indispensable dans les jugements correctionnels comme dans les déclarations de jury. La Cour de cassation a donc pu, sans se contredire, juger qu'un prévenu ne doit être déclaré coupable que si le chef de complicité dans lequel rentre sa participation est formellement énoncé (1).

Bien plus, le tribunal doit, selon nous, indiquer dans les motifs de son jugement quels sont les faits qui lui permettent de décider que le prévenu est coupable de complicité. Car les juges correctionnels ne prononcent souverainement que sur le fait et l'intention, et non pas sur les conséquences légales à en déduire. Or, ce serait rendre impossible le contrôle de la Cour de cassation sur ce dernier point, que de

(1) Cass., 10 août 1820 ; 23 juin 1838.

ne pas énoncer quels sont les actes desquels paraît résulter une complicité coupable à la charge du prévenu. Faute de cette énonciation, il y aurait donc lieu à annulation de la décision pour défaut de motifs (art. 7 de la loi du 20 avril 1810).

Ce point est, il est vrai, fort contesté ; on refuse souvent à la Cour de cassation ce droit d'interprétation souveraine, quant à la définition des termes employés par la loi pour déterminer les différents chefs de complicité. Sa mission, dit-on, se borne à réprimer les violations de la loi, sans qu'il lui soit jamais permis de connaître du bien ou du mal jugé. Elle sortirait donc de ses attributions, si elle étendait sa censure aux décisions des tribunaux sur des matières qui n'étant réglées par aucune disposition de loi, sont entièrement soumises à leur appréciation. Le Code n'ayant pas déterminé ce qu'il entend par instructions, par provocations à l'aide de dons, promesses, etc., la Cour de cassation ne peut avoir à rechercher si la loi a été violée dans la qualification des actes de participation. Le juge, en se livrant à l'appréciation du fait incriminé n'avait aucune loi à appliquer ; comment donc en aurait-il pu violer une ?

Ce système repose, croyons-nous, sur une confusion entre la constatation de la matérialité de l'acte et l'interprétation de ses conséquences légales. Sans doute, l'appréciation par laquelle la Chambre des appels correctionnels déclare que tels faits existent ou n'existent pas doit être souveraine, et la Cour de cassation ne peut être appelée à la réformer. Mais ne serait-ce pas rendre illusoire son droit de contrôle que d'étendre cette incompétence à l'examen de l'application même de la loi aux faits reconnus constants ? Lorsque la Cour d'appel, après avoir déclaré les faits imputables au prévenu leur donne une qualification, cette qualification n'est évidemment autre chose que le rapport des actes incriminés avec la loi qui formule l'incrimination. N'y a-t-il pas là, dès lors, une véritable question de droit ? Il s'agit d'apprécier non pas un fait, mais la façon dont lui est appliquée la loi pénale. La Cour suprême, en examinant la qualification n'aura point d'ailleurs à examiner ce fait lui-même, car elle le tiendra pour constant, et se contentera d'en apprécier la valeur légale.

La distinction que le premier système tend à établir entre les qualifications qui ont été définies par le législateur et celles qui ne l'ont point été ne repose donc sur aucune base juridique. Car la loi pénale peut tout aussi bien être violée dans le cas où les éléments du délit n'ont point été déterminés par elle, que dans celui où ils l'ont été. Dans l'une comme dans l'autre hypothèse, il s'agit de traduire la pensée du législateur : il y a véritablement un point de droit à résoudre ; et, en pareille matière, la Cour de cassation doit pouvoir toujours intervenir.

Nous croyons donc que, dans le cas qui nous occupe, les tribunaux ne pourraient, par une déclaration en fait, soustraire leur décision à la censure de la Cour suprême. L'unité de jurisprudence, si utile à l'ordre social en matière de justice pénale, se trouve ainsi sauvegardée (1).

Toute cette théorie est applicable aux arrêts des chambres des mises en accusation ou des appels correctionnels, aussi bien qu'aux jugements des tribunaux correctionnels. Mais on ne saurait évidemment l'étendre aux décisions du jury ; car il est toujours appréciateur souverain (art. 350,

(1) La Cour de cassation semble avoir adopté le système que nous défendons, lorsque, par un arrêt du 28 novembre 1856, elle s'est reconnu le droit d'examiner si le pari constitue une promesse capable de motiver une condamnation pour complicité. — Elle se reconnaît de même, en matière de diffamation le pouvoir de décider souverainement si l'imputation peut être qualifiée diffamatoire (29 nov. 1845 ; 5 déc. 1861 ; 11 mai 1877, etc., etc.).

C. d'instr. crim.) ; il n'est donc point tenu d'énoncer les faits particuliers qui constituent à ses yeux l'un des modes de participation énoncés par l'article 60.

Son pouvoir cependant ne peut aller jusqu'à déclarer que l'accusé est coupable de complicité ; c'est là une question de droit réservée à l'appréciation de la Cour. Car la complicité en réalité n'est pas un fait, mais la conséquence tirée d'un fait, en le rapprochant du texte de la loi pénale. On objecte, il est vrai, que la loi attribue au jury le droit exclusif de prononcer sur la culpabilité ou la non-culpabilité de l'accusé, et que, dans l'hypothèse, la culpabiité ne peut se trouver que dans la complicité ; que c'est par conséquent le jury qui doit prononcer sur l'existence de cette complicité. Le jury répondrons-nous, est en effet seul appelé en principe à apprécier la culpabilité de l'accusé ; mais en ce sens seulement qu'il lui appartient de prononcer dans tous les cas où la loi n'a pas réglé les circonstances d'après lesquelles se détermine le caractère du fait. Si au contraire, cette détermination suppose l'examen des éléments légaux de la criminalité et par conséquent une interprétation de la loi, elle sort de sa compétence.

Cette observation confirme, il faut le remarquer, la règle que nous avons posée plus haut, d'accord avec la jurisprudence, à savoir que des questions posées au jury et des réponses qui y sont faites, doit toujours résulter clairement la désignation de celle des circonstances énumérées par l'article 60 qui paraît pouvoir être relevée à la charge de l'accusé.

§ 2.

La règle élémentaire d'interprétation dont nous venons de reconnaître l'existence et de déterminer les principales conséquences, en matière de complicité, va nous aider à établir avec précision dans quels cas et à quelles conditions la responsabilité de l'agent auxiliaire peut se trouver engagée au point de vue pénal.

Le premier alinéa de l'article 60 est consacré à déterminer les traits essentiels de la *complicité morale*. Deux ordres de faits peuvent recevoir cette qualification : ce sont, d'une part, les actes de provocation, et d'autre part, les instructions données pour l'accomplissement du délit.

La *provocation* est définie par le Code en ces termes : « Seront punis comme complices..., ceux qui par dons, promesses, menaces, abus d'autorité ou de pouvoir, machinations ou artifices coupables auront provoqué à l'action. » La simple provocation non accompagnée de l'un des faits énumérés par l'article ne peut donc être passible d'aucune peine. Bien plus, l'interprétation du texte de la loi doit être tellement stricte en cette matière, que, d'accord avec la jurisprudence (1), nous n'hésitons pas à dire que si la provocation a été accompagnée d'artifices dont la culpabilité n'est pas expressément reconnue par le verdict du jury, ou le jugement du tribunal correctionnel, elle doit être absoute comme ne rentrant pas dans les termes de notre article. On a, il est vrai critiqué cette décision comme contraire à la nature des choses ; il s'agit ici d'artifices destinés à provoquer à un crime ou à un délit ; comment supposer que ces artifices puissent ne pas être coupables? Les termes de notre article sont trop formels et son esprit est trop essentiellement restrictif, pour que cette objection puisse nous arrêter : la jonction du mot coupables au mot artifices démontre qu'aux yeux du législateur, l'artifice n'est pas essentiellement un moyen coupable de provocation, si le jury ne lui reconnaît formellement ce caractère.

(1) Cass., 27 oct. 1815 ; 17 juil. 1835.

La provocation peut résulter, dit la loi, de *machina-tions ou artifices coupables*. Cette dernière qualification qui sans aucun doute s'applique aux artifices se réfère-t-elle également aux machinations? La Cour de cassation ne le pense pas (1) : les artifices, selon sa jurisprudence, ne sont coupables qu'autant qu'ils sont qualifiés tels, tandis que le mot *machinations* présente par lui-même un caractère de culpabilité suffisant. Certains auteurs ont même, à l'appui de cette opinion, invoqué le sens attribué à cette expression par le dictionnaire de l'Académie française, qui la définit : « Intrigue, menée secrète pour faire réussir quelque *mauvais dessein* ». Nous préférons cependant nous rallier à l'opinion de M. Carnot, qui ne voit dans les mots machinations, et artifices que deux termes synonymes : « l'un ne peut donc, par lui-même, présenter une culpabilité réelle, tandis que l'autre ne la présenterait pas également dans les mêmes circonstances... D'ailleurs, la conjonction *ou*, qui lie le mot machination au mot artifice ne leur rend-elle pas commune la qualification de coupables qui les suit immédiatement? N'est-ce pas comme si le législateur avait dit : machinations coupables ou artifices coupables? »

Nulle difficulté ne se présente, quant à la provocation par dons ou promesses ; bornons nous à rappeler que la Cour de cassation a jugé qu'il y a complicité de ce chef, dans le fait de s'engager, sous forme de pari, à donner à quelqu'un une somme d'argent pour le cas où il commettrail un délit (2).

Une seule remarque doit être faite sur la provocation par menaces, abus d'autorité ou de pouvoir : le Code de

(1) Cass., 15 mars 1816 ; 19 oct. 1832.
(2) Cass., 28 nov. 1856. — *Conf.*, 22 oct. 1825.

Salmon.   9

1791 se servait des mots *ordres ou menaces*. Ces expressions ont été modifiés en 1810, parce que, dit le rapport au Corps législatif, les rédacteurs de la loi craignirent que le mot *ordres* ne pût pas toujours comprendre les abus d'autorité ou de pouvoir qui se produisent parfois, sans émaner d'ordres précis.

A ces divers modes de provocation, il convient d'ajouter celui qu'a spécialement édicté l'article premier de la loi des 17-18 mai 1819 : « Quiconque, soit par des discours, des cris ou menaces proférés dans les lieux ou réunions publics, soit par des écrits, des imprimés, des dessins, des gravures, des peintures ou emblèmes vendus ou distribués, mis en vente ou exposés dans des lieux ou réunions publics, soit par des placards ou affiches exposés aux regards du public, aura provoqué l'auteur ou les auteurs de toute action qualifiée crime ou délit, à la commettre, sera réputé complice et puni comme tel (1). » Il y a là un mode spécial de provocation distinct de ceux énumérés par le Code pénal, car, comme le dit le rapport à la Chambre des pairs, « que fait l'article ? Il ajoute à ces provocations une nouvelle espèce de provocation : la provocation publique, la provocation par voie de publication, celle qui ne s'adresse plus dans l'ombre à certaines personnes mais qui fait un appel au grand jour à quiconque voudra exécuter le crime (2). » L'article 26 de la même loi de 1819 abroge formellement l'article 102 du Code pénal qui se trouvait d'ailleurs implicitement abrogé par cet article 1.

La complicité peut en second lieu résulter d'*instructions* données pour commettre le crime ou délit. Quelques interprètes ont prétendu que la complicité n'est pas ici suffisam-

(1) L'art. 6 de la loi du 7 juin 1848 rappelle formellement ce mode de complicité, à propos du délit d'attroupement.

(2) *Ecrits et discours* du duc de Broglie, II, p. 18.

ment caractérisée, si le jury se borne à déclarer l'accusé coupable d'avoir donné des instructions pour commettre le crime, sans ajouter que celui qui les a données savait qu'elles devaient servir au crime; il ne peut y avoir de complicité punissable, dit-on, que celle résultant d'une coopération volontaire à un délit ; l'accusé ne peut donc être condamné comme complice qu'autant qu'il a été déclaré avoir agi avec connaissance de cause. Nous ne saurions adopter cette opinion ; car, d'une part, elle ajoute au texte de la loi, ce qui ne peut se faire en notre matière, où tout est de rigueur et d'autre part, la mention de l'intention frauduleuse qu'elle exige est inutile, car, comme dit un arrêt, « celui qui donne des instructions à l'effet de commettre un acte coupable est nécessairement au courant du caractère criminel de l'acte qui va s'accomplir sur les intructions qu'il donne, et en quelque sorte sous son inspiration (1). »

Ce serait aussi ajouter à la loi que d'exiger la désignation, dans les questions au jury, de la personne à laquelle les instructions ont été données. Peu importe donc que celui qui a reçu les renseignements soit l'auteur du crime lui-même, ou que ce soit un tiers chargé de les lui transmettre (2). Observons toutefois qu'il faut se garder de confondre ce cas avec celui où l'accusé est convaincu, non pas d'avoir eu recours à un intermédiaire pour donner ses instructions au délinquant, mais d'avoir chargé un tiers de donner des indications que lui-même se trouve incapable de fournir. Dans ce dernier cas, en effet, il n'y a aucune sanction pénale; car on ne peut voir là ni une complicité par instructions, puisque les indications nécessaires n'émanent point du prétendu complice, ni une complicité par provocation, l'hypothèse dont nous nous occupons ne ren-

(1) Cass., 27 déc. 1872, etc.
(2) Cass., 23 mai 1844 ; 3 mars 1870.

trant dans aucun des cas énumérés par l'article 60, premier alinéa.

La provocation ne peut, avons-nous dit, constituer un acte de complicité punissable que si elle a été accompagnée de dons, promesses, menaces, abus d'autorité ou de pouvoir ; la même condition est-elle exigée pour l'existence de la complicité résultant d'instructions pour commettre le crime ? La négative nous semble évidente. Le texte dit bien il est vrai : Seront punis comme complices, ceux qui par dons, etc., auront provoqué à cette action ou donné des instructions pour la commettre. Mais n'est-il pas évident que ce paragraphe prévoit deux modes distincts de complicité morale ? C'est ainsi que l'on doit le lire : Seront punis comme complices ceux qui, par dons..., auront provoqué, ou *ceux qui auront* donné des instructions. Les dons, promesses, etc., sont en effet des moyens de provocation ; les instructions, données pour commettre le délit supposent au contraire que le projet en est déjà arrêté par le futur auteur ; les conditions constitutives de ces deux modes de participation morale ne peuvent donc être les mêmes.

La *complicité matérielle* résulte de deux ordres de faits. Sont punissables de ce chef : 1° celui qui a procuré des armes ou instruments au coupable ; 2° celui qui a aidé ou assisté l'auteur dans la préparation ou l'accomplissement du délit.

« Seront punis comme complices, dit l'article, ceux qui auront procuré des armes, des instruments ou tout autre moyen qui aura servi à l'action, sachant qu'ils devaient y servir. » Deux éléments, le fait et l'intention, sont donc déclarés nécessaires pour l'existence de la complicité dont nous nous occupons. Ils sont tout aussi indispensables, il est vrai, dans les autres cas de complicité que nous avons étudiés ; mais le soin qu'a pris le Code de les rappeler ici, a pour but d'exiger que l'existence de ces deux caractères de la complicité punissable soit formellement constatée dans le verdict du jury. Serait donc insuffisante la déclaration qui se contenterait de reconnaître l'accusé coupable d'avoir procuré les instruments du crime, sans ajouter qu'il les a fournis, *sachant* qn'ils *devaient* servir à l'accomplissement du fait coupable. La déclaration que les moyens ont été fournis sachant qu'ils *pouvaient* servir au délit serait pareillement nulle (1).

La seconde espèce de complicité matérielle reconnue par le Code résulte de la participation de « ceux qui ont, avec connaissance, aidé ou assisté l'auteur ou les auteurs de l'action, dans les faits qui l'ont préparée ou facilitée ou dans les faits qui l'ont consommée. » Ici encore, la déclaration que l'accusé a agi en connaissance de cause est indispensable. Un très grand nombre d'arrêts reconnaissent formellement que toute déclaration qui garde le silence sur ce point doit être déclarée insuffisante (2).

Un acte n'est en effet constant, aux yeux de la loi, que si tous les éléments de criminalité déterminés par elle ont été reconnus d'une façon expresse. Les mots « avec connaissance » n'ont au reste rien de sacramentel ; ils peuvent toujours être remplacés par des équipollents, pourvu qu'aucun doute ne subsiste sur le sens de la réponse du jury.

On doit appliquer aux délits de presse, particulièrement

---

(1) Sic, Cass , 18 mai 1844. — *Contra*, 2 juin 1832.

(2) La cour de cassation, par arrêt du 18 mai 1815, avait, il est vrai, voulu faire une exception à cette règle en matière de viol, en se fondant sur ce que « il est contre l'essence des choses de supposer qu'un accusé ait pu aider et assister les auteurs du viol sans qu'il sût qu'il prêtait assistance pour commettre une action criminelle. » MM. Chauveau et Hélie se sont élevés, avec raison, contre une telle jurisprudence, que la Cour de cassation a d'ailleurs abandonnée le 9 juin 1866.

à la diffamation par la voie des journaux, les dispositions de l'article 60. C'est ainsi que l'on déclarera coupable de complicité l'imprimeur qui a sciemment fourni ses presses (art. 24 de la loi de 1819), l'individu qui a activement participé à la correction des épreuves, ou à la distribution de l'écrit (loi du 17 juin 1880, art. 5), l'auteur de l'article diffamatoire et celui qui lui a livré les notes sur lesquelles l'article a été rédigé (1), le publicateur, c'est-à-dire le gérant du journal étant ici considéré comme seul auteur principal (loi du 18 juillet 1828, art. 8).

Lorsque la complicité résulte du fait d'avoir aidé l'agent dans les actes dont le but était de préparer ou de faciliter l'accomplissement du crime, il est facile de déterminer *a priori* le caractère du rôle joué par chacun des participants. Mais la distinction devient beaucoup plus difficile, lorsqu'il s'agit de spécifier la part de responsabilité qui leur incombe, en cas d'assistance donnée aux faits qui ont *consommé* l'infraction elle-même. Cette assistance peut, en effet, parfois consister en des faits accessoires, non essentiels à la perpétration du crime : d'autres fois au contraire, elle prend un caractère plus grave, et constitue une participation directe et principale à l'acte coupable. Dans le premier cas, le fait d'assistance est un acte de complicité : dans le second, c'est une coopération directe à l'exécution du fait coupable ; on se trouve en présence d'un coauteur. Il nous suffit pour le moment de signaler l'existence des difficultés qui peuvent s'élever à propos de la distinction entre les coauteurs et les complices. Nous aurons bientôt à revenir avec plus de détails sur cette délicate question.

(1) Cass., 25 avril 1844 ; 11 mai 1877.

Conditions d'existence de la complicité.

Une étude détaillée de l'article 60 vient de nous faire connaître quels sont, d'après le Code, les divers cas où un fait de participation à l'infraction peut être qualifié complicité ; il nous reste, pour compléter cet examen des caractères constitutifs de la participation criminelle, à déterminer quelles sont les conditions dans lesquelles ces faits de préparation ou d'aide auront dû se produire, pour qu'ils puissent tomber sous le coup de la loi pénale.

§ 1er.

Nous l'avons déjà constaté, dans la première partie de notre travail, le caractère essentiel de la complicité est l'unité de délit et la pluralité d'agents. Que sont, en effet, par eux-mêmes les actes dont nous venons de développer l'énumération, sinon des faits dépourvus de tout caractère illicite ? L'action par exemple de surveiller les abords d'une maison, de signaler à un autre individu les allants et les venants, le guet n'est et ne peut être puni par aucune loi, s'il est isolé, s'il n'a pas pour but de favoriser l'accomplissement d'un acte coupable. La criminalité de tout fait de complicité est essentiellement une criminalité d'emprunt. Nulle peine ne peut le frapper, si son résultat n'a été de provoquer ou de faciliter un fait principal puni par les lois répressives.

D'après notre Code pénal, toutefois, cette formule n'est pas entièrement exacte ; car l'article 59 ne déclare punissable que la complicité des *crimes* et des *délits*. A moins de disposition contraire expresse, il ne peut donc être question de complicité, en matière de *contraventions*. La seule dérogation apportée à cette règle par le Code est contenue dans les articles 479,8° et 480,5°, qui édictent des peines contre les auteurs et complices de bruits ou tapages injurieux ou nocturnes.

La contravention n'a pas paru présenter par elle-même un caractère suffisant de gravité pour que l'ordre social puisse être intéressé au chatiment de ceux qui ont favorisé ou préparé cette infraction. Tel est, croyons-nous, le seul motif de l'exclusion de la complicité en cette matière (1). On ajoute, il est vrai, assez généralement que cette règle s'imposait au législateur, comme résultant de la nature même de la contravention. « La complicité, disent MM. Chauveau et Hélie, suppose un concert préalable, une intention commune aux auteurs et complices. Mais un fait commis sans intention, une négligence, une imprudence ne peut admettre de complice, parce qu'un tel fait ne suppose ni aide, ni préparation, ni concert préalable (2). »

Il nous est impossible d'admettre cette théorie. L'entente préalable entre l'auteur et le complice ne nous paraît nullement être un élément indispensable de la complicité, telle que la définit le Code pénal. L'article 60 exige bien, il est vrai, que les actes de préparation ou d'assistance aient été commis *sciemment* par le complice ; mais rien, dans ce texte, ne nous indique que pour rendre punissable la coopération secondaire, il soit nécessaire que l'agent principal ait eu connaissance de l'intention coupable de l'autre participant. Bien au contraire, sans parler même du cas exceptionnel où le Code a admis la complicité en matière de

(1) Sic, M. Bertauld, *Cours de code pénal*, p. 500.
(2) *Théorie du code pénal*, VI, p, 288.

contraventions de simple police, nous verrons plus loin d'autres hypothèses où le complice, de l'aveu de tous, peut être punissable, sans qu'il y ait eu aucune intention coupable de la part de l'agent principal. C'est ainsi que celui qui a donné à un mineur de seize ans les moyens de commettre un délit, peut être condamné comme complice malgré l'acquittement de l'auteur reconnu innocent, comme ayant agit sans discernement.

Le système que nous combattons repose sur une confusion. On croit voir un obstacle absolu à l'existence de la complicité, dans le défaut d'intention du contrevenant. Et cependant, rien n'est plus facile que d'imaginer, même en cette matière, des cas dans lesquels la *scientia* nécessaire à la complicité peut exister chez l'agent accessoire, sans se trouver pour cela chez l'auteur principal. L'acte de celui qui, par ordres ou menaces, a amené une autre personne à commettre une infraction aux règlements sur la police du roulage ou sur les bans de vendange ne présente-t-il pas tous les caractères intrinsèques de la complicité, alors même que le contrevenant aurait ignoré l'existence des règlements qu'il viole de bonne foi? Rien donc, si le législateur n'avait restreint la complicité aux crimes et délits, ne s'opposerait ici à ce que la peine de simple police fût prononcée contre l'instigateur.

Cette discussion est loin de ne présenter qu'un intérêt purement doctrinal. L'espèce suivante va nous montrer les conséquences pratiques qu'il est permis de déduire de notre système. Certaines infractions présentent ce double caractère, d'être punies de peines correctionnelles, et néanmoins de ne constituer que de simples contraventions, en ce que la loi ne fait pas dépendre leur répression de la preuve d'une intention coupable de l'agent. De tels faits peuvent-ils donner lieu à complicité punissable? Non, répond la cour de cassation; car bien que traités, quant à la pénalité et à la juridiction, comme de simples délits, ils en diffèrent en ce qu'ils sont, de même que les contraventions, punissables indépendamment de toute intention de l'auteur. Cette jurisprudence est, à notre avis, en contradiction avec les termes mêmes de la loi. Que dit, en effet, l'article 1er du Code pénal ? « L'infraction que les lois punissent des peines de police est une *contravention*. — L'infraction que les lois punissent de peines correctionnelles est un *délit*. — L'infraction que les lois punissent d'une peine afflictive et infamante est un *crime*. » Le sens des mots *crimes*, *délits*, *contraventions* est ainsi nettement déterminé ; veut-on savoir dans laquelle des trois catégories rentre un fait coupable ? C'est la peine portée contre lui qu'il faut rechercher. Or, comment supposer que l'article 59 du même code, en restreignant la complicité aux crimes et délits, ait entendu attribuer à ce dernier terme une signification autre que celle donnée dans la définition placée en tête de la loi. Nous savons que l'on objecte à cette interprétation stricte du texte, que la division de l'article serait « d'ordre, plutôt que de principe ». Le législateur, en classant les infractions d'après la nature des peines qui leur sont applicables, n'aurait, dit-on, voulu poser qu'une simple règle de compétence. Nous ne pouvons admettre comme décisive cette objection ; elle repose sur une interprétation qui s'écarte trop des termes de l'article 1er.

Que l'on ne se méprenne point cependant sur notre pensée. En disant que les infractions dont nous nous occupons doivent recevoir la qualification de délits, nous n'entendons nullement prétendre que l'élément intentionnel exigé pour l'existence des délits ordinaires soit encore nécessaire ici ; les dispositions, qui répriment ces infractions, s'y opposent. Tout ce que nous soutenons, c'est que l'article 59, en déclarant punissable la complicité des *délits*, n'a pu donner à cette dernière expression un sens différent de celui qui résulte de la définition de l'article 1er.

Le code lui-même a, d'ailleurs, classé dans les délits correctionnels, plusieurs infractions de cette nature ; c'est ainsi, par exemple, que nous trouvons dans le titre relatif aux crimes et délits, les articles 269, 319 et 358, qui, indépendamment de toute intention coupable de la part des agents, punissent le vagabondage, l'homicide par imprudence ou les infractions aux règles sur les inhumations. Le législateur entend donc bien conserver à de tels faits la qualification de délits, malgré l'absence de toute volonté criminelle chez l'agent, pourvu que les peines prononcées soient des peines correctionnelles ; de même qu'il donne dans certains cas la qualification de contraventions à des faits (punis de peines de simple police), qui cependant ne peuvent exister indépendamment de l'intention frauduleuse, à la contravention de maraudage, par exemple (1).

Nous avons déjà répondu à l'objection que l'on tire contre notre système, de ce que, dans une matière ou l'auteur principal est puni à raison d'un fait purement matériel, il semble que l'on ne puisse lui reconnaître pour complice un tiers qui ne se rattache à lui que par un lien intellectuel résultant de son intention fruduleuse ; nulle contradiction n'existe, avons nous dit, entre l'idée de complicité et la matérialité de l'acte, car on peut concourir volontairement à un acte matériel.

La question s'est présentée souvent dans la pratique, notamment en matière de contraventions aux lois et règlements sur l'art de guérir, sur l'immixtion dans le service des postes, sur les épizooties (2). Mais elle est surtout inté-

---

(1) Cass., 6 déc. 1879.

(2) 3 mai 1866 ; 11 sept. 1846 ; 11 juil. 1873. — Nous verrons, dans la section relative au recel, que, pour des motifs tout spéciaux, il ne peut y

ressante relativement aux contraventions de presse (particulièrement aux contraventions de colportage) et aux contraventions aux lois sur l'ivresse et sur la chasse.

L'article 6 de la loi du 27 juillet 1849 exigeait que tous les colporteurs ou distributeurs de livres, écrits, gravures, etc., fussent pourvus d'une autorisation délivrée par le préfet, et portait une peine correctionnelle contre les contrevenants. La Cour de cassation se prononça, dans plusieurs arrêts, contre l'existence de toute complicité punissable en pareille matière, la contravention, d'après elle, ne devant jamais être imputée qu'à celui qui l'a commise (1). C'est dans le but de mettre fin à cette jurisprudence, qu'en 1875, le gouvernement déposa un projet de loi. Ce projet qui est devenu la loi du 29 décembre 1875, s'exprime ainsi dans son article 2: « Quiconque se sera rendu complice, par l'un des moyens énoncés en l'article 60 du Code pénal, des infractions prévues par l'article 6 de la loi du 27 juillet 1849, sera puni des peines portées par cet article. »

Lors de la discussion les adversaires du projet s'appuyèrent surtout, pour le combattre, sur l'incompatibilité qui semble exister entre l'idée de contravention et celle de complicité, l'une supposant un fait indépendant de toute intention, l'autre ne consistant au contraire que dans l'intention appliquée à ce même fait: « Comment admettre,

avoir de complicité en matière de banqueroute simple ; mais nous pouvons dès maintenant dire que la raison de cet exception n'est nullement, comme le soutiennent plusieurs auteurs, qu'aux yeux du législateur, aucune contravention matérielle ne peut admettre de complices.

(1) Cass., 8 avril 1853 ; 11 avril 1856. — La cour de cassation a encore donné la même solution en cas de contravention résultant du défaut de signature d'un article de journal (26 juil 1851) ou de la publication d'un compte rendu illicite (18 janv. 1867).

sous prétexte de {communauté d'intention, la complicité dans une contravention ? Il est de l'essence de la contravention d'être punie uniquement pour un fait matériel : dès lors, qu'importe l'intention de l'agent ? Comment le complice pourra-t-il se rattacher à une intention qui n'existe pas (1) ? » Ce système fut repoussé, et la loi votée reconnut formellement la possibilité d'une participation intentionnelle à une infraction purement matérielle. Il est donc permis de voir dans ce texte une confirmation de notre théorie. Il est vrai qu'une loi du 17 juin 1880, est venue l'abroger (art. 6); mais cette abrogation ne peut infirmer en rien la conclusion qu'il nous est permis de tirer de la loi de 1875 en faveur du système de la complicité en matière de contraventions correctionnelles ; car la loi de 1880 supprime, en même temps que la complicité, l'infraction principale réprimée par l'article 6 de la loi de 1849, et remplace l'autorisation préalable nécessaire pour l'exercice de la profession de colporteur, par une simple déclaration, faute de laquelle le contrevenant est seulement passible de peine de simple police (2).

(1) M. Bertauld, discours prononcé dans la séance du 27 décembre 1875. — Une autre objection fut aussi formulée contre le projet de loi. Le rapporteur insista sur la menace constante de poursuites qui, d'après lui, allait peser sur la tête des auteurs et éditeurs en vertu de l'article 2. Il y a là, croyons-nous, une erreur ; car le texte s'en référant, pour les cas de complicité à l'article 60, c. p., personne ne pouvait évidemment être condamné comme complice de cette infraction, sans y avoir participé sciemment. C'est ce qu'expliqua parfaitement ensuite la circulaire du 7 janvier 1876, qui conclut en ces termes: « Les auteurs qui se seront bornés à livrer leurs écrits à la publicité, les imprimeurs qui les auront fait sortir de leurs presses, sans s'occuper de les répandre par des moyens illicites ne devront pas être mis en cause. » Sic, arrêt de la c. de Nimes, du 7 déc. 1877, D. P., 78, 82,7.
(2) La loi du 9 mars 1878 contenait déjà des dispositions analogues

C'est encore dans l'esprit de notre système que semble avoir été conçue la loi du 23 janvier 1873, sur la répression de l'ivresse. Voici quelles en sont les dispositions principales. L'ivresse publique constitue, aux termes de l'article 1er, une contravention punie de peines de simple police à laquelle sont applicables les articles 474 et 483 du Code pénal, en cas de première récidive. Mais si une nouvelle récidive se produit dans les douze mois de la dernière condamnation, l'article 2 de la loi établit une peine correctionnelle qui devra être prononcée par le tribunal d'arrondissement (1). On serait donc tenté d'appliquer l'article 59 du Code pénal à ce *délit*; mais l'article 9 de la loi (c'est lui-même qui donne cette qualification de délit à la nouvelle infraction), dispose expressément qu'il n'en sera point ainsi. Et quel est le motif allégué pour cette exclusion formelle de la complicité? Ce n'est nullement que, l'infraction existant indépendamment de toute intention criminelle, une coopération intentionnelle doit être impossible; c'est uniquement que les complices ne sont pas responsables de l'aggravation qui résulte de la récidive de l'auteur et transforme la contravention en délit (Rapport de la commission). Tout ceci vient encore à l'appui de la thèse que nous soutenons.

La question de l'existence de la complicité en matière de contraventions correctionnelles s'est enfin présentée en pratique à propos de la répression des infractions à la loi sur la chasse du 3 mai 1844. La jurisprudence a eu souvent occasion de proclamer que ces infractions sont de simples

relativement aux journaux seulement. Elle est aujourd'hui sans objet, par suite de la généralité des termes de la loi de 1880, dont l'article 6 l'abroge d'ailleurs formellement.

(1) La contravention punie par l'article 4 revêt aussi le caractère de délit par suite d'une seconde récidive (art. 5).

« délits-contraventions » qui se constituent par le seul
fait matériel et qu'elles ne peuvent être excusées par l'intention, dès qu'il est reconnu que ceux à qui elles sont im-
putées les ont exécutées librement et volontairement (1). »
Cette théorie est, il est vrai, fort contestée en doctrine ; mais
nous n'avons pas à entrer ici dans l'examen de ce premier
point rendu fort difficile par les contradictions qui se pro-
duisirent lors de la discussion de la loi (2). Aussi bien cette
controverse est elle sans intérêt, quant à la complicité,
dans le système que nous soutenons. Car, que l'intention
criminelle soit exigée ou non chez le principal agent, peu
importe. Le fait étant puni de peines correctionnelles,
constitue nécessairement un délit, aux termes de l'article 1er
du code pénal : il y a donc lieu d'appliquer l'article 59. C'est
d'ailleurs ce qu'a décidé la Cour de cassation, qui s'est
ainsi mise en contradiction avec la jurisprudence qu'elle
suit habituellement relativement à la complicité des contraventions correctionnelles (3).

§ 2.

La complicité, avons-nous dit, ne peut jamais revêtir
qu'une criminalité d'emprunt ; aucune peine ne doit la
frapper, si le fait principal auquel elle se rattache n'est
préalablement reconnu coupable. Cette condition est toujours indispensable, pour que la participation accessoire
puisse être atteinte par les lois répressives ; mais elle est
suffisante, à moins que le législateur n'en ait autrement

(1) Cass., 15 déc. 1870 ; 12 avril 1845 ; 17 juil. 1857 ; 21 juil. 1865 ;
16 janv. 1872 (ch. réun.)

(2) Duvergier, collect. des lois, 1844, p. 135, note 2.

(3) 20 janv. 1877. — Paris, 8 févr. 1862. D. P. 63, 2, 17 ; Rouen, 4 déc.
1873. D. P. 74, 2, 135.

disposé. De nombreuses et intéressantes conséquences découlent de ce double principe. Nous allons passer en revue les plus importantes.

Et d'abord, la preuve de l'existence et de la criminalité d'un fait principal est nécessaire.

Si donc postérieurement à un crime ou à un délit, une amnistie vient abolir ce fait, non seulement le principal auteur, mais tous ses complices, quels qu'ils soient, bénéficieront de cette immunité. Aucune poursuite ne peut, en effet, avoir lieu à l'occasion d'un fait que la loi ne regarde plus comme coupable. Est-il besoin d'ajouter que l'oubli dont jouit le complice doit être restreint au délit, objet de l'amnistie ? On ne devrait donc point l'étendre à tout autre acte qui ne serait pas intimement lié au fait principal et pourrait, par lui-même, constituer un crime ou un délit. C'est ainsi que le faux commis par un officier de l'état civil, dans le but de soustraire un individu au service militaire peu être l'objet de poursuites, même après l'amnistie accordée aux conscrits réfractaires (1). La grâce, à la différence de l'amnistie, n'est qu'une faveur personnelle (2), accordée à l'auteur principal d'un crime : elle ne doit donc avoir aucune influence sur la situation des complice.

La prescription est, comme l'amnistie, une cause d'extinction de l'action publique dont les effets s'exercent sur le fait punissable lui-même, et, en même temps que le délit, effacent la complicité. Elle opère simultanément à l'égard de tous les participants. Aussi, lorsqu'avant son accomplissement, elle est interrompue par le fait de poursuites dirigées contre l'un d'eux, cette interruption doit-

(1) Cass., deux arrêts du 4 mai 1810.
(2) Art. 3, 2° de la loi constitut. du 25 février 1875.

elle produire son effet non seulement contre le complice qui est l'objet des actes d'instruction ou de poursuite, mais encore, aux termes de l'article 637 du Code d'instruction criminelle, « à l'égard même des personnes qui ne se·raient pas impliquées dans ces actes (1). »

Le suicide que notre ancienne législation frappait de peines spéciales ne constitue plus aujourd'hui ni un crime, ni un délit : la loi pénale ne l'incrimine sous aucun rapport, quelles qu'aient été les circonstances dans lesquelles il s'est produit (2). Faute d'un fait principal coupable, il ne peut donc être question de complicité punissable en cette matière.

Enoncée en ces termes, la proposition ne semble présen•ter aucune difficulté sérieuse ; les actes secondaires d'aide ou de provocation que l'article 60 qualifie de complicité resteront à l'abri de toute répression, s'ils ont eu seulement pour objet de faciliter l'accomplissement d'un suicide (3). Mais la question devient beaucoup plus grave et plus épineuse, lorsque le prévenu, loin de se borner à de simples faits d'assistance, porte lui-même le coup et consomme l'homicide, pour obéir à celui qui veut en finir avec la vie. Est-ce encore là une complicité de suicide, c'est-à dire un acte exempt de toute répression, ou bien, n'est-ce point un crime principal, un meurtre ? La jurisprudence et la plupart des auteurs se sont prononcés dans le sens de cette dernière opinion. Qu'y a-t-il en effet ici sinon un homicide volontaire, un meurtre ? On trouve réalisées dans ce fait les deux condi-

---

(1) Les effets de la prescription de l'exécution du jugement, au contraire, sont évidemment toujours personnels à chacun des agents.

(2) A Rome, la peine de la confiscation de tous les biens était prononcée contre les accusés *qui ante sententiam sibi mortem consciverant.*

(3) Cass., 27 avr. 1815.

Salmon.   10

tions constitutives du crime prévu par l'article 295, l'acte physique qui donne la mort, et l'intention de la donner. Souvent même l'élément caractéristique de l'assassinat, la préméditation, viendra s'y joindre.

Il peut, nous le savons, paraître excessif, injuste même, de placer ainsi sur la même ligne l'individu qui, pour satisfaire ses passions criminelles, se rend froidement coupable d'un assassinat, et l'homme qui, égaré par un sentiment d'aveugle commisération, croit rendre service à un ami en le délivrant d'une vie qui lui est à charge. Nous ne pouvons nier qu'au point de vue de la morale, il y ait une différence profonde entre la culpabilité de ces deux actes ; mais cette différence a-t-elle été reconnue par notre législation ? C'est ce qu'il nous semble impossible de soutenir. Tout homicide volontaire est qualifié meurtre par le Code pénal ; aucune excuse ou exception ne se réfère à notre hypothèse, force est donc de s'en tenir au texte même de la loi. Aussi n'hésitons-nous pas à nous rallier à la jurisprudence de la Cour de cassation qui, rejetant toute considération étrangère à l'interprétation des textes, déclare coupable, soit de meurtre simple, soit d'assassinat, celui qui a volontairement donné la mort à autrui, quelles que puissent être d'ailleurs les circonstances qui ont précédé et accompagné le fait : soit que le meurtrier ait simplement prêté son bras au malheureux qui n'avait pas la force de s'immoler lui-même, soit que tous deux se soient mutuellement frappés, afin de mourir ensemble, mais que l'un d'eux ait échappé à la mort, soit enfin que l'un d'eux ait tenté à la fois de donner la mort à l'autre, et de se détruire lui-même (1).

MM. Chauveau et Hélie se sont efforcés de combattre cette doctrine (2). Voici quelle est, en résumé, leur argu-

(1) Cass., 14 juin, 3 août 1816 ; 16 nov. 1827 ; 23 juin 1838 ; 17 juillet, 21 août 1851.
(2) *Théorie du C. pénal*, III, p. 466

mentation. D'une part, disent-ils, le fait dont nous nous occupons garde son caractère de suicide, malgré l'intervention d'une personne étrangère, comme instrument des volontés de la victime. « C'est la volonté qui fait le suicide, et non pas l'acte matériel de se donner la mort. Qu'importe que vous teniez vous-même l'arme qui va vous détruire, ou que cette arme parte par l'effet d'une machine que vous aurez préparée? Aura-t-elle un caractère différent, parce que vous aurez déposé l'arme entre les mains d'une personne ignorante, aussi aveugle et dévouée que cette machine? N'est-ce pas votre volonté, sinon votre main, qui en pressera la détente?... L'attentat ne peut changer de nature parce qu'il a changé de mode d'exécution; son caractère n'est pas dans la forme extérieure de la mort, mais dans la volonté qui l'impose. »

Oui, sans doute, répondrons-nous, dans un cas comme dans l'autre, la volonté de la personne homicidée est la même : son acte échappe à toute répression pénale. Mais ici, nous ne recherchons nullement si elle a pu encourir une responsabilité quelconque aux yeux de le loi : ce que nous nous demandons, c'est quel est le caractère de l'agent qui a donné la mort. Or, comment peut-on songer à établir un parallèle entre ce dernier et la machine privée de raison dont aurait pu se servir le suicidé? Les deux termes de la comparaison ne se rencontrent point : on ne peut donc en tirer un argument sérieux.

« Cela posé, continuent les auteurs de la théorie du Code pénal, il reste à caractériser l'action de la personne qui a pu remplir avec une si grossière docilité sa fatale commission. » Or, « par la volonté de tuer, dans le meurtre, il faut comprendre la volonté de nuire, en donnant la mort : c'est cette fraude, cette intention criminelle, ce dol qui constitue le crime... Cette volonté criminelle existe-t-elle quand l'agent n'agit que sur l'ordre de la victime? Il est évident

que ce fait modifie entièrement la criminalité de l'action ;
elle ne prend plus sa source dans la violence, dans la cupidité, dans les plus odieuses passions ; c'est une fausse pitié,
c'est un dévouement mal entendu qui l'inspire... L'agent
avait la volonté de tuer, mais il n'avait point la pensée
qu'il pût nuire, en ôtant la vie à celui qui voulait mourir. »

Il nous est impossible de nous rendre à ces considérations. Deux conditions seulement sont exigées, pour que
l'homicide prenne la qualification de meurtre : il faut,
d'une part, le fait matériel, et d'autre part la volonté de
donner la mort. Ces deux éléments coexistent dans notre
hypothèse; on doit donc purement et simplement appliquer les articles 295 et suivants. Quant à la distinction
que l'on voudrait établir entre la volonté de tuer et l'intention de nuire, nous nous demandons quel est le texte de loi
qui peut autoriser à l'admettre. L'article 295, en déclarant
meurtre *tout homicide commis volontairement*, ne s'oppose-
t-il pas, au contraire, à une telle interprétation ? D'après
lui, la volonté de donner la mort, quels qu'en puissent être
d'ailleurs les motifs, est toujours criminelle, si à cette
intention s'est joint le fait de l'homicide.

Combien n'est pas préférable la doctrine de la Cour de
cassation qui proclame que le consentement de la victime
« ne peut changer la qualification du fait, ni constituer une
excuse légale ou une circonstance exclusive de culpabilité;
que les lois qui protègent la vie des citoyens sont d'ordre
public, et qu'il ne peut y être dérogé par un consentement
qui est une violation de tout principe moral et reli-
gieux (1). »

Une question qui présente certaines analogies avec celle

(1) Cass., 17 juil. 1851.

que nous venons d'examiner s'élève à propos du duel. Ce fait constitue-t-il une infraction à nos lois pénales, et peut-il, par suite, motiver une condamnation contre ceux qui s'y sont associés par aide ou provocation ? Telle est la question dans toute son étendue. Il n'entre point, croyons-nous, dans les limites de ce travail de la discuter dans ces termes généraux. De trop longs développements seraient nécessaires et nous entraîneraient hors de notre sujet. Il nous suffira de rappeler que jusqu'en 1837, la Cour de cassation se refusa constamment à considérer le duel comme un crime; c'était, d'après cette jurisprudence, un fait que le législateur aurait omis de prévoir. En 1827, un premier acheminement vers une répression du duel fut fait par la Cour suprême. Un arrêt du 29 juin déclara que la convention par laquelle les combattants disposent de leur vie « ne peut être invoquée en justice, pour faire perdre à un homicide volontaire jusqu'au caractère de quasi-délit », et que, par suite, une condamnation à des dommages-intérêts peut être prononcée, en faveur de la partie civile. Enfin, en 1837, la Cour de cassation, par deux arrêts, dont l'un des chambres réunies abandonna complètement son ancienne jurisprudence, et, sur le réquisitoire de M. le procureur général Dupin, jugea que les articles 295 et 296, C. p. doivent être appliqués au duel. Depuis cette époque, la Cour, par de nombreux arrêts, n'a cessé de se prononcer pour la criminalité de ce fait. Nous n'avons à entrer ici dans le détail ni des arguments fournis à l'appui de cette théorie, ni des critiques nombreuses qu'elle soulève : nous nous contenterons de regarder ce point comme définitivement fixé en jurisprudence, et partant de là, nous examinerons brièvement les questions de complicité que peut soulever le duel.

Une fois admis que ce fait constitue un crime, devront être punis comme complices tous ceux qui, par un des actes énumérés dans l'article 60, auront provoqué ou facilité la rencontre. Ces participants seront souvent fort nombreux; car, outre les témoins il semble difficile de se refuser à reconnaître comme tombant sous le coup des dispositions de cet article, le maître d'armes qui a sciemment donné des conseils à l'une des parties, le médecin qui l'a assistée, le marchand qui a fourni les armes, le propriétaire qui a offert son terrain, etc. Souvent, il est vrai, on recule devant de tels résultats, et cette répugance à pousser jusqu'à ses conséquences logiques le système de la cour de cassation n'est pas un des arguments les moins forts invoqués par les adversaires de la jurisprudence actuelle.

Quoi qu'il en soit, les témoins seront les complices les plus ordinaires de ce délit; car il est rare que leur acte ne présente pas les caractères de culpabilité déterminés par l'article 60. La Cour de cassation cependant, se rendant compte de ce qu'il y a souvent d'excessif à punir des peines du meurtre ou de l'assassinat, les amis qui, dans un but de conciliation, ont accepté d'assister à la rencontre, a voulu atténuer les conséquences de sa jurisprudence, en déclarant exempt des peines de la complicité les témoins du duel, s'il est établi qu'ils ne sont allés sur le terrain que dans le but de rendre le combat moins dangereux, et après avoir fait des tentatives réitérées pour l'empêcher (1). Il y a là une décision dont nous ne pouvons contester ni la moralité, ni la sagesse ; mais qui nous paraît contraire à la loi. En matière de crime ou de délit, personne n'a jamais songé à voir une excuse de la complicité, dans les efforts qu'auraient d'abord faits les complices, pour empêcher l'infraction à laquelle ils participent ensuite. « Or, disent MM.

_____

(1) Cass. (*ch. réun.*), 22 août 1848; 20 déc. 1850 ; *contra*, 2 sept. 1847.

Chauveau et Hélie, si l'homicide commis en duel est un assassinat, comment le fait qui serait indifférent en matière ordinaire est-il tout-à-coup transformé en une sorte d'excuse légale en matière de duel?» La culpabilité des témoins est, il est vrai, dans cette hypothèse sensiblement atténuée; mais, si l'on admet comme point de départ la criminalité du duel, il semble impossible de se refuser à reconnaître également la criminalité de tous les faits qui s'y rattachent accessoirement. Ces hésitations et ces contradictions dans la jurisprudence nous démontrent bien que nous sommes ici sur un terrain exceptionnel, et en présence d'une question qui, dans l'état actuel de notre législation peut être regardée comme insoluble (1).

On s'est encore demandé si l'on ne doit pas considérer comme complice de la blessure à lui faite, celui qui l'a reçue dans un duel dont il a été le provocateur. La cour de cassation a, avec raison rejeté ce système, en se fondant sur ce que « l'on ne saurait admettre que la volonté de la victime ait été que son adversaire lui fît cette blessure(2).» La communauté d'intention, élément essentiel de toute complicité fait défaut, dans cette hypothèse.

§.3.

Nous venons, à propos des deux espèces intéressantes du suicide et du duel, de montrer l'importance pratique de la

---

(1) « Tout porte à croire qu'en 1810, les auteurs de la loi criminelle, par des motifs dont peut être ils ne se rendaient pas très bien compte à eux-mèmes, ont tenu à l'écart la grande difficulté du duel, ne se sentant pas le désir ou la force de la résoudre, et entendant laisser faire au temps, à l'opinion et aux tribunaux. » (Rapport préparé par M. Valette en 1851).

(2) Cass., 15 oct. 1844.

première règle que nous avons formulée, à savoir qu'en principe, il ne peut y avoir de complicité punissable, si l'acte auquel elle se rattache ne constitue ni un crime, ni un délit. Cette reconnaissance d'un fait principal constant est, avons-nous dit, nécessaire ; mais de plus, elle est en principe, suffisante. Dès lors qu'il existe un crime ou un délit, le complice peut, hormis dans certains cas exceptionnels, être puni, quel que soit d'ailleurs le sort de l'agent principal (1).

Ainsi, en premier bien, il n'est nullement indispensable, pour que la complicité tombe sous le coup de la loi, que l'auteur de l'infraction ait été condamné ou même poursuivi. Est-il inconnu, ou en fuite, ou déjà décédé ? Ces circonstances n'empêchent nullement le fait d'être constant, et cela suffit pour qu'une condamnation puisse être prononcée contre l'agent auxiliaire, pourvu évidemment que la criminalité de l'acte principal soit reconnue à son égard.

La cour de cassation a même été plus loin. Elle a très logiquement décidé que la déclaration de non-culpabilité prononcée par le jury au profit de l'auteur principal ne peut faire obstacle à la condamnation de l'individu poursuivi comme complice. Ce verdict, négatif à l'égard du premier

---

(1) Par crime ou délit principal, nous entendons ici, non seulement le crime ou délit consommé, mais encore la simple tentative de ces faits, quand la loi la déclare punissable. Les termes mêmes de l'article 60 ne permettent aucun doute sur ce point : ils sont généraux et comprennent non seulement les actes qui par eux-mêmes constituent des crimes ou des délits, mais « *toute action qualifiée crime ou délit.* » Or, d'après l'article 2, c. p. la tentative du crime « est considérée comme le crime même, » et d'après l'article 3, il peut en être parfois de même de la tentative de délit. La tentative, quand elle est punissable, étant donc assimilée au fait même, l'assistance donnée aux actes préparatoires ou au commencement d'exécution sera punissable comme complicité. (Cas., 6 févr. 1812 ; 3 mars 1864).

accusé, n'emporte pas en effet nécessairement la preuve que
le crime n'a pas été commis. Rien n'autorise à interpréter la
réponse des jurés comme une négation de l'existence ou de
la criminalité du fait principal. Peut-être au contraire ce
point ne fait-il aucun doute à leurs yeux, et n'ont-ils entendu nier que la culpabilité du prétendu auteur, soit parce
qu'il n'est pas prouvé que ce soit bien lui qui ait commis
l'acte incriminé, soit parce que, à raison de son défaut d'intention coupable, il ne doit point être considéré comme responsable de son action. La décision du jury, différente quant
à l'auteur et au complice, n'est viciée par aucune contradiction. La réponse négative sur la culpabilité du premier
accusé n'exclut pas, si l'existence du délit est en même
temps reconnue, la culpabilité de son associé. Car la responsabilité du complice, subordonnée, il est vrai, à la criminalité abstraite du fait principal, est néanmoins entièrement indépendante de la culpabilité de l'auteur (1).

En matière de délits correctionnels, les règles relatives
à la constatation du fait principal doivent être les mêmes.
Cependant le tribunal n'étant plus, comme le jury, obligé
de répondre par oui ou par non à une question complexe
comprenant à la fois la matérialité et l'imputabilité du
fait, il y a lieu ici de rechercher avec soin si l'acquittement
est motivé sur la bonne foi du complice, ou sur la non-existence du délit. Dans ce dernier cas, en effet, une condamnation ne pourrait, sans contradiction, être prononcée contre le complice auxiliaire.

Ainsi donc l'existence d'une infraction principale qualifiée crime ou délit est, en principe, la seule condition exigée pour que les faits déterminés par l'article 60 puissent

(1) Cass., 26 août 1837 ; 27 juin 1846 ; 3 et 17 sept. 1863 ; 14 janvier
1864 ; 12 mai 1877, etc.

tomber sous le coup des lois répressives : peu importe le sort de l'agent principal, dès que l'acte incriminé est reconnu constant et délictueux, la responsabilité du complice est nécessairement engagée. Lors donc que, par suite d'une excuse absolutoire, l'auteur de l'infraction se trouve à l'abri de toute répression, il ne peut être question d'étendre au complice le bénéfice de cette immunité, s'il n'est pas aussi lui-même dans les conditions prescrites par la loi pour en jouir. Les excuses absolutoires, en effet, à la différence des causes de justification, laissent subsister le délit, et ne consistent qu'en une simple exemption de peine en faveur du délinquant au profit de qui elles sont reconnues exister. Elles doivent donc être sans influence aucune sur la situation des autres participants.

On peut citer comme exemple de cas où il y a lieu à application de ce principe, celui où il arrive que l'un des complices ou auteurs du crime de complot contre la sûreté de l'état, de fausse-monnaie ou de contrefaçon des sceaux de l'Etat, bénéficie de l'exemption de peine prononcée par les articles 108, 138 et 144, en faveur du révélateur de ce crime ; — ou bien encore l'hypothèse où l'un des individus faisant partie d'une bande séditieuse (sans y exercer aucune fonction) se retire au premier avertissement ou se laisse saisir sans résistance hors du lieu de la réunion (art. 100, 213) ; — ou bien enfin le cas où l'auteur du délit de recel de malfaiteur, prévu par l'article 248, est parent ou allié de la personne reçue, tandis que ses complices sont des étrangers.

§ 4.

Cette règle que l'excuse absolutoire ne doit profiter qu'au participant dont la qualité motive l'indulgence de la loi,

reçoit cependant plusieurs exceptions. Les plus intéressantes sont celles formulées à propos du vol entre parents
et du crime de rapt. Nous allons entrer dans quelques détails au sujet de chacune d'elles.

Le premier alinéa de l'article 380 est ainsi conçu : « Les
soustractions commises par des maris au préjudice de
leurs femmes, par des femmes au préjudice de leurs maris, par un veuf ou une veuve, quant aux choses qui
avaient appartenu à l'époux décédé, par des enfants ou
autres descendants au préjudice de leurs père ou mère, ou
autres ascendants, par des pères et mères ou autres ascendants au préjudice de leurs enfants ou autres descendants,
ou par des alliés aux mêmes degrés, ne pourront donner
lieu qu'à des réparations civiles. »

La nature de cette exception aux règles du vol ne nous
paraît pas douteuse. Le législateur a entendu créer ici une
excuse absolutoire, présentant toutefois ce çaractère particulier de profiter non seulement à l'auteur dont la qualité motive l'indulgence de la loi, mais aussi à tous ses
complices (autres que les recéleurs). Cette interprétation
est repoussée par MM. Chauveau et Hélie. Pour eux, l'impunité accordée dans notre hypothèse à l'auteur du vol est
basée sur l'absence même de tout délit : « L'article 380, disent-ils, ne se borne pas à affranchir les personnes qu'il
énumère des poursuites criminelles ; il efface le délit lui-
même... Entre époux, entre ascendants et descendants, les
limites de la propriété, nettement tracées aux yeux de la
loi, ne sont pas, en fait, posées avec la même netteté. Il
existe donc, nous ne dirons pas une copropriété, mais une
sorte de droit à la propriété les uns des autres, qui, bien
qu'il ne soit pas ouvert, exerce une influence évidente sur
le caractère de la soustraction. »

La Cour de cassation nous paraît avoir fait une plus juste

appréciation du texte, en décidant au contraire que l'article 380 n'enlève nullement au fait principal le caractère de vol ; mais se contente de supprimer la peine, sans effacer le délit (1). Les raisons sur lesquelles se fonde une semblable exception suffisent en effet pour en déterminer la portée. Or, nous lisons dans l'exposé des motifs par M. Faure : « Les rapports entre ces personnes sont trop intimes... pour que le ministère public puisse provoquer des peines dont l'effet ne se bornerait pas à répandre la consternation parmi tous les membres de la famille, mais qui pourraient encore être une source éternelle de divisions et de haines. » Le rapport de M. Louvet au Corps législatif exprime une idée analogue : « La morale, je dirai plus, la pudeur publique aurait trop à souffrir si ces soustractions domestiques pouvaient devenir l'objet d'une procédure criminelle et montrer à un auditoire étonné l'époux accusateur de son épouse (2). » Le délit existe donc bien aux yeux du législateur, ce n'est que dans l'intérêt de la paix de la famille, et, en quelque sorte, de la moralité publique, que l'action criminelle est refusée. Il y a loin de cette idée à celle d'un « droit à la propriété les uns des autres ». L'existence même de l'article en est d'ailleurs la négation ; car si, par suite de cette espèce de *codominium*, la soustraction n'est pas un vol, l'article 380 est inutile. Il a eu pour objet, nous répondra-t-on, non pas d'exclure l'action criminelle, mais de réserver la réparation civile. Mais cette réponse se transforme en argument en faveur de notre opinion, car s'il y a seulement soustraction de la propre chose du coupable, il ne peut être question d'aucune réparation à exiger.

(1) La Cour de cassation a fait application de cette idée, notamment dans le cas où le vol est une circonstance aggravante du meurtre (21 déc. 1837 ; 11 mars 1880.).
(2) Locré, t. XXXI, p. 141 et 171.

L'objection tirée par MM. Chauveau et Hélie de ce que, dans ce premier alinéa, les auteurs du Code ont eu soin de substituer au mot *vol* l'expression *soustraction*, ne peut nous arrêter ; car, d'une part, rien dans les travaux prépa- ratoires ne nous démontre que l'emploi du mot soustrac- tion ait été fait avec cette intention, et d'autre part, le se- cond alinéa semble bien contredire une telle assertion, en désignant sous le nom d'*objets volés*, les choses ainsi en- levées.

Quant au droit romain, dans lequel les mêmes auteurs prétendent trouver l'origine de leur système, il nous sem- ble tout au contraire favorable à l'opinion que nous défen- dons Sans doute, la loi 16 *de furtis* dit que : *ne cum filio- familias pater agere possit, non constitutio juris, sed natura rei impedemento est ;* mais cet empêchement tiré de la na- ture même des choses n'est certes pas l'absence de délit ; il provient uniquement de la règle générale qui, à Rome interdisait, toute action entre le *paterfamilias* et les per- sonnes soumises à sa *potestas*. Il suffit de lire la fin de la loi 16, pour s'en convaincre : *non magis cum his quos in po- testate habemus, quam nobiscum ipsi agere possumus.* Les Institutes, dans un passage rapporté dans la première par- tie de cette étude, disent d'ailleurs formellement, en par- lant du fils : *furtum quidem facit, sed furti actio non nasci- tur* (1). Cette dernière formule nous paraît être aussi l'ex- pression exacte de l'esprit de l'article 380. Il y a vol, mais un intérêt d'ordre public s'oppose à l'admission des pour- suites.

La nature de l'exception portée par le premier alinéa de l'article nous étant connue, il nous est plus facile de déter-

---

(1) Et la preuve qu'il y avait bien vol en ce cas, c'est que l'*actio furti* était donnée contre les complices (l. 36, § 1, *de furtis*).

miner la portée de la disposition du second paragraphe :
« A l'égard de tous autres individus qui auraient recélé
ou appliqué à leur profit tout ou partie des objets volés,
ils seront punis comme coupables de vol. » Que devons-
nous entendre par ces derniers mots : « Seront punis comme coupables de vol? » Pour certains interprètes, l'individu qui a recelé ou appliqué à son profit la chose soustraite
par une des personnes énumérées plus haut, est puni non
pas en qualité de complice de vol, mais comme auteur principal d'un délit spécial. C'est la conséquence naturelle de
la théorie de MM. Chauveau et Hélie ; car les principes
élémentaires s'opposent à l'existence de la complicité, là
où un délit principal fait défaut. N'est-ce pas d'ailleurs,
ajoute-t-on, ce qu'entend signifier le texte, lorsqu'il emploie les expressions : « Seront punis comme *coupables de
vol ?* »

Cette interprétation judaïque des termes de la loi nous
paraît en contradiction avec son esprit. Nous avons cherché, tout à l'heure, à établir que l'article 380 n'a pas pour
but, en quelque sorte, d'amnistier le fait, mais le laisse subsister avec toute sa criminalité, en en paralysant toutefois les
effets par rapport à certaines personnes. Sans doute, nous
sommes obligé d'admettre que les complices autres que le
recéleur ne pourront pas être poursuivis en ce cas ; mais
la raison qui nous décide n'est nullement l'absence de délit principal ; l'*a contrario* évident qui ressort des termes
de l'article 380, second alinéa, nous détermine seul à renoncer ici à l'application des principes généraux (1). *Nam, ut
exceptio firmat regulam in casibus non exceptis, ita enume-
ratio infirmat eam in casibus non enumeratis.*

La disposition du second paragraphe de l'article 380 est

---

(1) Cass., 15 avr. 1825 ; 1ᵉʳ octobre 1840.

donc pour nous non pas une disposition exceptionnelle, mais un retour pur et simple aux règles du droit commun. La loi, par des motifs de prudence et de discrétion, arrête l'action publique non seulement contre les auteurs du vol ; mais encore contre leurs complices. Permettre de faire, à l'égard de ces derniers, la preuve de faits dont la reconnaissance par les tribunaux criminels portera atteinte à l'honneur de la famille eût été rendre illusoires les précautions prises dans l'intérêt de celle-ci. Une limite a paru toutefois nécessaire au législateur : il a cru devoir préférer aux intérêts de certaines personnes, les droits de la société, dans les cas où des étrangers ont recelé ou appliqué à leur profit le produit du vol : l'action publique peut alors être intentée contre eux.

Les travaux préparatoires nous fournissent un argument à l'appui de cette interprétation : l'exposé des motifs s'exprime en ces termes : « Comme une telle exception doit être renfermée dans le cercle auquel elle appartient, il en résulte que toute autre personne qui aurait recélé ou appliqué à son profit des objets provenant d'un vol dont le principal auteur serait compris dans l'exception, subirait la même peine *que si elle eût commis le vol.* » C'est donc bien comme complice, et non comme auteur du délit, que le recéleur doit être puni.

Les conséquences pratiques de cette interprétation du texte sont faciles à saisir. Le recéleur étant non pas auteur principal d'un délit *sui generis*, mais simple complice d'une infraction qui, malgré l'impunité de l'agent, n'en subsiste pas moins avec tous ses caractères, ce sont les peines qu'eût encourues ce dernier, qui devront être portées contre le recéleur (car telle est, nous le verrons bientôt la conséquence du principe de l'assimilation). Le vol a-t-il donc été commis par le parent ou l'époux, avec les circonstances aggravantes d'effraction, de violence, etc., le détenteur étranger sera responsable non d'un vol simple, mais d'un vol avec effraction ou violence (1).

Le second alinéa de l'article 380 ne permet pas, avons-nous dit, de poursuivre les complices autres que le recéleur. On conteste, il est vrai, parfois cette extension de l'immunité de l'auteur au complice. Si le second paragraphe de l'article 380 ne parle que du recéleur, c'est, dit-on, parce que cette hypothèse est celle qui se présentera le plus fréquemment ; on ne peut donc tirer de ce texte un argument *a contrario*, surtout si l'on remarque que cet argument aurait pour résultat d'amener à la constatation d'une dérogation au droit commun. Ce que le législateur a d'ailleurs voulu assurer au parent coupable, ce n'est pas l'impunité, car l'action en dommages-intérêts subsiste encore, mais seulement le silence. Aucune raison n'existe par conséquent pour faire profiter le simple complice d'une excuse absolutoire personnelle à l'auteur. Malgré toute la valeur de ces considérations, nous croyons que les termes restrictifs de l'article 380 *in fine* ne peuvent se plier à une telle interprétation, dont le résultat serait d'ailleurs de nous obliger à reconnaître l'inutilité de cette disposition, qui ne ferait ainsi que sanctionner les principes généraux.

Nous n'avons point à examiner, pour le moment, le point de savoir si le *coauteur* de ce vol doit jouir de la même faveur que les complices ; mais nous devons nous demander si, en supposant une solution négative à cette question, les complices partageront encore l'exemption de peine accordée à l'un des auteurs. Il nous serait impossible, sans nous contredire, d'hésiter ici à admettre la validité des poursuites contre les complices. Des considérations de

(1) Cass., 8 oct. 1818.

convenances sociales ont seules, d'après notre système, décidé le législateur à interdire l'action criminelle contre les agents auxiliaires du vol. On les exempte de toute poursuite, afin d'éviter que la preuve du fait commis par le parent puisse avoir lieu. Or, dans notre hypothèse actuelle, ce motif n'existe plus ; car la démonstration de la culpabilité de l'auteur non parent peut être faite ; et cela suffit pour que la complicité devienne punissable. On doit donc en revenir au droit commun, c'est-à-dire à la punition de tous ceux qui, par l'un des faits énumérés dans l'article 60, se sont associés à la perpétration d'un crime ou délit. Seul le parent coauteur restera protégé par la disposition de l'article 380 (1).

Le même motif nous décidera à donner une solution analogue dans l'hypothèse inverse. Si la femme, par exemple, est non plus auteur, mais complice d'un vol commis par un tiers au préjudice de son mari, elle bénéficiera encore de la disposition de l'article 380 ; car la volonté du législateur est qu'aucune poursuite criminelle pour vol ne puisse venir troubler la concorde de la famille (2). L'auteur, au contraire devra être condamné, car la preuve des faits peut parfaitement être administrée contre lui, sans que la culpabilité du complice en résulte necessairement.

Une seconde dérogation au principe que l'excuse absolutoire ne peut jamais profiter qu'à celui dont la qualité motive une exemption de peine doit être reconnue, avons-nous dit, en cas de *rapt*. L'article 357 du Code pénal déclare que le mariage du ravisseur avec la fille enlevée arrête à son égard l'action publique. En est-il de même à l'égard du complice ? On l'a nié, en se fondant sur le principe que

(1) Cass., 12 avr. 1844 ; 25 mars 1845 (*ch. réun.*).
(2) Cass., 6 oct. 1853.

Salmon.   11

l'excuse accordée à l'auteur d'un délit ne peut jamais être étendue à son complice; tant que le fait matériel principal ne cesse pas de subsister, dit-on, le complice peut être poursuivi nonobstant l'acquittement ou l'absolution de l'auteur. L'esprit de la loi ne permet pas, croyons-nous, de faire ici application de cette règle. En subordonnant, dans notre hypothèse, la répression du crime à l'intérêt de la stabilité et de l'union de la famille, elle a entendu décider qu'aucune poursuite ne pourrait jamais venir y jeter le trouble en dévoilant le scandale de l'enlèvement.«L'exception de l'article 377, dit fort bien la Cour de cassation, n'est point une excuse personnelle au ravisseur : c'est le mariage même contracté à la suite du rapt que la loi a voulu protéger, puisqu'elle ne permet l'exercice de l'action criminelle qu'après que la nullité du mariage a été prononcée. Cette disposition s'applique donc non seulement à l'auteur principal, mais aux complices de l'enlèvement, puisque toute poursuite relative au fait qui a précédé le mariage aurait pour résultat nécessaire de porter le trouble dans la famille (1). »

Il convient de rapprocher de cette théorie celle relative à la complicité d'excitation habituelle de mineur à la débauche. Une controverse s'élève, en effet, sur le point de savoir si la complicité de cette infraction est toujours punissable.

L'article 334 est ainsi conçu : « Quiconque aura attenté aux mœurs, en excitant, favorisant ou facilitant habituellement la débauche et la corruption de la jeunesse de l'un ou de l'autre sexe au-dessous de l'âge de vingt et un ans, sera puni d'un emprisonnement de six mois à deux ans, et d'une amende de cinquante francs à cinq cents francs. »

(1) Cass., 2 oct. 1852. — *Contra*, C. d'ass. de la Seine, 26 mars 1834.

Après bien des hésitations, la Cour de cassation a, par plusieurs arrêts des chambres réunies, reconnu que cet article ne s'applique pas à la séduction personnelle, et n'atteint que les personnes qui favorisent la débauche des mineurs, pour servir les passions d'autrui (1). On ne peut dire, en effet, que ce soit *exciter*, *favoriser* ou *faciliter* la débauche, que de commettre soi-même des actes de ce genre. Le mot *habituellement*, employé par l'article, indique bien, d'ailleurs, que le fait incriminé est le trafic habituel de la corruption, le proxénétisme.

Ce premier point étant considéré comme indiscutable, on s'est demandé si l'individu auquel un proxénète a livré des mineures, peut être considéré comme complice du délit de celui-ci. La loi, disent les partisans de la négative, n'a pas voulu punir le séducteur, à raison du fait même de la séduction; il y aurait donc contradiction à le frapper comme complice de l'agent qu'il a employé pour le consommer. On doit reconnaître en sa faveur l'existence d'une véritable excuse absolutoire, excuse que l'on ne saurait d'ailleurs étendre à tout autre complice du même délit, au tiers, par exemple, qui a fourni le lieu où ont été commis les actes incriminés.

Ce système n'est point, croyons-nous, celui de la loi ; car elle ne formule point ici d'exception au principe général que tout complice d'un délit doit être puni. « L'article 334 n'exclut aucunement la complicité du corrupteur qui, par dons ou promesses, a provoqué, pour satisfaire son libertinage, l'intervention du proxénétisme. L'incrimination résultant de la compicité est une règle générale qui s'applique à tous les délits, lorsqu'elle n'est pas exclue par une disposition formelle qui, au cas particulier, n'existe

(1) Cass., 18 juin 1840 ; 19 mai 1841 ; 1er mai 1854, etc.

pas (1). » La loi n'accorde donc l'impunité qu'à celui qui a commis des faits de séduction personnelle, et non à celui dont les actes ont revêtu un caractère particulièrement grave, par suite de l'intervention d'un tiers.

Il y a en ce cas complicité véritable de la part du séducteur. Mais, remarquons-le, pour qu'elle existe ici, il faut que la participation aux actes du proxénète ait été habituelle; car l'habitude est un des éléments du délit principal, et il n'y a pas de complicité, si l'agent auxiliaire ne s'est pas associé à tous les actes élémentaires du délit. Il n'est point, cependant, nécessaire que la provocation par dons ou promesses ait été habituelle; car l'article 60 n'exige nullement, pour constituer la complicité par provocation, la réitération, que l'article 334 déclare nécessaire pour caractériser le délit d'excitation à la débauche (2).

Le délit d'usure fournit, quant à la complicité, matière aux mêmes controverses que le délit d'excitation à la débauche. En effet, du silence des lois du 3 septembre 1807 et du 15 juin 1850, sur ce point, certains interprètes ont voulu conclure que cette infraction ne peut admettre de participation accessoire coupable. Cette déduction nous paraît contraire aux principes; car, suivant l'expression fort juste de la Cour de cassation, lorsqu'aucune dérogation n'est apportée aux dispositions du Code pénal sur la complicité, « il est de droit naturel et public que le complice du crime ou délit, s'il est coupable, doit être puni (3) ». Il faut, d'ailleurs évidemment, que l'habitude, élément essentiel du délit d'usure, existe aussi bien chez les complices que chez l'auteur; à moins, cependant, qu'il

---

(1) 10 nov. 1860 ; 13 févr. 1863, etc.
(2) Cass., 10 nov. 1860 ; 29 avril 1842.
(3) Cas., 14 oct. 1826 ; 14 déc. 1838 ; 10 janvier 1845.

n'y ait entre eux une association véritable, pour faire valoir leurs capitaux à l'aide d'opérations usuraires. Dans ce cas, il n'y aurait point à rechercher si les deux associés ont participé personnellement à chacun des prêts constituant le délit d'habitude (1).

§ 5.

Passons, maintenant, à un autre ordre d'exceptions au principe que, dès qu'un délit principal existe, tout acte de complicité s'y rattachant peut être puni, quel que soit d'ailleurs le sort de l'auteur de l'infraction. Le Code pénal et quelques lois spéciales exigent, pour la poursuite de certaines infractions, qu'une plainte ait été déposée par la partie lésée ; cette dénonciation, seule peut, dans ces cas, donner ouverture à l'action publique. Ni l'auteur, ni le complice ne sauraient, par conséquent, être poursuivis, tant qu'elle ne s'est pas produite.

Il en est ainsi, notamment, en cas de rapt d'une fille mineure, que le ravisseur a épousée ; aucune poursuite ne peut être intentée que sur la plainte des personnes qui, d'après le Code civil, ont le droit de demander la nullité du mariage, et après que cette nullité aura été prononcée (art. 357, C. p.). — En cas de délit correctionnel commis en pays étranger contre un particulier, une plainte de la partie lésée ou une dénonciation officielle de l'autorité étrangère est alors nécessaire pour que les poursuites puissent être exercées (nouv. art. 5, C. d'instr. crimin.). — En cas de chasse sur le terrain d'autrui, pourvu que le délit n'ait pas été commis dans un terrain clos et attenant à une habitation,

(1) Cass., 17 mai 1851.

ou sur des terres non encore dépouillées de leurs fruits, circonstances qui donneraient directement ouverture à l'action publique (loi du 3 mai 1844, art. 26).— En matière de brevets d'invention (loi du 5 juillet 1844). — En cas de diffamation ou d'injures contre un simple particulier (loi du 26 mai 1819, art. 15) (1).

Le délit d'adultère, enfin, fournit un dernier exemple de cas où une plainte de la partie lésée est nécessaire pour que l'action publique puisse être mise en mouvement. Certaines règles spéciales ont été établies par le code, relativement à cette infraction. Nous devons, à raison des délicates questions que peut en soulever l'application, entrer ici dans quelques développements (2).

(1) Si le délit a été commis envers les Chambres ou l'une d'elles, les cours, tribunaux ou autres corps constitués, la poursuite a lieu d'office. S'il a été commis envers un dépositaire ou agent de l'autorité publique, l'action est intentée soit d'office, soit sur la plainte de la partie lésée ; si enfin il a été commis envers le chef d'un gouvernement étranger, la poursuite est exercée soit sur sa requête, soit d'office sur sa demande adressée au Ministre des affaires étrangères (loi du 29 déc. 1875, article 6).

(2) On peut rapprocher des espèces que nous venons de citer deux hypothèses spéciales, où l'exercice de l'action publique se trouve subordonné à la nécessité d'une autorisation préalable. Le premier de ces cas est celui où il y a lieu d'exercer des poursuites contre un membre de l'une des deux Chambres pendant la session. Sauf en cas de flagrant délit, l'action ne peut être intentée qu'avec l'autorisation de la Chambre à laquelle appartient l'inculpé. Il y a là une garantie toute personnelle destinée à assurer l'indépendance du pouvoir politique et de ceux qui l'exercent. Le bénéfice d'une telle immunité ne saurait, par conséquent, être étendu au complice qui n'est pas lui-même membre de l'une des Chambres. En cas de refus d'autorisation de poursuites contre son coparticipant, on peut donc l'actionner isolément, si l'intérêt de la justice l'exige, par exemple, s'il est à craindre que les preuves ne viennent à dépérir avant la fin de la session. — La nécessité de l'autorisation du Conseil d'état, en cas de poursuites contre un fonctionnaire, était, avant le décret du 19 septembre 1870, une seconde cause de suspension de l'action publique. Mais à la différence de la précédente, elle

Occupons-nous d'abord de l'adultère de la femme : « L'adultère de la femme, dit l'article 336, ne pourra être dénoncé que par le mari. » Tant que celui-ci n'a pas porté plainte, aucune poursuite ne peut donc avoir lieu, à raison du délit d'adultère, ni contre la femme coupable, ni contre son complice. Le mari est établi ici seul juge de l'opportunité d'une action en justice dont le scandale va rejaillir sur lui et sur ses enfants, et ébranler les liens de la famille. Ce droit de *veto*, souvenir de l'ancienne règle, *maritus genitalis thori solus vindex* se comprend parfaitement. Mais, de même que toute règle exceptionnelle, il doit être strictement restreint dans les limites où le législateur l'a accordé. C'est ainsi que l'on doit décider que la simple dénonciation du fait par le mari suffit pour que la justice ait son libre cours, et pour que le ministère public puisse poursuivre le délit, sans qu'il soit besoin, d'ailleurs, que le mari figure comme partie au procès. Car, comme le remarque fort judicieusement Merlin, « la loi ne dit pas que le mari soit seul recevable à poursuivre comme partie l'adultère de la femme ; elle veut qu'il soit seul admis à le *dénoncer*, et qu'entend-elle par là ? qu'à la vérité, le principe de l'action à laquelle donne lieu l'adultère de la femme réside exclusivement dans la personne du mari, et que ce n'est que de lui qu'elle peut émaner, mais qu'il n'est pas nécessaire qu'elle soit exercée par lui (1). » La conséquence est donc que, dès lors que le mari a dénoncé l'adultère de sa femme, le ministère public a le droit de recher-

devait, croyons-nous, produire son effet à l'égard de tous les complices indistinctement ; car la raison d'être de cette immunité était la protection, non pas de la personne de l'agent, mais de l'administration elle-même et de ses actes (le fonctionnaire ne jouissant de cette immunité que relativement aux actes commis dans 'exercice de ses fonctions).

(1) *Quest. de droit*, V° adultère, § 4.

cher et de poursuivre le complice, quoiqu'il ne soit pas désigné dans la plainte. Cette solution est, il est vrai, contestée : « L'adultère, dit M. Carnot, n'est qu'un délit relatif, et comme il serait loisible au mari de ne pas même rendre plainte contre sa femme, il peut, à plus forte raison, ne la faire porter que contre elle. » Ce système est en contradiction évidente avec l'esprit de la loi, qui n'a entendu donner au mari que le droit d'empêcher des poursuites funestes pour la paix de la famille, sans l'investir pour cela de l'action publique.

Ajoutons cependant que, même après le dépôt de sa plainte, cette action dépend encore de lui, en ce qu'il reste maître d'en suspendre le cours par son désistement. Ce désistement fait naître, en effet, la présomption légale que l'adultère n'a pas été commis ; toute culpabilité disparaît donc aussi bien chez le prétendu complice que chez la femme ; car une condamnation intervenant contre le premier serait nécessairement aussi une condamnation implicite de la femme, dont l'innocence est incontestable aux yeux de la loi. L'article 4 du Code d'instruction criminelle décide, à la vérité, que la renonciation à l'action civile ne peut arrêter l'exercice de l'action publique ; mais il ne peut être question de l'appliquer ici, car il ne dispose qu'à l'égard des délits proprement dits, et l'adultère n'en prend le caractère que par la dénonciation de la partie offensée, dénonciation essentiellement distincte, d'ailleurs, comme nous venons de le reconnaître, de l'action civile.

Outre ce droit de *veto*, le mari a encore, à l'égard de sa femme, un droit de *grâce*. Il peut, en consentant à la reprendre, arrêter l'effet de la condamnation prononcée contre elle (art. 337). Ce pardon doit évidemment être sans profit pour le complice, car le mari ne peut avoir aucun intérêt à ce que celui-ci échappe à la peine régulièrement prononcée contre lui. Il est un cas, toutefois, où il en serait autrement. La grâce, intervenue postérieurement à l'appel interjeté par les deux condamnés, devrait profiter aussi bien au complice qu'à la femme. Car l'appel remettant tout en question, le jugement de première instance est considéré comme non avenu, et le mari recouvre le droit de désistement qui lui permet d'arrêter, quand il le veut, une discussion compromettante pour son honneur.

Mais que décider si l'appel est interjeté par le complice seul ? Le jugement de police correctionnelle a force de chose jugée à l'égard de la femme ; le sort du complice est donc devenu indépendant ; il ne peut plus invoquer aucune indivisibilité entre les deux causes, pour profiter du bénéfice que l'article 337 n'accorde, en principe, qu'à la femme. Le mari va, il est vrai, se trouver ainsi exposé à un nouveau scandale ; mais en formulant sa plainte, dès le début, n'a-t-il pas, le premier, consenti à tout ce qui pouvait en être la suite ? Un moyen lui restait encore, d'ailleurs, pour échapper à ces nouveaux débats, s'il en avait redouté la publicité ; il n'avait qu'à attendre, pour exercer son droit de grâce, que sa femme eût interjeté appel. Le pardon eût été alors une preuve de l'innocence de la femme, et, par suite, de son prétendu complice (1).

Il nous reste à examiner une dernière question, relativement à l'adultère. Nous venons de voir quelle situation doit être faite au complice de la femme coupable ; mais nous n'avons encore rien dit de la concubine du mari adultère. Doit-on, en présence du silence de la loi, la déclarer exempte de toute peine ? Plusieurs auteurs le soutiennent. La loi, disent-ils, a donné un caractère exception-

(1) Cass., 17 août 1827 ; 17 janv. 1829 ; 29 avr. 1854 ; 8 août 1867. Nimes, 27 nov. 1879, D. P., 80, 2, 134.

nel au délit d'adultère, il est soumis à des principes spéciaux auxquels on doit toujours se tenir strictement ; l'article 338, ne frappant que le complice de la femme, on ne
peut étendre cette disposition. La jurisprudence s'est,
avec raison, prononcée dans un sens différent. Les articles
59 et 60 s'appliquent à tous les délits non exceptés par un
texte formel ; les modifications apportées au droit commun, quant à l'adultère de la femme, ne concernent donc
point le délit du mari ; car ces deux infractions ne sont
point identiques ; elles diffèrent entre elles, tant par leurs
circonstances constitutives que par la pénalité qui leur est
applicable. On ne peut, par conséquent, argumenter,
quant à la seconde, des règles établies pour la première (1).

C'est encore pour le même motif que nous déciderons
qu'il ne peut être question de droit de grâce à attribuer à
la femme dont le mari a été condamné pour adultère.
L'article 339 ne l'a investie que du pouvoir d'empêcher
l'exercice de l'action publique, en s'abstenant de dénoncer
son mari. Nulle difficulté sur ce point.

Mais la question se complique singulièrement, lorsqu'il
arrive que la concubine du mari adultère est elle-même
une femme mariée. Son mari s'abstient de toute dénonciation, il s'oppose même aux poursuites ; quel est alors le
sort de la plainte déposée par la femme de son complice ?
D'une part, on ne peut nier qu'elle ait le droit de poursuivre à la fois les deux coupables, puisqu'elle est lésée par
un délit auquel ils ont tous deux participé ; elle peut même
répondre au mari qui s'oppose à la poursuite de sa femme,
qu'il ne s'agit pas d'infliger à celle-ci les peines de l'adultère portées par l'article 337, mais la peine moindre de la
complicité du délit d'entretien d'une concubine au domi-

(1) Cass., 16 nov. 1855.

cile conjugal (art. 339). D'un autre côté, cependant, le mari de la concubine ne peut-il pas répondre que l'on ne saurait concevoir une condamnation pour concubinage avec une femme mariée, sans adultère de la part de celle-ci, et que ce fait ne peut être juridiquement constaté sans l'agrément du mari?

La solution, dans l'un comme dans l'autre sens, doit donc faire fléchir un droit. Ce sera, croyons-nous, celui du mari de la concubine. Car, ainsi que le disent les partisans du premier système, la poursuite a pour objet d'arriver à la répression non pas du délit que cette femme a commis vis-à-vis de son mari, mais bien du délit différent dont elle s'est rendue complice à l'égard de la femme de l'autre coupable. Or, l'article 339 ne subordonne la poursuite à exercer contre le mari, qu'à la plainte de l'épouse outragée ; sa concubine doit donc être placée sous le coup des principes généraux de la complicité, aucun texte spécial n'en écartant l'application par rapport au délit de l'article 339. N'est-ce pas une solution analogue que l'on donnerait certainement dans le cas où le délit d'adultère de la femme constituerait en même temps un autre délit, celui, par exemple, d'outrage public à la pudeur? Le *veto* du mari n'aurait certes point dans cette hypothèse le pouvoir d'arrêter l'action publique. Or, notre espèce est identique, le délit à poursuivre n'est pas celui de l'article 336 ; nul motif n'existe donc pour donner une solution différente. Le droit d'empêcher les poursuites, accordé au mari, doit être limité au cas où c'est lui seul qui souffre de l'inconduite de sa femme.

A quels résultats aboutirait d'ailleurs le système opposé? La concubine échapperait, il est vrai, à tout châtiment ; mais quel en serait le profit? L'intérêt de son mari et de ses enfants en faveur de qui, *seuls*, la loi lui accorde dans certains cas le silence et l'impunité, ne saurait être invoqué ici, car la preuve du délit d'entretien d'une concubine dans le domicile conjugal ne pourra être faite contre le mari coupable, sans que la constatation de la faute de sa complice en soit le résultat. On voit dès lors les conséquences étranges de la théorie que nous combattons : d'une part le déshonneur de la femme infidèle serait rendu public, tandis que, d'autre part, aucun châtiment ne pourrait la frapper, à raison même de la circonstance aggravante qui rend plus scandaleuse encore sa conduite coupable. Un tel système est trop contraire à l'esprit de la loi, pour pouvoir être admis (1).

<hr>

CHAPITRE II.

PEINES APPLICABLES.

Les faits de participation secondaire à une infraction, que la loi a considérés comme constitutifs de la complicité punissable nous sont connus ; nous avons constaté que, outre les éléments essentiels spéciaux à chacun de ces faits, deux conditions générales sont seules exigées : la *scientia* de la part de l'agent secondaire et l'existence d'un fait principal délictueux auquel se rattachent les actes de complicité. Il importe maintenant de nous demander quelle peine devra être infligée à ceux qui se sont ainsi rendus coupables de complicité.

L'étude théorique des principes rationnels du droit pénal nous a déjà appris quelles devraient être les bases du sys-

(8) Cass., 28 févr. 1868; Limoges, 1er déc. 1859; Amiens, 26 mars 1863 ; Paris, 20 déc. 1873. — *Journ. du dr. crim.*, 1868, p. 97.

tème répressif de la complicité. L'examen des textes de la
loi positive va nous montrer que le législateur français a
consacré une théorie différente. Séduit par la simplicité et
l'apparente justice du principe de l'assimilation, il décide,
dans l'article 59, que : « Les complices d'un crime ou d'un
délit seront punis de la même peine que les auteurs mêmes
de ce crime ou de ce délit, sauf les cas où la loi en aurait
disposé autrement. »

§ I.

Pour qui s'attacherait servilement au sens littéral de ces
expressions, la règle posée par l'article signifierait que le
complice d'un crime ou d'un délit doit toujours être traité
de la même façon que l'auteur même de l'infraction ; que la
peine portée contre lui doit être identiquement celle qui est
prononcée contre ce dernier. Le juge, pour l'application de
la pénalité au complice ne pourrait donc tenir aucun compte
de sa culpabilité individuelle, et devrait se contenter de
mesurer son châtiment sur celui de l'auteur principal.
Tous les commentateurs et la jurisprudence sont d'accord
pour rejeter une telle interprétation. En prescrivant *les
mêmes peines* pour les auteurs et les complices, le législateur a certainement entendu ici *le même genre de peines,
la même peine de droit,* et non pas des peines afflictives de
la même durée, des amendes égales. C'est cette idée qu'exprimait parfaitement le rapport de M. Riboud au Corps
législatif : « Les peines peuvent varier par l'effet de la latitude accordée aux juges dans l'application de celles de
même espèce ; ainsi lorsque l'auteur encourt le *maximum*
des travaux forcés à temps, le complice peut n'être condamné qu'au *minimum* (1). »

(1) § 9. Locré, t. XXIX, p. 276.

La formule dont aurait dû se servir le législateur de 1810, pour éviter toute controverse, est donc celle employée par le Code de 1791 : le complice « sera puni de la même peine prononcée *par la loi* contre les auteurs dudit crime » (1).

La faculté accordée au juge de faire varier la peine entre le *maximum* et le *minimum* est, nous venons de l'indiquer, une première cause qui fait que l'apparente identité de peines édictée par le code n'existera le plus souvent pas, dans la pratique. La loi de revision du 28 avril 1832 est encore venue sensiblement modifier le principe de l'article 59. Depuis cette loi, en effet, des circonstances atténuantes peuvent être reconnues en faveur de tout accusé de crime et de la plupart des prévenus de délit. Or, il peut arriver et il arrive souvent que le jury ou le tribunal correctionnel appelé à se prononcer sur la moralité des différents participants de l'infraction reconnaisse en faveur de l'un d'eux l'existence de circonstances atténuantes, tout en refusant aux autres ce bénéfice. La peine devra dès lors être abaissée, en faveur du premier d'un, et peut-être même de deux degrés. Les différences les plus grandes dans l'application du châtiment aux différents auteurs ou complices d'une même infraction, peuvent donc se présenter dans la pratique. Un individu que l'application stricte de l'article 59 aurait eu pour résultat de faire condamner aux travaux forcés pourra, grâce aux circonstances atténuantes admises en sa faveur par le jury, voir réduire la peine à

(1) Remarquons, toutefois, que sous l'empire de la législation de la Constituante, cette règle ne pouvait avoir la portée que nous lui attribuerions aujourd'hui ; car à cette époque, la durée de la peine qui devait être appliquée à chaque *crime* en particulier était fixe, de sorte que, « après la déclaration du jury la fonction du juge se bornait à l'application mécanique du texte de la loi. » La latitude de se mouvoir entre un *maximum* et un *minimum* n'était donnée au juge qu'en matière correctionnelle et de simple police.

un simple emprisonnement correctionnel de deux années. La rigueur des principes de l'article 59 est, on le voit, fort tempérée et par la faculté donnée aux magistrats de se mouvoir dans les limites du *maximum* et du *minimum,* et par le pouvoir qu'a le juge du fait de déclarer arbitrairement l'existence de circonstances atténuantes en faveur des accusés qu'il juge dignes de clémence.

La règle posée par l'article 59 signifie, avons-nous dit, que la peine prononcée contre le complice doit (à moins de circonstances atténuantes en sa faveur), être la même que celle édictée par la loi contre l'auteur principal. MM. Chauveau et Hélie ont proposé une interprétation différente de ce texte. L'article 59 doit, d'après eux, se traduire ainsi : le complice subit la peine qu'il aurait encourue, s'il avait été lui-même l'auteur. S'agit-il donc de déterminer la culpabilité du complice d'une infraction, on recherche quelle est celle qui lui eût été attribuée, si lui-même se fût rendu coupable du fait délictueux auquel il a seulement participé accessoirement. Des conséquences immédiates, dont nous aurons dans quelques instants à constater la haute importance, découlent de ce système. Les explications que nous aurons à fournir à ce sujet nous permettront, croyons-nous, de nous prononcer contre cette ingénieuse interprétation.

Mais nous pouvons dès maintenant remarquer combien elle s'écarte des termes mêmes de l'article ; comment, en effet, s'exprime ce texte ? Il ne dit nullement : le complice sera puni comme s'il était auteur ; mais : le complice sera puni de la même peine qu'un autre individu, l'auteur, qui se trouve à côté de lui. C'est donc la criminalité de l'acte de ce dernier que l'on doit examiner en premier lieu ; ce n'est qu'après avoir fixé ce premier point, qu'il est possible de déterminer la culpabilité du complice, qui est en quelque sorte la copie de celle de l'agent principal. La nature même des choses s'oppose d'ailleurs à toute autre façon de procéder. Nous avons eu, en effet, l'occasion de faire remarquer que les faits énumérés par l'article 60 comme constitutifs de complicité, n'ont par eux-mêmes rien d'illicite. Pour qu'ils puissent tomber sous le coup de la loi, une condition est indispensable : il faut qu'ils se rattachent à un acte principal punissable comme crime ou délit. C'est, par suite, à cet acte qu'ils vont emprunter leur criminalité ; dire qu'ils doivent être considérés isolément et abstraction faite de ce délit serait donc aller contre l'ordre naturel des faits. En se plaçant au point de vue subjectif, il est vrai, deux personnes sont responsables ; mais objectivement, il y a *unité de délit ;* il ne peut, par conséquent, se faire que le caractère de la même infraction soit différent vis-à-vis des divers participants.

§ 2.

Nous avons annoncé que les conséquences les plus graves doivent résulter de la solution admise dans cette controverse relative à la portée exacte des termes de l'article 59. C'est à propos de la théorie des circonstances aggravantes et de celle des excuses que se sont présentées les difficultés dont les explications précédemment fournies vont nous aider à découvrir la solution.

L'article 59, nous venons de le voir, prononce contre le complice les peines édictées par la loi contre l'auteur. Mais quelle est la portée de cette assimilation ? Le complice n'est, on le sait, punissable que s'il a eu connaissance du caractère délictueux des actes auxquels il a participé ; cette simple connaissance suffira-t-elle pour le rendre responsable des aggravations résultant soit des circonstances spéciales qui ont accompagné le crime et qu'il a complètement ignorées, soit de la qualité même de l'auteur principal ?

La question est traitée par les interprètes à ce double point de vue, c'est-à-dire, suivant que les circonstances aggravantes sont intrinsèques ou extrinsèques au crime ; suivant qu'elles sont inhérentes à l'acte lui-même, ou qu'elles sont le résultat de la qualité personnelle de l'auteur principal.

Et d'abord, occupons-nous des causes d'aggravation nées *ex re* c'est-à-dire dérivant du fait principal lui-même. Un individu consent à prêter son aide à un autre qu'il sait avoir l'intention de commettre un vol ; il convient, par exemple, de faire le guet pendant l'exécution du délit ; il ignore, il est vrai, l'intention qu'a son associé de pénétrer par effraction dans la maison, et d'user, s'il le faut, de violence ; il a même, si on le veut, posé comme condition à sa participation qu'aucun de ces moyens ne serait employé ; doit-on néanmoins lui faire subir l'aggravation de peine qui résultera, pour l'auteur, de ces circonstances ? Nous n'hésitons pas à répondre affirmativement. Que dit en effet l'article 59 ? Que tout complice d'un crime ou délit doit être puni de la même peine que l'auteur principal. La généralité de ces termes ne permet pas de formuler une exception pour le cas où la gravité du fait coupable dépasserait les prévisions de celui qui s'y est associé. Rien, d'ailleurs, ne démontre que le législateur ait entendu s'écarter ici de l'opinion des auteurs du projet, telle que nous la trouvons formulée dans les observations de M. Target : « Quand la peine serait portée à la plus haute rigueur par l'effet des circonstances aggravantes, il paraît juste que cet accroissement de sévérité frappe tous ceux qui, ayant pré-

Salmon.   12

paré, aidé ou favorisé le crime se sont soumis à toutes les chances des événements et ont consenti à toutes les suites de ce crime (1). » L'article 63 enfin confirme encore cette interprétation. Il déroge en effet, en faveur des complices par recélé, à la généralité du principe que nous soutenons. N'est-ce donc pas le cas d'appliquer la règle : *in casibus non exceptis, exceptio firmat vim legis?* La cour de cassation a, par de nombreux arrêts, sanctionné cette théorie (2).

Quelques criminalistes se sont élevés contre une règle aussi rigoureuse, et, il faut le reconnaître, aussi contraire à la justice. L'article 60 ne donne la qualification de complices qu'à ceux qui sciemment ont participé à l'infraction. Or, «est-ce avoir connaissance d'une action, dit M. de Molènes (3), que d'en ignorer les plus graves circonstances ? Est-ce agir avec connaissance, que de participer par une telle complicité à un crime, lorsqu'on a la ferme conviction qu'on ne participe qu'à un délit?... Quand il est déclaré que celui qui a fait le guet n'a point agi avec connaissance, son action n'est ni crime, ni délit... S'il en est ainsi du défaut de connaissance qui enlève toute culpabilité à l'action, il en doit être nécessairement de même du défaut de connaissance qui atténue la culpabilité. » Certes nous sommes loin de nier la valeur de ces observations dictées surtout par le désir de mettre notre législation d'accord avec la justice et la raison. Nous voudrions pouvoir nous rallier à cette doctrine ; mais la pensée évidente du législateur est trop opposée à une telle interprétation pour qu'il nous soit permis de l'adopter. La loi ayant posé en principe que l'on n'est complice que par la connaissance du caractère délictueux

(1) Observat. sur le proj. de C. crim., I, n° 21.
(2) Cass., 17 juil., 26 déc. 1812; 19 janv. 1838 ; 8 juin, 15 sept. 1843 ; 21 mars 1857 ; 22 févr. 1872, etc.
(3) *De l'humanité dans les lois crim.*, p. 507.

de l'action, il semble, il est vrai, fort étrange que l'on ne soit pas, par suite, tenu dans les limites de cette connaissance, que l'effet soit plus étendu que la cause. Aussi serait-on tenté de voir, dans la disposition de l'article 63, non une dérogation à un principe général, mais l'application au cas de recel d'une règle implicitement formulée par l'article 60. Mais alors, à quoi sert la disposition de l'article 63 ? Quelle peut être son utilité, en présence du principe que la gravité du délit, relativement au complice se mesure sur la connaissance qu'il a des circonstances qui en augmentent la criminalité ? Car, remarquons-le, de même que l'article 60 pour les autres cas de complicité, l'article 62 exige, pour le recel, que le complice ait agi *sciemment*. Pourquoi donc le législateur jugerait-il à propos de rappeler formellement, dans ce cas, un principe qu'il aurait trouvé inutile de formuler plus haut, en présence des termes identiques de l'article 60 ?

Le système que nous défendons n'a-t-il pas d'ailleurs été implicitement sanctionné par le législateur de 1832? La jurisprudence de la cour de cassation était déjà à cette époque fixée en ce sens, M. de Molènes avait présenté ses critiques contre cette rigoureuse application du principe de l'assimilation ; et cependant, la loi de révision du 28 avril 1832, qui a modifié les dispositions de l'article 63, n'en a conservé intact qu'un seul fragment, et c'est celui qui est le fondement même de notre théorie.

Le complice, en s'associant au crime, s'associe à toutes ses chances et donne en quelque sorte un blanc-seing à l'agent principal chargé de l'accomplir : telle est donc l'idée, erronée il est vrai, sur laquelle repose le principe de l'article 59. Il est permis de regretter une confusion aussi regrettable entre deux choses complètement différentes, l'association criminelle de la complicité et l'association civile et licite ; mais le texte même et l'esprit de la loi ne permettent aucun doute sur ce point.

Rappelons d'ailleurs qu'en pratique il existe dans la plupart des cas un double moyen de remédier à cette excessive rigueur de la loi. La latitude entre un *maximum* et un *minimum,* et les circonstances atténuantes sont deux tempéraments qui permettent ordinairement de rétablir la proportion entre la peine et le fait incriminé.

Envisageons maintenant la question à son second point de vue : supposons l'existence de circonstances aggravantes dérivant non plus du fait lui-même, c'est-à-dire du temps ou du lieu où le délit a été commis, ou des procédés employés, mais d'une qualité personnelle à l'auteur principal. Exerceront-elles toujours leur influence sur la part de responsabilité attribuée au complice? La peine prononcée contre celui-ci sera-t-elle encore la même que celle de l'auteur principal, dans le cas où ce dernier encourt un châtiment plus sévère, en raison de sa position de père, de fils, de tuteur, de fonctionnaire, etc. ? La cour de cassation se fondant toujours sur la généralité du principe d'identité des peines formulé par l'article 59, donne à la question la même solution que dans l'hypothèse précédente (1). MM. Chauveau et Hélie ont, dans leur traité de droit pénal combattu cette jurisprudence. Ces mots de l'article 59 : *la même peine que les auteurs,* ne doivent pas, disent-ils, être interprétés aussi strictement que le fait la cour suprême ; ce qu'a entendu signifier ici le législateur, c'est que le complice doit être puni *comme s'il était lui-même l'auteur du délit.* Lors donc qu'il s'agit de déterminer la peine à lui appliquer, il faut se borner à rechercher quelles ont été les

(1) 3 déc. 1812; 20 avr. 1827; 27 mars 1846; 16 juin 1855 ; 15 juin 1830 ; 23 nov. 1872, etc.

circonstances du fait, et quelle est sa situation propre, sans
qu'il y ait lieu de se préoccuper des qualités qui peuvent
se rencontrer chez d'autres participants, car elles lui sont
complètement étrangères.

Nous croyons avoir déjà répondu par avance à cette
argumentation, lorsque, recherchant la signification précise de la règle de l'article 59, nous avons donné les motifs
qui nous décident à repousser la traduction qui en est proposée par MM. Chauveau et Hélie. Pour quiconque ne se
préoccupe que de la portée réelle des termes de la loi, sans
essayer d'en modifier le sens, pour les mettre d'accord avec
les principes, notre article ne peut vouloir dire qu'une
chose, c'est que le complice *encourt la même peine que celle
prononcée par la loi contre le crime ou le délit commis par
l'auteur* (1).

Mais, disent MM. Chauveau et Hélie, comment admettre
cette interprétation du texte, quant aux circonstances
aggravantes, lorsque tous les auteurs et la cour de cassation elle-même sont, relativement aux causes d'atténuation, nées *ex persona actoris*, obligés d'admettre une
théorie tout autre ? N'est-il pas contraire à la raison de
donner dans les deux cas une portée différente aux termes
de l'article 59 ? Nous ne pouvons admettre cette objection ;
car, si plus loin nous reconnaissons que le complice ne doit
pas ordinairement bénéficier de l'atténuation de la peine
résultant de circonstances personnelles au principal délinquant, ce n'est point parce que, à nos yeux, le complice
doit être puni comme s'il était lui-même auteur, mais uniquement parce que ces circonstances ne diminuent en rien
la gravité du crime même : elles motivent seulement une
simple atténuation personnelle de la peine. Il en est tout

(1) M. Ortolan. *Traité de dr. pénal.*

autrement de la circonstance aggravante, même provenant
de la qualité personnelle de l'agent principal : elle rend
le fait plus odieux, plus dangereux pour l'ordre public,
elle en aggrave le caractère criminel ; en un mot, elle lui
est inhérente (1). L'influence de cette cause d'aggravation
se comprend donc parfaitement, dans le système de notre
code pénal ; aussi nous semble-t-il impossible de nous arrêter à l'objection tirée contre la jurisprudence de la cour de
cassation du manque d'harmonie de sa théorie qui, d'une
part, refuse de faire profiter le complice des causes d'atténuation personnelles à l'auteur, et, d'autre part, lui fait
subir l'aggravation de peine résultant de la qualité de
celui-ci.

En résumé donc, le fait de complicité se caractérise toujours par le fait principal : la criminalité du premier est
nécessairement identique à celle du second ; les qualités
aggravantes de l'auteur doivent par conséquent nuire de
même au complice dans tous les cas où ces qualités modifient la nature de l'acte principal. Aussi ne pouvons-nous
nous expliquer la solution donnée plusieurs fois par la
cour de cassation, dans l'hypothèse particulière où l'auteur
dont la qualité aggrave le crime vient à être acquitté. Le
complice ne peut plus en ce cas, d'après certains arrêts,
être frappé que de la peine du crime simple : c'est ainsi
qu'il a été décidé le 22 juillet 1830, que l'individu coupable
d'avoir participé à un faux commis par un officier public
dans l'exercice de ses fonctions doit, si celui-ci est acquitté,
encourir seulement la peine de l'article 147, et non celle
des travaux forcés à perpétuité prononcée par les articles
145 et 146. La cour motive son arrêt sur ce que, « en point
de droit, la coopération d'un officier public à un faux com-

(1) Cass., 23 mars 1843.

mis dans un acte de son ministère n'aggrave le fait auquel
elle s'applique qu'autant qu'elle a eu lieu sciemment et à
dessein de nuire (1). » Il y a là croyons-nous, une confusion. Entend-on parler des conditions nécessaires à l'existence de la culpabilité de l'officier public auteur du faux,
on doit évidemment rechercher s'il a agi sciemment et à
dessein de nuire. Veut-on au contraire déterminer le caractère de l'acte auquel le complice est coupable d'avoir
participé, peu importe que l'auteur matériel ait agi ou non
en pleine connaissance de cause : sa simple coopération,
même inconsciente, à l'acte suffit pour en changer la nature. La fuite ou le décès de l'auteur n'empêcherait pas, en
pareille circonstance la condamnation du complice à la
peine aggravée ; pourquoi en serait-il autrement de son
acquittement, lorsqu'il n'est pas fondé sur la non-existence
du fait incriminé ? La cour suprême paraît, dans l'arrêt
que nous avons rapporté, s'être décidée par cette considération que l'officier public n'ayant été que l'instrument in-
conscient de l'auteur des « machinations et artifices coupables », c'est ce dernier qui devait être considéré comme
véritable auteur du fait : « attendu qu'il ne reste plus dans
la cause qu'un faux en écriture publique commis à l'aide
du fonctionnaire rédacteur de l'acte. mais à l'insu de sa
volonté, crime prévu par l'article 147 du Code pénal.» Nous
ne pouvons admettre cette attribution de rôles aux divers
participants.Les principes rationnels il est vrai,nous disent
que le prétendu complice est ici un véritable auteur intellectuel ; mais telle n'est pas la théorie du Code : celui qui
par ses machinations ou artifices a provoqué à une action
coupable n'est, d'après les termes formels de l'article 60,
qu'un simple complice ; la criminalité de ses actes doit donc

(1) *Conf.* Cass., 20 sept. 1828 ; 19 juin 1829.

se mesurer sur celle du fait consommé par l'auteur matériel (1).

L'étude que nous venons de faire de l'influence des qualités aggravantes de l'auteur sur la situation du complice,
nous permet de découvrir facilement la solution de la
question inverse. Le fait du complice, avons-nous dit, emprunte toujours son caractère à l'acte de l'auteur principal :
c'est sur la criminalité de ce dernier que l'on doit se régler
pour déterminer celle de l'acte accessoire. Une première
conclusion de ce principe est donc que jamais la qualité du
complice ne peut être une cause d'aggravation de la peine
prononcée contre l'auteur principal. Bien plus, cette qualité personnelle au complice ne pourra même pas nuire à
lui-même. Un seul point doit être examiné, lorsqu'il s'agit
de déterminer la peine à lui infliger, c'est celui de savoir
quel est le degré de criminalité du fait auquel il s'est associé : c'est la peine prononcée par la loi contre l'auteur de
ce fait qui, aux termes de l'article 59, devra être prononcée
contre le complice. « En effet, dit M. Blanche (2), l'article 59
posant en principe que la même peine est applicable au
fait principal et au fait de complicité ; d'autre part que
cette peine est celle dont la loi punit le fait principal, il en
résulte que, si dans la détermination de la peine, on tenait
compte de la circonstance aggravante personnelle au complice, l'une ou l'autre de ces deux règles serait nécessairement méconnue. » C'est ainsi que l'enfant, complice par
provocation ou instructions données, des coups et blessures
portés à son père n'est passible que de la peine de l'emprisonnement portée par l'article 311, et non de la réclusion

---

(1) Un arrêt du 22 janvier 1835 revenant sur la jurisprudence antérieure s'est prononcé dans le sens de la solution que nous proposons.
(2) *Code pénal*, II, n° 36.

prononcée par l'article 312, pour le cas où l'auteur des coups et blessures est fils de la victime (1).

Une cause d'aggravation d'une nature particulière doit être placée en dehors des règles générales que nous venons de poser : c'est la *récidive*. A la différence des circonstances aggravantes dont nous avons étudié les effets, elle ne peut être considérée comme se rattachant au fait criminel pour en modifier le caractère. Elle résulte, en réalité, non pas tant de l'acte auquel ont concouru les divers participants, que d'un fait passé auquel ils n'ont pris aucune part. L'augmentation de peine qui en est la suite doit donc rester toujours personnelle au récidiviste.

D'où cette double conséquence, que, d'une part le complice ne pourra jamais voir sa peine aggravée, en considération des antécédents judiciaires de l'auteur, et d'autre part, que, à l'inverse, il supportera cette aggravation, si elle provient de son propre état de récidive (2).

Il convient de rapprocher de la théorie de la récidive, une autre exception spéciale, fondée sur des motifs tout particuliers.

L'aggravation de la peine prononcée par la loi du 27 décembre 1880 doit être inapplicable au complice qui ne se trouve pas lui même dans la situation définie par le texte. L'esprit même et les termes de cette loi ne permettent aucun doute à cet égard : « Lorsqu'à raison d'un crime commis dans une prison par un détenu la peine des travaux forcés à temps ou à perpétuité est appliquée, la cour d'as-

---

(1) Cass., 21 mars 1844. *Conf.*, 27 avr. 1815 ; 23 mars 1827 ; 5 oct. 1871.

(2) Cass., 3 juillet 1806 ; 18 juin 1829. — Nous avons vu plus haut que l'art. 9 de la loi du 23 janv. 1873 sur la répression de l'ivresse est conçu dans cet esprit. Il pourrait donc servir d'argument en faveur de notre théorie.

sises ordonnera que cette peine sera subie dans la prison
où le crime a été commis, à moins d'impossibilité, pendant
la durée qu'elle déterminera et qui ne pourra être inférieure
au temps de réclusion ou d'emprisonnement que le détenu
avait à subir au moment du crime. » L'emprisonnement
cellulaire pendant un an peut en outre être prononcé.
(3ᵉ alinéa.)

§ 3

Un premier point, jusqu'ici, nous est acquis, relativement à la portée du principe pénal de l'article 59 : les circonstances qui aggravent la criminalité de l'infraction aggravent toujours, et aggravent seules la culpabilité du
complice. Il nous reste, pour compléter cette étude, à rechercher quelle est l'influence, sur la responsabilité de
l'agent auxiliaire, des causes d'atténuation résultant soit
de sa propre situation, soit de celle de l'auteur principal.
En règle générale, nous avons eu déjà l'occasion de le dire,
les circonstances d'atténuation existant chez l'auteur
n'exercent aucune influence sur la situation du complice ;
ces circonstances, en effet, à la différence des circonstances
aggravantes dérivent ordinairement de causes entièrement
personnelles à l'agent principal, et ne peuvent affecter en
rien la criminalité de l'acte lui-même.

La moralité du coupable est la première de ces causes
d'abaissement de la peine. Elle influe, nous le savons, de
deux manières sur la détermination de la pénalité. L'admission des circonstances atténuantes et la réduction de la
peine jusqu'au *minimum* fixé par la loi, tels sont les
moyens donnés aux magistrats ou au jury pour établir une
juste proportion entre le châtiment et la responsabilité de
chacun. La nature même de ces causes de diminution de la
pénalité indique qu'elles doivent être toutes personnelles à

celui en faveur de qui il en est fait emploi. Vouloir faire ici participer tous les criminels au bénéfice accordé à l'un d'eux serait aller à la fois contre le bon sens et contre l'équité (1).

L'âge du délinquant est aussi dans certains cas un motif d'indulgence. Les articles 67 et 69 prononcent en faveur du mineur de seize ans, reconnu coupable d'avoir agi avec discernement un abaissement de la peine portée par la loi. Or, quelle raison peut-il y avoir de faire profiter le complice d'une telle faveur ? Sa culpabilité est-elle moins grande ? Non certes ; au point de vue moral, sa participation au délit emprunte même aux circonstances un caractère particulier de gravité. Le crime, d'ailleurs, ne change pas de nature pour avoir été commis par un individu âgé de moins de seize ans. Bien plus, à proprement parler, la peine elle-même n'est pas changée à l'égard du mineur ; car, que dit l'article 67 ? Que la peine ordinaire est *encourue* par le délinquant mais que, par égard pour son âge, celle *à prononcer* devra être réduite d'après un calcul basé sur la durée de la peine encourue (2).

Les articles 70, 71 du Code pénal, et 5 de la loi du 30 mai 1854 établissent aussi une atténuation à certaines peines, en faveur des sexagénaires et des septuagénaires. De même que dans l'hypothèse précédente, il ne saurait être question ici de faire bénéficier le complice d'une mesure d'humanité qui ne modifie évidemment en rien l'incrimination de l'acte principal.

_____

(1) Cass., 20 déc. 1832 ; 23 mars 1843, etc.

(2) Cass., 18 nov. 1824. — L'article 356, c. p. nous fournit encore l'exemple d'un cas où l'âge du délinquant peut être une cause d'excuse atténuante en sa faveur. Le ravisseur d'une fille mineure qui a consenti à son enlèvement est puni d'un simple emprisonnement correctionnel, et non de la peine des travaux forcés à temps, si lui-même est mineur de *vingt-et-un ans*.

Une autre cause d'excuse est la provocation. Les articles 321 et 322 du Code pénal déclarent excusables le meurtre, les blessures et les coups, s'ils ont été provoqués par des violences graves, ou s'ils ont été commis en repoussant, pendant le jour, l'escalade ou l'effraction des clôtures, murs ou entrée d'une maison ou d'un appartement habité ou de leurs dépendances (1). Ces causes d'atténuation, par leur nature même, influent encore, non sur le caractère du délit, mais sur la responsabilité de l'auteur. Le législateur, en effet, a trouvé trop rigoureux de punir des peines ordinaires cet individu, « qui n'a pas eu au moment de l'action qui lui est reprochée, toute la liberté d'esprit nécessaire, pour agir avec une mûre réflexion (2). » Ici, comme dans l'hypothèse où l'auteur est un mineur, la cause de l'indulgence de la loi est donc encore l'irresponsabilité partielle de l'agent. Aucune raison, par conséquent, n'existe pour étendre au complice le faveur accordée à l'auteur, s'il ne se trouve pas d'ailleurs lui-même dans la situation déterminée par les articles 321 et 322. Cette hypothèse, il est vrai, se rencontrera fort rarement, surtout si l'on admet, comme on le fait généralement, que les articles 321 et 322 peuvent être applicables à tout autre individu que celui dont la vie ou le domicile est menacé, lorsqu'il est prouvé qu'en s'opposant violemment à l'injuste aggression dont il est le témoin, il n'a fait que céder à un sentiment en quelque sorte irrésistible. Cependant ne doit-on pas se refuser à considérer comme ayant agi sous l'empire de cette provocation, celui, par exemple, qui dans un but coupable a fourni à l'avance l'arme destinée à tuer la personne qu'il savait devoir se livrer à des voies de fait sur l'accusé ? ou celui qui a aidé

(1) Les art. 324, 2° et 325 reconnaissent encore deux autres cas où la provocation constitue une excuse atténuante.
(2) Exposé des motifs de M. Faure, n° 15.

au meurtre commis par un mari sur sa femme surprise en flagrant délit d'adultère (1). Dans ces hypothèses, il nous semble impossible d'étendre au complice le bénéfice de l'excuse résultant de la provocation sous l'empire de laquelle a agi l'auteur.

Il en sera de même de toute autre excuse atténuante dont le résultat ne serait pas de modifier la nature même du délit : elle devra toujours rester personnelle à l'agent de qui elle provient, que cet agent soit un auteur ou un simple complice, car, remarquons-le, la peine du complice peut, par l'effet d'une excuse personnelle, être abaissée, sans qu'il soit nécessaire pour cela que l'agent principal se trouve en situation de bénéficier de cette même faveur. Grâce aux explications précédentes, cette dernière proposition est, croyons-nous, suffisamment évidente, pour qu'il nous soit inutile d'insister (2).

Une difficulté fort sérieuse s'élève cependant sur l'application de cette théorie à l'excuse résultant de la provocation. Les articles 323 et 324 1° déclarent en effet non excusables pour provocation violente le parricide et le meurtre commis par l'un des époux sur l'autre (à moins, dans ce dernier cas, que la vie du meurtrier n'ait été mise en danger par la victime). Or, deux hypothèses peuvent se présenter.

---

(1) La cour de cassation a d'ailleurs reconnu formellement que le jury peut, sans contradiction, déclarer l'excuse de la provocation existante à l'égard de l'un des coupables, et non-existante à l'égard de l'autre (7 sept. 1871).

(2) Il est même des cas où l'excuse ne peut jamais exister qu'en la personne du complice. Le Code pénal nous en offre plusieurs exemples. C'est ainsi que l'art. 135 déclare que celui qui a sciemment remis en circulation des pièces fausses qu'il avait reçues comme bonnes doit encourir une peine moins forte que l'auteur de l'émission. — C'est ainsi encore, que les art. 284 et 285 prononcent une atténuation de la peine, en faveur du complice révélateur.

Supposons d'abord que le meurtre ait été commis par un fils sur son père ou un mari sur sa femme : l'auteur du crime ne peut être déclaré excusable pour provocation. En est-il de même de son complice ? L'affirmative au premier abord ne semble pas douteuse, étant admis le principe que nous avons soutenu plus haut, à savoir que les qualités aggravantes de l'auteur principal modifient toujours le caractère même du délit. Il paraît logique, en effet, de décider que le complice du parricide ou du meurtre d'un des époux par son conjoint devant subir le même sort que l'auteur, le bénéfice de l'excuse refusé à ce dernier lui sera aussi enlevé. Nous préférons cependant le système opposé. Le fait du complice, il est vrai, prend toujours le caractère même de celui de l'agent principal : les circonstances qui aggravent ce dernier augmentent aussi la criminalité du premier. Mais la question que nous nous posons ici n'est nullement celle de savoir si une cause d'aggravation personnelle au délinquant influera aussi sur la culpabilité de son auxiliaire. Un point seul fait l'objet de la controverse : une excuse personnelle au complice peut-elle être invoquée par lui, dans le cas même où elle ne pourrait l'être par l'auteur, en raison de la qualité personnelle à celui-ci. Or, nous le savons, l'excuse de la provocation est toujours une cause d'atténuation exclusivement accordée à celui en la personne de qui elle est reconnue exister. Lors donc que l'on se demande s'il n'y a pas lieu de refuser ce bénéfice à l'un des participants, une seule question doit être examinée, celle de savoir si la situation de celui qui l'invoque ne s'oppose pas à son admission. C'est la qualité de fils ou d'époux de la victime qui rend seule inadmissible l'excuse tirée de la provocation. Tout participant qui ne se trouvera pas dans cette situation ne pourra donc se voir opposer les dispositions des articles 323 et 324.

Plaçons-nous dans l'hypothèse inverse : le fils ou le mari n'est que complice du meurtre commis par un tiers sur son père ou sur sa femme. Les mêmes principes doivent encore dicter la solution : l'excusabilité ou la non-excusabilité du complice étant une question purement personnelle, une seule chose doit être prise en considération, c'est sa qualité. Or, dans notre espèce la personne qui invoque l'excuse est, par suite des liens qui l'unissent à la victime dans une situation où la loi n'admet point que la provocation puisse servir d'excuse. Aucun abaissement de peine ne peut donc être prononcé en sa faveur (1).

Les excuses atténuantes peuvent, avons-nous dit, être parfois inhérentes au fait même dont elles modifient le caractère : elles profitent alors à tous les agents du délit sans distinction. L'article 343 nous offre, semble-t-il, un exemple d'excuse de ce genre. Ce texte prononce en faveur de l'auteur d'une séquestration illégale un abaissement de peine, lorsque la personne détenue est rendue à la liberté avant le dixième jour accompli depuis l'arrestation, et avant toutes poursuites. Il y a là, croyons-nous, une cause d'atténuation qui doit affecter aussi bien la situation du complice que celle de l'auteur ; car c'est la gravité du délit lui-même qui est atténuée par cette circonstance. L'article 343, après avoir déterminé les conditions de l'excuse, à l'égard de l'auteur du crime, ne reproduit pas, il est vrai, la disposition de l'article 341 *in fine* : « Quiconque aura prêté un lieu pour exécuter la détention ou la séquestration, subira la même peine. » Mais ce silence n'est nullement une preuve que le législateur ait, dans l'article 343, entendu conserver contre le complice la peine portée par l'article 341 1° : Nous croyons au contraire que la disposition

(1) Cass., 19 janv. 1838. D. P. 38, 1, 440.

spéciale annexée à ce dernier doit s'appliquer aussi bien aux cas prévus par les articles 342 et 343. Tous trois, en effet, prévoient une hypothèse unique, celle de la détention arbitraire dont ils graduent les peines d'après la durée de la détention ; une même théorie doit, par conséquent, les régir. Le but de la disposition de l'article 341 *in fine*, bien loin d'être celui que l'on prétendrait y trouver, dans le système adverse, est en réalité de déclarer uniquement qu'en matière de détention arbitraire, le prêt du local doit être assimilé à la complicité par fourniture des moyens nécessaires au crime. Le législateur a craint qu'une controverse ne vînt à s'élever sur l'application, à cette hypothèse, de l'article 60, second alinéa, et il a, dès le début même de la section exprimé une fois pour toutes que le fait de procurer le lieu de détention est un acte de complicité.

§ 4.

Après avoir posé le principe général d'identité des peines, dont nous venons d'étudier la portée, l'article 59 ajoute : « sauf les cas où la loi en aurait disposé autrement. » Nous venons, à propos des circonstances aggravantes, des circonstances atténuantes et des excuses, de déterminer quels sont les principes généraux en vertu desquels peut parfois se produire cette différence dans les chatiments, infligés à l'auteur principal et à son complice. Le Code pénal et les lois postérieures nous offrent de nombreux exemples de cas où il y a lieu à application de cette théorie générale. Souvent aussi des exceptions sont formulées en vue de circonstances particulières, dans lesquelles le législateur a cru équitable de s'écarter des principes du Code. Nous n'avons point l'intention d'entreprendre ici l'examen particulier de chacune de ces hypothèses. Il nous suffira de rappeler que les dispositions générales du Code pénal doivent exercer leur empire, tant qu'une loi formelle n'y a pas dérogé.

Ces dérogations au principe de l'assimilation, tel que l'a entendu le législateur de 1810, sont fondées en général sur des considérations d'humanité ou d'ordre public. Tantôt, elles ont pour objet de faire exception à la règle d'après laquelle l'aggravation de peine prononcée contre un auteur doit influer sur la situation de ses coparticipants; c'est ainsi que les articles 96 et 98, 267 et 268 punissent de peines différentes les chefs et les simples membres de bandes armées ou d'associations de malfaiteurs (1).

Tantôt le législateur prend en considération la qualité personnelle du complice auxiliaire, pour le déclarer passible de peines plus ou moins fortes que celles portées contre le principal délinquant. La loi du 25 juillet 1872 (art. 63), par exemple, après avoir prononcé un emprisonnement d'un mois à un an contre tout individu coupable de s'être rendu impropre au service militaire et contre ses complices, ajoute : « Si les complices sont des médecins, chirurgiens, officiers de santé ou pharmaciens, la durée de l'emprisonnement est de deux mois à deux ans, indépendamment d'une amende de deux cents à mille francs. » On peut encore citer les articles 241 et suivants, qui édictent, contre le complice de l'évasion avec violence ou bris de prison, une peine plus forte que celle que porte l'article 244 contre le

1) *Adde* loi du 10 avril 1825, sur la piraterie (art. 5, 6, 8); code de justice militaire de l'armée de terre, art. 225 et 241 ; code de l'armée de mer, art. 304 et 319; loi du 14 mars 1872 sur l'internationale, art. 3, etc. — D'après les règles que nous établirons dans le chapitre suivant, ses coparticipants doivent être tous regardés comme des coauteurs et non comme de simples complices auxiliaires. Mais nous verrons que la règle de l'assimilation est également applicable aux codélinquants ; nous pouvons donc dès maintenant constater l'exception aux principes généraux contenue dans les textes cités.

Salmon.   13

détenu évadé lui-même. La loi estime ici que la culpabilité de l'agent auxiliaire est plus grande que celle de l'auteur, car il n'est pas dominé par un mobile aussi puissant. Rappelons aussi l'article 242 du Code de justice militaire de l'armée de terre, qui punit le complice du crime de désertion de peines moins fortes que le principal coupable, lorsque ce complice n'est ni un militaire, ou assimilé, ni un embaucheur pour l'ennemi (1).

Parfois, c'est la qualité même du complice qui sert de mesure pour déterminer la gravité du délit, et qui augmente ou diminue la culpabilité de tous les participants. La loi du 5 juillet 1844 nous fournit un exemple de ce cas : son article 43 dispose que, en cas de contrefaçon, si c'est par un ouvrier du breveté que le délinquant a eu connaissance des procédés décrits au brevet, la peine sera aggravée aussi bien contre le contrefacteur que contre l'ouvrier (que la loi déclare cependant simple complice). — On peut ajouter aussi l'hypothèse prévue par l'article 334, §§ 4 et 6, du Code pénal. L'individu qui, *sur l'ordre du propriétaire*, met le feu à des maisons non habitées, bateaux, forêts, pailles ou récoltes, etc., est assimilé à l'individu coupable de l'incendie de sa propre chose. Il n'est puni que si l'incendie a causé un dommage à autrui, et il jouit de l'abaissement de peine d'un degré, dont il devrait jouir, si la chose incendiée était sa propriété. C'est donc la qualité de l'instigateur, c'est-à-dire du complice, que considère ici le législateur, pour la fixation de la peine (2).

Dans certains cas, enfin, la loi exige que le complice ait

(1) L'art. 321 du code de l'armée de mer contient une disposition identique.

(2) Cette disposition exceptionnelle a été introduite dans le code par la loi de 1863. — La jurisprudence de la cour de cassation s'était d'ailleurs déjà prononcée en ce sens le 15 nov. 1862.

eu connaissance de la circonstance aggravante qui modifie le délit, pour que l'aggravation de peine puisse lui être appliquée. Tel est le système de l'article 63, C. p., sur lequel nous aurons bientôt à revenir en détail. Tel est aussi celui de la loi du 7 juin 1848, sur les attroupements, dont l'article 4 décide que l'aggravation de peine résultant de l'emploi d'armes n'est point applicable aux individus non armés, qui n'ont point eu connaissance de la présence, dans l'attroupement, de personnes portant des armes cachées

§ 5.

De la solidarité entre les complices. — Une dernière règle, relative à la pénalité applicable aux complices, doit encore être rappelée. L'article 55 du Code pénal porte que « tous les individus condamnés pour un même *crime* ou pour un même *délit* seront tenus solidairement des amendes, des restitutions, des dommages-intérêts et des frais. » C'est là une conséquence de l'idée d'association entre les malfaiteurs, qui a inspiré le législateur en matière de complicité. Quant aux réparations civiles, cette solidarité se justifie aussi, d'après Pothier, par cette considération que « chacun de ceux qui ont commis un délit, a, autant qu'il était en lui, causé tout le tort qui a été fait (1) ».

Une seule condition est exigée par l'article, pour l'existence de cette solidarité : c'est qu'il y ait unité de crime ou de délit. Il n'est donc nullement nécessaire que les co-participants aient été condamnés aux mêmes peines (2).

(1) *Procéd. crimin.*, sect. V, art. II, § 6.
(2) Cass., 3 nov. 1827 ; 3 déc. 1836 ; 13 août 1853.

Il faut cependant, croyons-nous, que les prévenus aient été condamnés par le même jugement ; car on ne saurait admettre que la condition d'un individu puisse être ainsi aggravée après coup par l'effet des poursuites contre ses complices.

CHAPITRE III.

DU COAUTEUR.

§ 1er.

Nous avons eu, à propos de l'explication de l'article 60, occasion de signaler l'existence des difficultés que présente la distinction entre les complices auxiliaires et les co-auteurs d'un délit. Il convient, maintenant que les éléments constitutifs de la complicité et la pénalité qui en est la sanction nous sont connus, de rechercher d'une part quels sont les caractères distinctifs qui, dans le système de notre code, séparent la complicité et la coopération, et d'autre part, quelles sont les conséquences pratiques de cette distinction.

D'après les termes mêmes de l'article 60, l'expression *complice* a, dans notre droit pénal, une signification bien déterminée. Par complice, en effet, le législateur entend ici celui-là seulement qui n'a participé au délit que d'une façon accessoire, c'est-à-dire qui s'est borné soit à provoquer, soit à faciliter l'infraction commise par un autre. Ainsi, sont considérés comme simples complices : ceux qui ont provoqué au délit, ou donné des instructions pour le commettre, ceux qui ont fourni les instruments nécessaires à l'action, et enfin « ceux qui ont, avec connaissance, aidé ou assisté *l'auteur ou les auteurs de l'action*, dans les faits qui l'auront préparée ou facilitée, ou dans ceux qui l'auront consommée. » La distinction est, on le voit, fort nettement posée par ce dernier alinéa, entre l'auteur et le complice, cette expression étant réservée pour désigner l'agent auxiliaire seul, et la première s'appliquant à tout agent matériel et principal. Lors donc que plusieurs individus ont concouru à la perpétration d'un crime ou d'un délit, et que la part de responsabilité revenant à l'un d'eux est telle qu'il doive être regardé comme la cause efficiente de l'infraction, c'est lui qui doit en être déclaré l'auteur, les autres n'ayant rang que de simples complices. Que si plusieurs des participants peuvent être regardés comme ayant joué ce rôle principal, ils sont tous de véritables auteurs, des codélinquants.

Ainsi donc, est coauteur d'un délit tout individu qui a coopéré à son exécution, par des actes essentiels et principaux ; pourvu, hâtons-nous de l'ajouter, que ces actes soient des actes matériels d'exécution. Car celui que la science rationnelle appelle *l'auteur intellectuel* de l'infraction, n'est, d'après le code, qu'un simple complice. Le premier alinéa de l'article 60 ne permet aucun doute sur ce point ; il donne la qualification légale de complice à l'individu dont la participation s'est bornée à des provocations ou abus d'autorité. Nous ne pouvons, par conséquent, reconnaître un codélinquant dans la personne de celui de qui a procédé la pensée et l'ordre d'exécution, et qui, moralement, est le véritable auteur de l'infraction, s'il n'a pas, en outre, participé d'une façon matérielle et principale à la consommation de l'acte coupable (1).

(1) Cass., 15 nov. 1852.

Par auteurs, nous entendrons donc ceux-là seulement
qui ont commis le fait même constituant le crime ou le délit, tous les autres participants, même par assistance matérielle, ne pouvant être que des complices auxiliaires.
Tel n'est cependant pas le système de la Cour de cassation.
« Celui qui assiste l'auteur d'un délit dans les faits qui le
consomment, dit un arrêt, coopère nécessairement à la perpétration du délit ; il s'en rend donc coauteur, d'où il résulte que le délit n'est plus le fait d'un seul, mais qu'il est
le fait de deux individus (1). » En d'autres termes, tout individu, reconnu coupable d'avoir aidé le délinquant dans
les actes qui ont consommé l'infraction, est à la fois complice et coauteur. Plusieurs arrêts déclarent, d'autre part,
que celui qui est reconnu coauteur est nécessairement, et
par la nature même des choses, complice de l'autre agent
principal, car « le coauteur d'un crime aide nécessairement l'autre coupable dans les faits qui consomment l'action (2). » On le voit, le système de la cour suprême abou-
tit à la négation même de la distinction que les termes des
articles 59 et 60 nous ont conduit à établir entre le coauteur et le complice par assistance.

Il y a là, croyons-nous, une confusion. Une chose, à la
vérité, ne peut être niée, c'est que dans l'un et l'autre cas,
deux individus ont participé à l'accomplissement du fait
punissable ; mais ce qu'il nous est impossible d'admettre,
c'est que l'on tire de là cette conclusion que chacun des
participants est en même temps complice et coauteur de
l'infraction. Car, comment concevoir que l'on soit à la fois,
à raison du même fait de participation, investi de ces deux
qualités ? Il y a là des situations différentes dont l'une ex-

(1) Cass., 24 août 1827 ; 9 juil. 1858.
(2) Cass., 9 juin 1848, 24 août 1827 (*aff. Legrand*) ; 20 juin 1851
(*aff. Larcher*).

clut l'autre. Dire que le complice par assistance à l'acte d'exécution est par là même coauteur, serait aller directement contre l'esprit et la lettre de l'article 60 — 3°, qui classe dans les faits de complicité, non seulement les actes antérieurs à l'infraction, mais encore tous les actes secondaires d'aide ou assistance qui se produisent au moment de l'exécution, tout en en restant distincts. N'y a-t-il pas, d'autre part, un véritable abus de langage à dire que tous les coauteurs sont nécessairement complices les uns des autres? La coopération entraîne, *a fortiori*, l'assistance, mais il n'est pas plus vrai de soutenir que le coauteur est complice, qu'il ne serait exact, en droit civil, de dire que le propriétaire est usufruitier de sa chose, parce que l'usufruit est compris dans la propriété. L'acte de l'auteur, en effet, est tout différent de celui du complice, tel que l'entendent les articles 59 et 60. Le premier consiste en une participation directe à l'exécution de l'une des circonstances constitutives de la nature de l'infraction ; tandis que le second se réduit à une assistance secondaire, telle que l'infraction pourrait parfaitement se concevoir sans ce concours.

Ainsi donc, en théorie du moins, la distinction entre la complicité et la coopération est facile à poser. La difficulté que l'on rencontre dans la pratique à reconnaître dans chaque cas particulier lequel des deux modes de participation on a à réprimer, provient de ce qu'un élément essentiel est commun à tous deux : l'association intellectuelle entre les coupables. Là où cette condition primordiale fait défaut, les délinquants ne sont ni des complices, ni des coauteurs ; ce sont des *auteurs simultanés*. Nul lien ne peut donc exister entre eux, relativement à la répression ; la culpabilité de chacun des coupables est indépendante de celle des autres, et les causes d'aggravation provenant de

l'un d'eux lui restent toujours personnelles. Deux individus se trouvent au milieu d'une foule ; mus par un sentiment commun de colère ou de haine contre l'une des personnes présentes, mais sans s'être aucunement concertés,
sans même se connaître, ils se livrent sur elle à des voies
de fait, ils la frappent en même temps ; ils ne sont nullement des coauteurs, mais bien les auteurs simultanés de
délits distincts. L'un d'eux est-il donc, en vertu de sa qualité personnelle (de fils de la victime, par exemple), passible d'une augmentation de la peine, cette cause d'aggravation ne peut exercer aucune influence sur la situation de
l'autre délinquant. Il en serait autrement, nous le verrons
bientôt, si nous nous trouvions en face de coauteurs d'une
même infraction.

En résumé : « L'auteur est celui qui commet l'acte même
du délit, selon la description du délit faite par la loi ; ainsi
l'auteur du crime d'incendie est celui qui a mis le feu....
L'auteur du délit peut être multiple, c'est-à-dire plusieurs
personnes peuvent être ensemble auteurs du délit ; en ce
cas, on les appelle coauteurs (1). » Le complice, au contraire, est celui qui participe au crime ou au délit d'un
autre « par des faits extrinsèques au fait même constituant
ce crime ou ce délit, et ne constituant nécessairement par
eux-mêmes aucun crime ou aucun délit (2). »

§ 2.

La distinction que nous venons d'essayer d'établir entre
le coauteur et le complice, est-il besoin de le faire remarquer ? n'est nullement la mesure de deux degrés de crimi-

(1) M. Rauter, I, n° 110.
(2) M. Le Sellyer, II, p. 13

nalité différents ; souvent il arrive, en effet, que la culpabilité du premier est de beaucoup inférieure à celle du
second. Parfois même, le complice encourt une peine alors
que l'auteur principal est déclaré non coupable.

Toute cette discussion est cependant loin de n'être qu'une
pure querelle de mots. Des conséquences importantes donnent un intérêt pratique considérable à la solution que
nous avons adoptée.

Et d'abord, nous avons eu l'occasion plus haut d'insister
sur ce caractère, spécial à la complicité, de ne pouvoir constituer une action punissable, si elle ne se rattache à un
fait principal qualifié crime ou délit. Lors donc que l'on
recherche si la participation secondaire à un acte doit
tomber sous le coup de la loi pénale, le premier point à établir est la criminalité de cet acte. Cette question préalable
ne peut au contraire se poser pour le coauteur : eût-il été
seul, son fait constituerait encore par lui-même une infraction (1).

C'est encore pour ce motif que le coauteur d'une contravention est toujours punissable, tandis que, en principe, le
complice du même fait ne peut encourir aucune peine (2).

---

(1) On peut citer, comme application de ce principe, le cas où un
crime (autre que l'un de ceux énumérés par l'art. 7, c. i. cr.) où un
délit a été commis en pays étranger par un non français. Un Français a
participé à l'infraction. Est-ce comme complice ? Il ne peut être poursuivi en France (ainsi que nous le verrons plus loin). Est-ce comme
coauteur ? Une action pénale est possible contre lui, si d'ailleurs les
conditions exigées par les articles 5 et 6 se trouvent réalisées.

(2) Cass., 6 mars 1862 ; 27 déc. 1873. — Il y a encore un intérêt spécial à distinguer le complice du coauteur, lorsque l'infraction est non
une contravention de simple police, mais une contravention punie
de peine correctionnelle. Il y a là, avons-nous dit plus haut, un véritable délit admettant la complicité. Or, nous savons que nul ne peut
être déclaré complice, même en ce cas, s'il n'est prouvé qu'il a agi
sciemment. La bonne foi du coauteur ne pourrait, au contraire, être

De même, la tentative de complicité d'un crime ou d'un délit échappe, nous l'avons reconnu, à toute sanction pénale ; les articles 59 et 60 supposent nécessairement une complicité effective. La tentative de coopération au contraire est nécessairement soumise aux articles 2 et 3 du Code pénal.

La manière de constater la culpabilité est aussi différente pour le complice et pour le coauteur ; le premier ne peut être condamné que si le jury ou le tribunal correctionnel reconnaît formellement qu'il a participé au délit par l'un des faits secondaires constituant la complicité légale, aux termes de l'article 60. Il n'en est pas de même du coauteur ; le juge du fait n'a nullement à préciser la nature des actes qui lui sont reprochés : on ne peut être coauteur de plusieurs manières (1).

La distinction entre les deux modes d'association criminelle est surtout intéressante à cause de l'influence qu'elle peut exercer dans certains cas sur la pénalité à appliquer au participant. La nature légale du fait lui-même peut se trouver en effet modifiée par la présence du coauteur, tandis qu'elle ne le serait point par celle d'un complice. Un premier exemple nous est fourni par les articles 385 et 386. Le vol commis par plusieurs personnes, s'il est accompagné de certaines circonstances spécifiées par ces articles, entraîne soit les travaux forcés à temps, soit la réclusion. Or, remarquons les termes qu'emploie le Code : «Si le vol, dit-il, a été *commis par deux ou plusieurs personnes.* » Quelles sont

pour lui une excuse suffisante, l'infraction se constituant par le seul fait matériel. C'est ce qu'a jugé la Cour de cassation en matière de contravention de chasse. Le traqueur qu'elle considère comme coauteur et non comme simple complice, doit, d'après elle, être puni malgré l'absence de toute intention délictueuse de sa part (15 déc. 1870 ; 16 janv. 1872 (*ch. réun.*).

(1) Cass., 30 déc. 1853, etc.

ces personnes qui ont commis le vol, sinon celles qui ont coopéré à l'exécution du fait, qui l'ont consommé. Les complices, sans doute, ont participé à l'infraction, mais on ne peut dire qu'ils l'aient *commise*. Lors donc qu'un individu se rend coupable de vol avec le concours de simples complices, même par assistance matérielle, la circonstance aggravante de pluralité d'agents ne peut être déclarée existante à son égard.

La Cour de cassation et les auteurs qui adoptent sa définition du codélinquant sont obligés d'admettre ici une restriction. L'auxiliaire qui a aidé à la consommation du fait étant pour eux un véritable coauteur, les articles 385 et 386 doivent recevoir application toutes les fois que, à côté de l'agent principal, se trouve un complice par assistance fournie au moment même de la perpétration du délit. La cour suprême a notamment appliqué ce principe à l'individu qui fait le guet, pendant que son associé procède à l'enlèvement des objets (1). Nous ne saurions nous ranger à cette opinion : pour nous, celui-là seul est, aux yeux de la loi, coauteur de l'infraction, qui a coopéré matériellement et directement à son exécution ; tout autre agent n'est qu'un simple complice.

Il est encore une autre circonstance dans laquelle il est très important de reconnaître si l'on se trouve en présence d'un complice ou d'un coauteur. La qualité aggravante existant en la personne du complice seul ne peut, avons-nous dit, modifier, même à son égard, la nature du délit auquel il s'est associé : son acte emprunte toujours sa cri-

---

(1) Cass., 9 avr. 1813, 24 août 1827, 31 janv. 1835. — La Cour de cassation a même décidé qu'il n'y a pas contradiction à reconnaître un des accusés coupable de vol en réunion, quoique ses coaccusés ne soient déclarés coupables, que de simple complicité de vol (9 juil. 1858).

minalité à celui de l'agent principal. La situation du coauteur est toute différente : il exécute lui-même le délit, sa coopération revêt donc un caractère propre de criminalité :
toute circonstance d'aggravation dérivant de sa situation
personnelle doit, par suite, influer sur la détermination de
la peine à lui appliquer. Un domestique, par exemple, a
pris part au vol commis au préjudice de son maître. Est-il
déclaré coupable de complicité, c'est la peine du vol simple
qui devra être appliquée. Est-il au contraire reconnu coauteur, la peine de l'article 386 3° sera prononcée contre
lui.

Une question fort discutée est celle de savoir quelle est
dans ce cas la situation de l'autre coauteur. Doit-il subir,
comme le ferait un complice, les conséquences de la qualité
aggravante qui existe en la personne de son codélinquant ?
Ou bien n'est-il au contraire responsable que des causes
d'augmentation de la peine provenant de son fait ou de sa
qualité propre ? On est, à première vue, assez porté à
adopter cette dernière opinion. Quelle est, en effet, la différence essentielle qui distingue le coauteur du complice ?
C'est que, tandis que la criminalité de l'acte de celui-ci est
par nature une criminalité d'emprunt, se caractérisant par
celle du fait de l'agent principal, celle de l'acte du coauteur
au contraire lui est propre, et doit, par suite, se trouver
entièrement indépendante de la culpabilité de son associé.
Lorsque, par exemple, un individu se rend coauteur d'un
meurtre, de quoi est-il responsable, sinon du coup qu'il a
porté ; un autre codélinquant lui a, il est vrai, prêté son
aide, a frappé en même temps que lui ; mais ce n'est pas la
criminalité du fait de ce coopérateur qui engendre celle de
son acte propre ; on ne peut donc en tenir compte dans la
mesure de la pénalité à son égard. N'est-ce pas d'ailleurs
pour la même raison que l'on décide que jamais la qualité

aggravante du complice ne peut influer sur la situation de l'auteur principal ?

La jurisprudence de la Cour de cassation s'est prononcée contre ce système. Le coauteur d'un délit aidant nécessairement l'autre coupable dans les faits qui consomment l'action, devient, dit-elle, par la force des choses son complice : la théorie admise à l'égard de ce dernier doit donc être étendue au codélinquant (1). Il y a même, ajoute-t-on, en ce cas, un *a fortiori :* « L'expression complice, dans l'article 59, est générique, dit M. Le Sellyer (2), et comprend tous ceux qui concourent à un crime ou à un délit. Si les complices doivent être punis de la même peine que l'auteur principal, *a fortiori* le coauteur qui est plus coupable et qui, d'ailleurs, est à plus forte raison complice. » Le premier système répond, avec raison, que cette argumentation ne saurait être admise. On ne doit point voir dans le coauteur un complice par assistance. Ces deux qualités ne peuvent résulter du même fait de participation ; car, ou bien cet acte ne constitue qu'un fait secondaire d'assistance, et son auteur n'est qu'un simple complice, ou il est une véritable coopération principale à l'exécution même du délit et l'agent est alors un codélinquant. Quant à l'argument *a fortiori,* il ne peut non plus nous convaincre. Il n'est pas exact, en effet, de dire que le coauteur soit un complice dont la culpabilité est aggravée. Nous venons de rappeler la différence profonde qui sépare les deux situations et empêche de jamais les confondre. La criminalité de l'acte du complice n'existe que grâce au caractère délictueux que lui imprime le fait principal. La coopération de l'auteur constitue au contraire à elle seule un fait punis-

---

(1) Cass., 2 avr. 1827 ; 9 juin 1848 ; 30 sept. 1853 ; 15 juin 1860, etc.
(2) *De la criminalité,* II, p. 90, note.

sable : le codélinquant n'est autre chose qu'un véritable auteur principal du délit, se trouvant seulement dans cette situation d'avoir à côté de lui d'autres agents principaux.

La théorie que nous avons plus haut admise, relativement au caractère de la participation du coauteur, nous oblige donc à rejeter les arguments apportés par la Cour de cassation à l'appui de son système. C'est cependant à son opinion, mais pour des motifs différents, qu'il nous semble, après bien des hésitations, préférable de se ranger. Le premier système nous paraît faire une appréciation fort juste de la situation respective du complice et du coauteur, lorsqu'il dit que la coopération n'est pas seulement plus que la complicité, qu'elle est autre chose. Mais là où ses partisans nous semblent s'écarter des véritables principes, c'est quand ils prétendent isoler le coauteur de ses associés, jusqu'à l'assimiler à l'auteur d'une infraction distincte. Sans doute, le codélinquant est un auteur principal ayant sa culpabilité propre ; mais on ne doit point oublier qu'il n'est pas seul auteur. D'autres participants se sont associés à lui pour la perpétration d'un *délit unique*. Cette *societas sceleris*, qui est le caractère par lequel les coauteurs se distinguent des auteurs de délits simultanés, doit avoir une influence sur leur situation respective. Il y a unité d'infraction ; il doit donc y avoir aussi association dans la peine.

Reste à savoir quelle est la nature de ce délit imputable à tous les participants. Sur ce point, aucun doute ne semble possible. Toute circonstance aggravante, même provenant d'une qualité personnelle à l'auteur, a pour effet, avons-nous dit plus haut, de modifier la nature intrinsèque du fait d'une manière absolue. Tout agent principal importe donc dans l'incrimination du délit les aggravations dérivant, soit de ses actes, soit de sa personnalité. Or, l'imputation qui pèse sur chaçun des coauteurs est précisément celle du fait principal, tel qu'il se comporte, c'est-à-dire aggravé par le fait ou la qualité des autres délinquants. Par cela seul donc que l'on participe, soit principalement, soit accessoirement au délit, on encourt les peines du fait, tel qu'il est qualifié par la loi. C'est ce qu'établit fort bien, à propos du parricide, la Cour de cassation elle-même. Dans un arrêt du 23 mai 1843 elle reconnaît « que la circonstance aggravante qui caractérise et constitue le parricide est inhérente au crime même, qu'elle s'identifie avec lui, qu'elle ne saurait donc en être divisée (1). »

La combinaison des articles 321 et 322 avec les articles 323 et 324 est, nous l'avons vu, l'occasion d'une intéressante discussion en matière de complicité. La même question se présente à propos du coauteur. Les articles 323 et 324, qui déclarent le parricide et le meurtre du conjoint inexcusables font-ils obstacle à ce que le coauteur du meurtre commis par le fils ou l'époux invoque le bénéfice de l'excuse tirée de la provocation? La solution donnée plus haut à cette question, relativement aux complices, s'applique, et par les mêmes motifs, aux coauteurs. Le point de savoir si l'un d'eux doit bénéficier de cette cause d'atténuation de la peine, est une question de responsabilité toute personnelle à celui dont il s'agit de déterminer la culpabilité. Lorsque l'un des coauteurs invoque cette fa-

(1) Nous ne saurions donc adopter la décision d'un arrêt récent de la chambre d'accusation de la cour de Toulouse (13 janv. 1881, D. P. II, p. 84) qui admet implicitement que l'on peut être déclaré complice de l'un de plusieurs coauteurs, sans l'être également des autres, et par conséquent, sans avoir à souffrir de l'aggravation de pénalité résultant de la qualité de ceux-ci. Il y a unité de délit : tous les coparticipants indistinctement doivent donc supporter l'aggravation de peine provenant du chef de l'un quelconque des auteurs.

veur, on doit par conséquent rechercher si lui-même se trouve dans les circonstances voulues pour qu'elle puisse lui être accordée. Les motifs qui peuvent faire que cette cause d'atténuation lui soit enlevée ne sont donc nullement un obstacle à ce que les autres profitent de ce bénéfice, s'ils sont d'ailleurs dans les conditions prescrites pour en jouir.

Une controverse que nous avons eu déjà l'occasion d'indiquer s'élève encore sur le point de savoir si le coauteur du vol commis au préjudice d'une personne, par son conjoint, son ascendant ou son descendant, jouit de l'immunité accordée par l'article 380 aux complices autres que les recéleurs. Pour soutenir l'affirmative, certains auteurs prétendent que, dans le cas de l'article 380, la soustraction frauduleuse qui constitue le vol n'existe pas ; il n'y a ni crime, ni délit, par conséquent, il ne saurait y avoir ni complicité, ni coopération punissable. Nous avons plus haut développé les raisons qui nous décident à rejeter cette interprétation qui élargit indéfiniment le cercle d'application de l'article 380. Pour nous, ce texte contient une exception toute personnelle, introduite dans un intérêt de famille, et qui a pour but, non pas de déclarer non coupable le fait du vol auquel a coopéré un parent ou un allié au degré indiqué ; mais seulement d'accorder à ces derniers et à leurs complices le bénéfice d'une excuse absolutoire. Or, il est de principe que toute exception doit nécessairement se renfermer dans les termes stricts où elle est formulée. Nous ne pouvons donc aller au delà des limites fixées par le législateur, et étendre au coauteur étranger l'impunité prononcée en faveur du parent coupable et de ses complices. La situation d'ailleurs n'est plus la même. Car la démonstration de la culpabilité des complices auxiliaires ne peut se faire, sans qu'il en ressorte, en même temps, la preuve de la culpabilité de l'auteur qu'ils ont secondé, et que la loi veut protéger. Le sort du coauteur au contraire n'est nullement subordonné à celui de son codélinquant : chacun d'eux est responsable de son fait ; chacun, ayant commis le délit, doit être puni sans égard à l'immunité résultant pour l'autre de circonstances particulières. Enfin, la preuve du délit pourra ordinairement se faire à l'égard du coauteur, sans qu'il soit nécessaire de mettre en cause son associé, auquel la loi accorde le silence (1).

Le délit d'adultère nous fournit l'exemple d'un cas où des peines différentes sont portées contre les deux coauteurs d'une même infraction. L'article 337 prononce un emprisonnement de trois mois au moins et deux ans au plus contre la femme adultère : l'article 338 ajoute : « Le complice de la femme adultère sera puni de l'emprisonnement pendant le même temps, et en outre d'une amende de cent à deux mille francs. » L'amant de la femme coupable est donc traité plus sévèrement qu'elle.

Quant à l'expression *complice*, employée par le Code pour le désigner, elle est, croyons-nous, inexacte. Car si cet homme est puni, ce n'est pas à raison d'un fait auquel il n'a participé qu'accessoirement ; mais bien à raison d'un acte personnel, sans lequel le délit n'eût point existé; il doit être, par conséquent, considéré comme un véritable coauteur.

La terminologie vicieuse de l'article 338 a fait naître une controverse, quant à la situation qui doit être faite aux seuls participants auxquels appartienne proprement la qualification de complices, c'est-à-dire à ceux qui ont fa-

---

(1) Cass., 12 avr. 1844 ; 25 mars 1845 (*ch. réun.*). — Nous avons plus haut indiqué la conséquence de ce système relativement au complice du coauteur étranger.

vorisé l'infraction ou fourni les moyens de la commettre. L'article 338 leur est-il applicable ? Quelques auteurs l'ont soutenu ; le mot complice, disent-ils, est général et comprend tous ceux, autres que la femme coupable, qui ont pris part au délit. Cela est évidemment inadmissible. Par complice, le Code entend certainement ici celui-là seul des participants, que les lois romaines désignaient sous le nom d'*adulter*, c'est-à-dire, le coauteur. La manière dont le premier alinéa est rédigé suffirait à le prouver, et le second alinéa achève de le démontrer jusqu'à l'évidence, lorsqu'il dit que les seules preuves admissibles contre celui qu'il appelle le complice seront le flagrant délit, et les lettres écrites de sa propre main.

Un second système soutient que jamais le complice auxiliaire du délit d'adultère ne peut être poursuivi à raison de ses actes d'assistance. L'article 338 ne punissant qu'un seul complice a, par là même, interdit toute action contre les autres participants. Cette théorie doit encore être rejetée. Le prétendu complice de l'article 338 est, nous venons de le dire en réalité, un coauteur. La loi, en le soumettant à une pénalité spéciale n'a donc nullement entendu résoudre une question de complicité. On doit, par conséquent, s'en tenir, pour régler la situation des participants secondaires, aux principes du droit commun, tels que les formule l'article 59 : ils seront assimilés quant à la pénalité à l'auteur principal. Mais quel est ici des deux coauteurs celui dont la peine servira à régler celle du complice ? D'une part, on peut dire que la peine adoucie semble spéciale à la femme : d'autre part, qu'au contraire c'est la sévérité particulière de la loi à l'égard de l'*adulter* qui ne saurait être étendue aux autres coupables. En présence de ces affirmations contradictoires, c'est, croyons-nous, l'interprétation la plus favorable au prévenu qui doit prévaloir.

CHAPITRE IV.

CAS ASSIMILÉS A LA COMPLICITÉ.

Nous avons, dans le premier chapitre de cette étude, examiné les divers actes de participation à un délit qui, d'après l'article 60, peuvent constituer la complicité proprement dite. Il nous reste maintenant à traiter de deux cas particuliers que le Code, suivant en cela l'exemple des législations antérieures, a assimilés à la complicité. Ce sont d'une part, le fait d'avoir recelé les objets provenant d'un crime ou délit, d'autre part, le fait d'avoir sciemment fourni un lieu de retraite habituel à certains malfaiteurs. Nous n'avons pas à revenir sur les critiques que nous avons formulées plus haut relativement à cette assimilation de faits postérieurs au délit, à des actes effectifs d'aide ou d'assistance. Sans doute, ces faits sont utiles à l'auteur de l'infraction, en ce qu'ils facilitent son impunité ; aussi ne peut, il être question d'exempter leurs auteurs de tout châtiment. Mais ce qui nous paraît contraire aux principes de la science rationnelle, c'est de les considérer comme complices de l'infraction, car on ne saurait participer à un acte après son accomplissement.

Quoi qu'il en soit, nous allons examiner successivement es articles 62 et 63, relatifs au recel des objets provenant d'un crime ou délit, puis l'article 61 qui traite de la complicité résultant de l'asile habituellement fourni aux auteurs de certains crimes.

SECTION PREMIÈRE.

Recel d'objets obtenus à l'aide d'un crime ou d'un délit.

§ 1.

L'article 62 définit ce genre spécial de complicité : « Ceux
« qui sciemment auront recélé, en tout ou en partie, des
« choses enlevées, détournées ou obtenues à l'aide d'un
« crime ou d'un délit, seront aussi punis comme complices
« de ce crime ou de ce délit. »

Remarquons, dès le début, la généralité des termes de
ce texte. L'assimilation du recel à la complicité ne s'applique pas seulement au cas de recel d'objets volés, comme
le décidait le Code de 1791, mais au recel de toutes choses
enlevées, détournées ou obtenues à l'aide d'un crime ou
d'un délit. Dès lors donc que l'on accepte sciemment en
dépôt un objet soustrait à son propriétaire, quelle qu'en
soit la provenance, qu'il soit le produit d'un vol, d'un abus
de confiance, ou d'une escroquerie, on se rend, par le seul
fait de la possession de l'objet, complice du crime ou du
délit. Peu importe d'autre part à quel titre le recel ait eu
lieu, soit à titre gratuit, soit à titre onéreux ; peu importe
même que le recéleur ne se soit procuré cette possession
qu'en détournant l'objet a l'insu du voleur, et en commettant
lui-même un nouveau délit. Il suffit que l'auteur du second
détournement ait eu connaissance de l'origine criminelle
de l'objet, pour qu'il soit déclaré coupable de recel ; mais
sa responsabilité ne se borne pas en ce cas à celle de la
complicité : il répondra en outre de cette soustraction ou de
cet abus de confiance dont il a rendu victime le coupable
lui-même. Toutefois, en vertu de l'article 365 du Code

d'instruction criminelle, la plus forte des deux peines encourues sera seule prononcée. Ainsi, cet individu s'est-il
approprié, par un vol simple, la chose enlevée à l'aide d'un
vol qualifié, c'est la peine de ce dernier crime qui devra lui
être infligée (1).

Notons encore qu'il n'est pas nécessaire que le recel se
soit appliqué à tous les objets provenant du crime ou du délit:
il suffit qu'une partie seulement des choses soustraites
ait été reçue sciemment pour constituer le détenteur en état
de complicité de l'infraction. Il arrivera donc parfois que
plusieurs personnes ne se connaissant nullement soient dé-
clarées concuremment complices par recel d'un même délit.

De même que tous les autres modes de complicité, le
recel ne peut se rattacher, l'article 62 le dit lui-même, qu'à
un fait principal constituant un crime ou un délit. Le détenteur d'objets obtenus à l'aide d'une contravention ne
pourrait donc être poursuivi comme complice. Il ne suffirait pas, par exemple, d'avoir recélé les fruits dérobés dans
les champs (sans aucune des circonstances de l'article 388,
C. p.), pour se trouver en état de complicité de la contravention de maraudage, punie par l'article 475, 15° (2).

La condition essentielle à l'existence de toute autre espèce de complicité doit donc encore se trouver réalisée pour
que le recel puisse être punissable. Nulle condamnation ne doit être prononcée, si l'existence et la criminalité
du fait principal n'ont été vérifiées à l'égard de l'individu
accusé de recel. Une fois le corps du délit ainsi constaté,
rien ne s'oppose à ce que la peine légale soit portée contre
le complice, malgré l'absence ou la non-responsabilité de
l'auteur principal.

(1) Cass., 7 févr. 1834.
(2) Cass., 21 avril 1826.

Ainsi aucun doute ne semble pouvoir exister quant à la solution de la question de savoir si l'article 62 doit s'appliquer à l'individu qui recèle en France des objets obtenus à l'aide d'un crime ou d'un délit commis en pays étranger, par un étranger. Pour que la constatation de l'infraction principale, élément indispensable de la culpabilite du recéleur, puisse être opérée, une condition est en effet nécessaire : il faut que ce fait puisse être porté devant la juridiction française. Une distinction devra par conséquent être faite : s'il s'agit d'une infraction contre laquelle des poursuites peuvent être exercées par devant les tribunaux de France, c'est-à-dire d'un des crimes énumérés par l'article 7 du Code d'instruction criminelle, l'article 62 est applicable. Si au contraire le délit auquel le recéleur s'est associé ne peut être l'objet d'une information de la part de la justice française, le complice, pas plus que l'auteur principal, ne doit encourir aucune condamnation, car les tribunaux sont incompétents pour connaître du fait principal, et ne sauraient admettre que la preuve en soit faite devant eux. Le recélé se rattachant nécessairement à ce fait et se caractérisant d'après lui, ne peut donc être atteint par la loi française : un élément indispensable à sa criminalité fait défaut (1).

Que si, renversant l'hypothèse, nous supposons au contraire le délit commis en France (2), et le recel en pays étranger par un non Français, la solution de la question devient plus délicate. C'est encore pour l'impunité des recéleurs que l'on doit, croyons-nous, se prononcer (à moins que le délit ne soit un de ceux énumérés par l'article 7). Sans doute c'est le fait de l'auteur, punissable en France,

(1) Cass., 17 oct. 1834.

(2) Ou en pays étranger par un Français, dans les conditions de l'article 5.

qui sert à caractériser celui du recéleur ; mais l'influence
de ce délit principal ne doit pas être telle sur la situation
de ce dernier que l'on n'ait à tenir aucun compte des conditions dans lesquelles s'est accompli son acte propre. « Le
châtiment, dit M. Bertauld (1), ne le frappe que parce qu'il
s'est associé au fait d'autrui, qu'il y a mis du sien, et qu'en
apportant des éléments à lui propres dans l'infraction, il a
participé à la violation de la loi. Or, si la loi française
n'exerce pas de souveraineté à l'étranger, sur la conduite
de l'étranger, comment sa sanction serait-elle applicable ?
La loi qui ne défendait pas le fait principal à l'étranger, peut-
elle être réputée avoir défendu le fait accessoire à raison de
sa relation avec le fait qui se produisait en France ? »

Une autre condition indispensable pour que la détention
d'un objet détourné à l'aide d'un délit puisse constituer le
possesseur en état de complicité, c'est que le recel ait eu
lieu *sciemment*. Il faut, les termes mêmes de l'article 62
sont formels, que le recéleur ait connu la provenance criminelle des objets dont il a reçu la possession. Le verdict
du jury doit donc s'expliquer expressément sur l'existence de cet élément indispensable à la criminalité du fait.
Cette condition toutefois est la seule prescrite ; il n'est donc
point nécessaire, pour que l'article 62 puisse être appliqué, que le recéleur ait tiré quelque profit de l'acte criminel. Aucun texte ne l'exige ; et l'article 380 repousse
même cette idée, lorsque, dans un cas particulier, il
distingue des recéleurs, les individus qui auraient appliqué
à leur profit tout ou partie des choses volées.

Ici, comme en toute autre matière, c'est nécessairement
la bonne foi de l'inculpé qui doit être présumée. Nulle condamnation ne peut donc être prononcée, s'il n'est prouvé

_____

(1) *Code pénal*, p. 506.

que les objets obtenus à l'aide d'un délit ont été *sciemment* recelés par le prétendu complice. La loi cependant peut, dans certaines circonstances spéciales, déroger à ce principe, et imposer au détenteur des choses volées l'obligation de faire la preuve de son ignorance de leur provenance criminelle.

La jurisprudence reconnaît l'existence d'un de ces cas exceptionnels, en matière de recel d'objets provenant de délits forestiers. Nulle disposition de la loi de 1827, il est vrai, ne formule expressément cette dérogation. Mais elle n'en est pas moins certaine. Avant la publication du Code forestier, la Cour de cassation, par interprétation de l'ordonnance de 1669, décidait déjà que la preuve de l'origine illégitime de l'objet était la seule qu'eût à faire l'administration forestière, en cette matière (1). Dans le *nouveau* Code, les articles 161 et 164 se bornent à dire que les agents forestiers doivent suivre les objets enlevés en délit, jusque dans les lieux où ils auront été transportés, et les mettre sous séquestre ; ils ont, pour cette recherche et cette saisie, le droit de requérir directement la force publique. Les tribunaux, expliquant ces deux textes à l'aide de la jurisprudence en vigueur lors de la rédaction du Code forestier, y voient une confirmation de la dérogation admise jusqu'à cette époque, aux règles de l'article 62 du Code pénal. Le procès-verbal du garde-forestier établit donc toujours contre l'individu chez qui les bois coupés en délit ont été découverts, une présomption de fraude qui ne peut être détruite que par la preuve contraire : « Si, en droit commun, la fraude ne se présume pas et doit être prouvée par celui qui l'allègue ; il en est autrement, lorsque les indices de fraudes ont été établis par la loi, et qu'elle a réglé le mode

(1) 28 juil. 1809 ; 9 févr., 6 sept. 1811.

de les constater : dans ce cas, c'est à ceux contre lesquels la
preuve légale de ces présomptions de fraude est rapportée,
à en détruire les effets (1). »

Une question fort délicate se présente encore à propos
de la connaissance, que doit avoir le recéleur, de la provenance criminelle de l'objet reçu. A quel moment faut-il qu'il
ait-eu cette connaissance ? Est-ce à l'instant même ou l'objet soustrait a été remis entre ses mains ? Ou bien suffit-il
qu'il l'ait acquise postérieurement, et ait néanmoins con-
tinué à garder le produit du délit ? C'est au moment où
l'objet arrive entre les mains du recéleur que le fait se caractérise,. disent les partisans de la première opinion ;
c'est donc à cette époque que le détenteur doit avoir connaissance de la provenance de la chose. L'article 63 ne dé-
cide-t-il pas, d'ailleurs, formellement, à propos des circonstances d'aggravation, que, dans les cas où la connaissance
de ces circonstances peut avoir une influence sur la situation du recéleur, c'est *au temps du recélé* que l'on doit se
placer pour savoir si elle a ou non existé ? Il doit nécessairement en être de même de la connaissance de l'existence du délit même. Cette interprétation peut, au surplus,
se justifier, au point de vue moral, par cette considération
qu'il semble y avoir une perversité plus grande dans le
fait de l'individu qui accepte en pleine connaissance de
cause des objets volés, que dans le fait de celui qui, après
les avoir reçus de bonne foi, ne les rend pas dès qu'il apprend leur coupable origine.

De graves objections ont été formulées contre ce système.
L'article 62, en effet, ne dit pas seulement que l'on devra
considérer comme complices ceux qui auront *reçu* sciem-

(1) Cass., 15 févr. 1833.

ment la chose détournée, mais bien tous ceux qui la recè-
lent. Or, que faut-il entendre par cette expression ? Le mot
celare, d'où elle dérive, signifie cacher ; n'est-ce donc pas
cacher la chose que la conserver sciemment ? Recéler, dit
l'Académie française, c'est « garder et cacher une chose que
l'on sait être volée ». Le fait constitutif du recel est
la possession de l'objet, jointe à la connaissance que l'on
a de la source criminelle d'où il provient. Dès lors donc
que ces deux éléments se trouvent réunis, il y a recélé, tel
que l'entend la loi. Quant aux expressions de l'article 63,
au temps du recélé, il nous semble impossible d'en tirer un
argument contre notre système. La question que nous dis-
cutons n'est autre, en effet, que celle de savoir quel est le
sens du mot *recéler*, employé par l'article 62. Comment,
dès lors, serait-il possible d'apporter, à l'appui de la définition que l'on en donne, un membre de phrase où le mot
à définir se trouve employé ? Pour nous, *au temps du recélé*
ne signifie point : au temps où l'objet a été reçu ; mais
seulement : au temps où l'objet était en la possession de
l'individu accusé de recel ; la connaissance des circonstances d'aggravation à une époque quelconque de la détention
du recéleur suffit pour lui enlever le bénéfice de la disposition de l'article 63.

La Cour de cassation n'a point été appelée, croyons-nous,
à se prononcer formellement sur la difficulté dont nous
nous occupons ; mais sa doctrine semble bien favorable à
notre système. Souvent elle a eu l'occasion de proclamer
la nécessité d'exprimer, dans la déclaration du jury, que
l'accusé a recélé sciemment l'objet volé, et cependant jamais elle n'a exigé qu'il fût énoncé que cette connaissance
avait existé au moment de la réception (1). C'est donc

(1) 12 sept. 1812 ; 26 sept. 1817 ; 4 janv. 1839 ; 24 juil. 1847.

qu'elle ne considère pas comme indispensable la coexistence, au moment de la mise en possession, des deux éléments du recel, car le jury doit toujours être appelé à se prononcer sur chacun des éléments constitutifs du crime. Un arrêt du 16 juillet 1857 a même donné du recel une définition qui concorde parfaitement avec notre interprétation de l'article 62 : « Le recel consiste dans la *détention* volontaire de la chose soustraite au préjudice de son véritable propriétaire, et en connaissance de l'origine de l'objet ainsi détenu. »

On a, dans la pratique, soulevé la question de savoir si la femme peut être poursuivie à raison du recel des objets enlevés, détournés ou obtenus par son mari. L'affirmative dès l'abord ne semble faire aucun doute, en présence des termes généraux de l'article 62. Quelques auteurs, cependant, se refusent à admettre, en ce cas, la possibilité d'un recel punissable. Les motifs qui ont dicté la disposition de l'article 248 en faveur de l'époux qui recèle son conjoint, n'existent-ils pas encore dans notre hypothèse ? N'est-il pas injuste, disent-ils, de punir comme complice la femme qui, aux termes des lois civiles, doit obéissance à son mari, est tenue d'habiter avec lui ? Ne serait-il pas immoral même de l'obliger à dénoncer son époux, sous peine d'encourir elle-même un châtiment ? Certes nous ne prétendons nullement qu'il y ait pour la femme obligation de livrer son mari à la justice ; aussi, ne doutons-nous pas que, s'il était prouvé qu'elle n'a point eu d'intention coupable et n'a conservé les objets que pour ne pas rendre manifeste le délit de son époux, un acquittement serait prononcé en sa faveur. Mais, comment soutenir, d'autre part, que son état de femme en puissance de mari la rende incapable d'avoir une volonté propre et de concourir de son chef à l'infraction ? La difficulté est donc entièrement une difficulté de fait. C'est aux jurés ou aux juges correctionnels qu'il appartiendra de décider souverainement si la femme n'a reçu les objets que par l'effet d'une contrainte morale, ou si, au contraire, elle a pris une part active à l'infraction du mari, en cachant sciemment et volontairement les choses soustraites par celui-ci (1).

§ 2.

Le recel des objets provenant d'un crime ou d'un délit, constituant toujours un fait de complicité, est soumis par conséquent à l'application de la règle générale de l'article 59. La peine que devra supporter le recéleur sera encore en prin. pe celle prononcée par la loi contre l'auteur du délit dont il s'est rendu complice. Il subira même toujours les aggravations résultant, soit des circonstances du crime, soit de la qualité personnelle du principal délinquant. Les mêmes raisons qui nous ont forcé à reconnaître l'existence de cette règle rigoureuse, à l'égard du complice ordinaire, nous obligent à en faire application au recéleur (2).

Le législateur, toutefois, n'a pas osé pousser ici, jusqu'à ses dernières conséquences logiques, le principe d'assimilation de l'art. 59. Il a reculé devant son application, lorsque la peine de l'auteur est la peine de mort, ou une peine perpétuelle. Pour bien apprécier la modification apportée sur ce point par la loi de 1832, il est nécessaire de nous reporter un instant à l'ancienne rédaction de l'article 63. Il était ainsi conçu : « Néanmoins, à l'égard des recéleurs désignés dans l'article précédent, la peine de mort, des travaux

(1) Cass., 15 mars 1821. — *Sic*, MM. Chauveau et Hélie ; *contra*, MM. Legraverend, Bourguignon.
(2) Cass., 29 mai 1817 ; 22 juin 1827 ; 9 juill. 1846 ; 29 juin 1876, etc.

forcés à perpétuité ou de la déportation, lorsqu'il y a lieu, ne leur sera appliquée qu'autant qu'ils seront convaincus d'avoir eu, au temps du recélé, connaissance des circonstances auxquelles la loi attache les peines de ces trois genres, sinon ils ne subiront que la peine des travaux forcés à temps. » Les mots : les recéleurs *désignés dans l'article précédent*, nous montrent, dès l'abord, que ce texte n'entend s'occuper que du recéleur de choses et non de l'individu que l'article 61 punit comme complice. Le nouvel article 63, il est vrai, se contente de parler des recéleurs en général, mais l'emploi même de cette expression, qui ne peut proprement s'appliquer aux complices de l'article 61, suffit à nous démontrer que le législateur de 1832 n'a entendu apporter aucune modification sur ce point.

Ainsi donc une condition essentielle est exigée pour l'application au recéleur des peines perpétuelles encourues par l'auteur du délit : il doit avoir eu, au moment même du recélé, connaissance des circonstances auxquelles ces peines sont attachées, sinon la peine des travaux forcés à temps peut seule être prononcée contre lui.

Cette disposition exceptionnelle n'était point encore suffisante pour atténuer la trop grande rigueur du principe de l'article 59 ; aussi plusieurs cours d'assises se refusèrent-elles, malgré les décisions contraires de la Cour de cassation, à prononcer la peine de mort contre l'individu reconnu coupable d'avoir recélé les objets qu'il savait provenir d'un vol précédé de meurtre. Un arrêt de la cour d'assises de la Dyle du 19 août 1813 ayant, contrairement à deux arrêts antérieurs de la Cour suprême, rendus dans la même affaire, persisté à refuser d'appliquer à ce cas l'article 304 du Code pénal, une interprétation de l'article 62 dut, conformément à la loi du 16 septembre 1807, être demandée au Conseil d'État. Un avis du 10-18 décembre 1813, vidant ce référé, adopta, avec raison, le système de la Cour de cassation, dont l'excessive rigueur est la conséquence logique de la fiction de la loi, qui suppose de la part du recéleur une participation à des circonstances qu'il n'a connues que depuis le crime et au moment même du recélé. La modification introduite dans notre article par la loi de revision du 28 avril 1832 a pour but d'apporter sur ce point un adoucissement à la sévérité exagérée du Code. « Néanmoins, dit le premier alinéa du nouveau texte, la peine de mort, lorsqu'elle sera applicable aux auteurs de ce crime, sera remplacée, à l'égard des recéleurs, par celle des travaux forcés à perpétuité. » Le second paragraphe n'est que l'ancien article 63, modifié en ce qui concernait la peine de mort.

Ainsi donc deux dérogations sont apportées, en cas de recel, aux principes généraux sur la répression de la complicité : d'une part, la peine de mort est déclarée inapplicable au recéleur, et d'autre part, la connaissance par ce complice des circonstances d'aggravation est indispensable pour que l'on puisse lui appliquer une peine perpétuelle. Il est difficile de s'expliquer la raison d'être de cette dernière disposition. M. Faure, dans son exposé des motifs, cherche à la justifier ainsi : « Quand le crime est accompagné de circonstances si graves qu'elles entraînent une peine perpétuelle, on peut croire que si, au temps du recelé, ces circonstances eussent été connues du recéleur, il eût mieux aimé recevoir les objets volés que de s'en charger avec un si grand risque. » Nous ne saurions accepter une telle explication, qui est plutôt une critique fort juste du principe général d'assimilation. Car, ou cette assimilation du recéleur à l'auteur principal est conforme à la nature des choses, et alors, pourquoi ne pas pousser le principe jusqu'à ses dernières conséquences? Ou elle est fausse, et alors pourquoi en faire le droit commun? Pourquoi, surtout, établir une distinction aussi arbitraire que celle de l'article 63 ? Le recéleur, il vrai, n'eût peut-être pas consenti à cacher l'objet, s'il eût su encourir par là une condamnation aux travaux forcés à perpétuité. Mais comment affirmer que le risque d'une condamnation à vingt années ne l'eût pas fait pareillement reculer ?

Une autre critique a été aussi formulée contre la disposition de l'article 63. La loi de revision de 1832 a, on le sait, complété l'échelle des peines en matière politique, par l'introduction d'une nouvelle pénalité, la détention, placée au-dessous de la déportation, et correspondant aux travaux forcés à temps, dans l'ordre des peines de droit commun. Il eût donc été logique, dans l'article 63, de remplacer la déportation par cette peine de la détention, et non plus par celle des travaux forcés à temps, comme avait été obligé de le faire le législateur de 1810, faute de pénalité correspondante.

Nous ne saurions nous ranger à l'avis de M. Carnot (1), qui prétend trouver dans le nouvel article 63 une aggravation de pénalité, pour le cas où la peine de mort deviendrait applicable à l'auteur du vol, cet article « voulant que dans un pareil état de choses, le recéleur soit toujours condamné aux travaux forcés à perpétuité, lorsque le même article au Code de 1810 voulait qu'il ne lui fût appliqué que la peine des travaux forcés à temps. » Cette interprétation du premier alinéa de notre texte nous paraît erronée. L'esprit de la réforme de 1832 ne permet pas de douter qu'en remplaçant la peine de mort par celle des travaux forcés à perpétuité, le législateur n'ait entendu parler que du cas où la peine capitale était, en vertu de l'article 63 et de l'avis du Conseil d'état, applicable au recéleur instruit des circon-

(1) *Code pénal,* sur l'art 63, *observat. additionnelles.*

stances aggravantes. La nouvelle rédaction du second alinéa est d'ailleurs formelle, c'est *dans tous les cas*, que la peine perpétuelle ne peut être prononcée contre le recéleur que s'il a eu connaissance des causes d'aggravation. Elle ne pourra donc l'être qu'à cette condition, dans le cas même où cette peine est substituée à la peine de mort.

Une question intéressante s'élevait avant 1832 à propos de l'interprétation de l'article 63. L'ancien article 56, en effet, portait que la peine des travaux forcés à temps devrait être remplacée en cas de récidive par celle des travaux forcés à perpétuité. Or, supposons un vol commis avec des circonstances aggravantes rendant son auteur passible des travaux forcés à temps. Le recéleur, s'il se trouve en état de récidive, peut-il, afin d'éviter l'augmentation de peine portée par l'article 56, invoquer l'ignorance où il a été des circonstances qui ont aggravé le crime du chef de l'auteur principal? Nous ne le pensons pas; l'article 63 ne parle que des « circonstances auxquelles la loi attache les peines de ces trois genres ». Cette circonstance ne peut être, dans notre hypothèse, que la récidive seule, les autres causes d'aggravation inhérentes au crime n'ayant eu qu'une influence indirecte sur le changement de la peine temporaire en peine perpétuelle. Or, la récidive est personnelle au recéleur, elle procède de son fait propre; on ne peut donc se refuser à lui en appliquer les conséquences pénales (1). Ajoutons d'ailleurs, que la question ne peut plus se présenter depuis la revision de 1832. Les travaux forcés à perpétuité ont été en effet remplacés, en cas de récidive, par le maximum de la peine des travaux forcés à temps.

(1) Cass., 18 juin 1829.

Nous avons eu plus haut à signaler, à propos de la complicité proprement dite de l'article 60, l'intérêt qu'il y a, particulièrement en cas de vol, à distinguer avec soin le complice du coauteur. La nuance qui sépare le simple auxiliaire du coopérateur est, en pareille matière, fort difficile à saisir. Il en est tout autrement, lorsque nous nous trouvons en face d'un recéleur : son acte étant toujours postérieur au fait principal ne peut être considéré comme un acte de coopération. Un vol ne devra donc jamais être réputé *commis* par deux personnes, lorsque l'une d'elles est un simple recéleur (1).

§ 3.

La règle générale du code est, nous l'avons vu, que quiconque recèle sciemment les objets provenant d'un crime ou d'un délit, commet un acte de complicité. Il est cependant un cas où ce principe souffre exception, et où le recéleur, tout en étant soumis aux mêmes peines que l'auteur du détournement, n'est cependant pas puni en qualité de complice. Cette hypothèse est celle prévue par l'article 247 du Code de justice militaire de l'armée de terre de 1857 : « Tout individu qui achète, recèle ou reçoit engage des armes, munitions, effets d'habillement, de grand ou petit équipement, ou tout autre objet militaire dans des cas autres que ceux où les règlements autorisent leur mise en vente, est puni *par le tribunal compétent* de la même peine que l'auteur du délit. » A première vue, cette disposition semble à la vérité n'être qu'une application pure et simple de l'article 62 du Code pénal. Mais l'historique de sa rédaction va nous montrer

---

(1) Cass., 11 sept. 1818.

Salmon.   15

quelle en est au juste la portée. Avant 1857, des peines différentes étaient édictées, dans le cas qui nous occupe, contre
l'auteur du détournement et contre le recéleur, (articles 5 de la loi du 28 mars 1793, 3 et 5 de la loi du 15 juillet 1829.) La Cour de cassation, se fondant sur cette diversité
dans les pénalités, reconnaissait dans les faits commis par
ces deux individus, deux délits entièrement distincts (1). En
1857, le projet du gouvernement et celui de la commission
ministérielle sanctionnaient formellement cette jurisprudence. en faisant du recel d'effets militaires un délit *sui generis* auquel était attachée une répression spéciale. Les sections réunies du Conseil d'état, tout en voulant consacrer
le même principe, « crurent équitable de calquer la peine
sur celle qu'encourait le militaire qui opérait la vente, le
détournement et la mise en gage des effets, et pour rendre
leur pensée, modifièrent la pénalité, en déclarant que les
coupables seraient punis par le tribunal compétent de la
même peine que les auteurs mêmes de ces délits. Cette rédaction a l'inconvénient de paraître faire du délit d'achat
de recel et de réception en gage un fait de complicité à celui
de vente, de détournement et de mise en gage de la part des
militaires, bien que ces deux délits soient distincts et ne
touchent pas à l'ordre des juridictions qui doivent connaître séparément des uns et des autres, selon la qualité
des coupables (2). » Le rapport au Corps législatif ne permet
pas de douter que tel soit en effet l'esprit de l'article 247,
lorsqu'il dit : « La jurisprudence de la Cour de cassation
est la base des dispositions nouvelles, en ce qui concerne
les individus non militaires. » Car nous savons que la Cour
avait toujours regardé, jusqu'à cette époque, le fait de dé-

(1) 25 juil. 1323 ; 2 sept. 1836 ; 10 déc. 1841.
(2) M. V. Foucher. Commentaire du C. de justice milit., p. 789.

tournement et celui de recel comme des délits distincts. Les auteurs de la loi estimèrent que les mots « est puni *par le tribunal compétent,* » indiqueraient suffisamment le maintien de cette ancienne jurisprudence (1).

Il nous reste, à propos du recel, à étudier une question fort délicate, qui se rattache aussi bien à la complicité réelle de l'article 60, qu'à celle de l'article 62. Nous avons à nous demander quel est le sens de l'article 593 du Code de commerce, qui punit des peines de la banqueroute frauduleuse, le recel de tout ou partie de l'actif de la faillite.

L'article 403 du Code pénal est ainsi conçu : « Ceux qui, conformément au Code de commerce, seront déclarés complices de banqueroute frauduleuse, seront punis de la même peine que les banqueroutiers frauduleux. » C'est donc au Code de commerce qu'il faut se référer, pour la détermination des cas de complicité de ce crime. Or, avant la loi de révision du 28 mai 1838, c'était l'article 597 qui réglementait cette matière : « Seront déclarés complices des banqueroutiers frauduleux et seront condamnés aux mêmes peines que l'accusé, les individus qui seront convaincus de s'être entendus avec le banqueroutier, pour recéler ou soustraire tout ou partie de ses biens meubles ou immeubles. » Ni l'article 60, ni l'article 62 du Code pénal ne pouvaient donc recevoir application en cette matière; aux termes de l'article 403 du Code pénal, on devait s'en tenir aux règles posées par le Code de commerce.

(1) Cass., 11 avril 1867, 8 avril 1869. — L'article 329 du Code de justice militaire de l'armée de mer du 4 juin 1858 est conçu en des termes identiques à ceux de notre article 247 : sa portée doit donc être la même que celle que nous venons de reconnaître à ce dernier. Le rapport est d'ailleurs formel sur ce point : « Tous ces faits (ceux énumérés dans l'art. 329) constituent, par eux-mêmes, des délits spéciaux et indépendants du principe de la complicité. »

Ces principes ont été modifiés par la loi des faillites de 1838. L'article 597 a été remplacé par l'article 593, ainsi conçu : « Seront condamnés aux peines de la banqueroute frauduleuse : 1° les individus convaincus d'avoir, dans l'intérêt du failli, soustrait, recélé ou dissimulé tout ou partie de ses biens meubles ou immeubles, le tout sans préjudice des autres cas prévus par l'article 60 du Code pénal. » Une différence profonde entre cette disposition et l'ancienne apparait à première vue : les mots *seront déclarés complices*, et *convaincus de s'être entendus*, de l'article 597 ont été supprimés dans la nouvelle rédaction de l'article 593. Cette modification des termes de la loi entraîne aussi, une modification complète de la portée du texte.

Avant 1838, avons-nous dit, l'article 597 était la seule disposition qui réglât la complicité de la banqueroute frauduleuse. Ceux-là seuls pouvaient être punis de ce chef, qui étaient reconnus coupables de s'être entendus avec le banqueroutier, pour recéler ou soustraire une partie de l'actif. Il y avait là, en quelque sorte, une complicité par assistance dans les actes d'exécution, correspondant à celle du troisième alinéa de l'article 60 du Code pénal. Aujourd'hui l'article 593 est beaucoup plus large et déclare que l'on peut se rendre complice de banqueroute par l'un quelconque des modes de l'article 60 ; mais, remarquons-le, nul renvoi n'est fait à l'article 62. Le fait de cacher sciemment des objets que l'on sait avoir été détournés de l'actif d'une faillite est donc soumis à des règles spéciales : ce sont ces règles que pose notre article. Voici quelle est, selon nous, la portée des dérogations qu'il a introduites.

De deux choses l'une : ou bien la soustraction, le recel, ou la dissimulation de l'actif a eu lieu de concert avec le failli, et ce dernier (par suite de cette entente), se trouve

lui-même coupable de banqueroute ; que faut-il voir alors
dans ces actes, sinon des faits constitutifs de complicité aux
termes du troisième alinéa de l'article 60, dont l'application
est réservée par notre texte ? Ou bien le failli ignore au
contraire les détournements, et se trouve par là exempt
des peines de la banqueroute. On ne peut dire, dans ce cas,
que l'auteur du recel ou de la dissimulation de l'actif soit un
complice de banqueroute, car, le délit principal faisant
défaut, il ne peut être question de complicité. La peine à
prononcer contre lui devrait donc être, d'après le droit
commun, celle du vol. Mais c'est ici qu'intervient l'article
593 : cet individu sera, dit-il, passible des peines de la
banqueroute frauduleuse, s'il a agi dans l'intérêt du failli.
Dans ce cas donc, les soustractions, recels, dissimulations
de biens sont punis, non plus comme faits de complicité,
aucune infraction principale n'ayant existé, mais comme
crimes spéciaux, entraînant les peines de la banqueroute.

La portée de l'article 593 est, dès lors, facile à déterminer : les circonstances constitutives de la complicité, en
vertu de l'article 60, peuvent toutes entraîner la complicité
de banqueroute frauduleuse, et parmi ces circonstances, il
faut comprendre ici le détournement des biens de la faillite, ce détournement donnant au failli le moyen de les
soustraire à ses créanciers.

Si cette soustraction, cette dissimulation ou ce recel est
inconnu du failli, l'individu qui s'en est rendu coupable ne
pouvant être complice d'un fait de banqueroute qui n'existe
pas, son acte prend le caractère d'un vol ordinaire, à moins,
dit l'article 593, que cet acte n'ait été fait *dans l'intérêt du
failli*, cas auquel la peine de la banqueroute frauduleuse
serait encourue.

Une objection semble à première vue pouvoir être formulée contre ce système : notre article, en ajoutant les mots : « le tout, sans préjudice des autres cas prévus par l'article 60 du Code pénal, » n'entend-il pas signifier que les cas dont il vient de parler sont, de même que ceux de l'article 60, des hypothèses de complicité ? N'est-il pas, dès lors, impossible de prétendre que le but de l'article 593 ait été de créer des délits spéciaux distincts de la complicité de banqueroute ? Nous ne pouvons nous arrêter à cette objection, car les termes mêmes de l'article 593, que l'on nous oppose, nous paraissent être plutôt un argument en faveur du système que nous défendons. Remarquons, en effet, les expressions dont se sert l'article ; il parle des *autres* cas prévus *par l'article* 60 : cela semble donc bien signifier que ceux précédemment indiqués doivent, eux aussi, rentrer dans les termes de cet article, pourvu évidemment qu'il y ait eu, comme l'exige le Code pénal, un crime principal : au cas où ce crime ferait défaut, il y aurait, — et c'est là, nous le répétons, le but de la disposition de l'article 593, — un crime spécial. La rubrique de notre chapitre suffirait à démontrer ce dernier point : elle ne parle pas de la complicité de la banqueroute ; mais des *crimes et délits commis dans les faillites par d'autres que par les faillis.*

L'article 594 fait rentrer dans le droit commun le conjoint, les ascendants ou descendants du failli et ses alliés au même degré. C'est à dire que les peines de la complicité leur restent applicables, quand ils ont agi de concert avec le failli, tandis que, dans le cas contraire, ce sont toujours les peines du vol qui sont prononcées contre eux, qu'ils aient ou non agi dans l'intérêt du failli. La loi voit, avec raison, une atténuation de l'immoralité du fait, dans l'affection qui unit les coupables au failli : ce n'est qu'au cas de connivence avec lui, que la règle commune reprend son empire.

L'article 594 produit encore un autre effet, c'est de rendre inapplicable en cette matière l'article 380 du Code pénal. Cela s'explique parfaitement, car le vol est commis en réalité au préjudice de la masse des créanciers, et non au préjudice du failli. Ajoutons qu'un arrêt de la Cour de cassation du 13 mai 1841 a fort justement décidé que cet article 594 « n'a point pour objet de déroger aux dispositions du Code pénal relatives aux circonstances aggravantes du vol. » Ainsi la soustraction commise par la femme avec bris de scellés et effraction de meubles rentre sous l'application des articles 253 et 384 du Code pénal, qui prononcent la peine des travaux forcés à temps.

Les dispositions que nous venons d'étudier sont spéciales à la banqueroute frauduleuse, et ne sauraient, par suite, être étendues à la banqueroute simple ; car, en cette matière, la loi n'admet jamais la complicité. En effet, le Code pénal, après avoir, dans l'article 402, déterminé deux ordres de peines différents, pour ceux qui, en vertu du Code de commerce, seraient reconnus coupables de banqueroute frauduleuse ou simple, se borne, dans l'article 403, à punir les complices de banqueroute frauduleuse. Or, cette disposition, si elle avait eu pour seul but de déclarer le complice de ce crime passible des même peines que l'auteur, ne serait qu'une oiseuse répétition de l'article 59. Telle ne peut donc être sa signification. Le Code pénal ne faisant ici aucune mention de la complicité de banqueroute simple (délit dont s'occupe cependant l'article précédent), a suffisamment donné à entendre qu'il n'en faisait pas un délit.

D'autre part, la loi des faillites a pris soin de s'occuper, dans un chapitre spécial, des crimes et délits commis dans les faillites par d'autres que par les faillis. Or, l'article 593, le seul de ce chapitre qui s'occupe de la complicité, ne

parle que de la banqueroute frauduleuse. Les mots « le tout
sans préjudice des autres cas prévus par l'article 60 du
Code pénal », ajoutés à l'énumération des cas de la participation des tiers à la faillite, n'ont nullement pour objet de
rendre la complicité possible dans tous les cas de banqueroute. Le texte ne dispose que pour des hypothèses où la
banqueroute est arrivée jusqu'au crime, c'est-à-dire celles
seulement où il a pu y avoir, de la part des tiers, assistance, recel. Ajoutons enfin, avec un arrêt de la Cour de cassation du 10 octobre 1844, que cette dérogation aux règles
de la complicité « ressort virtuellement de la nature particulière du délit de banqueroute simple, lequel consiste
dans la violation d'obligations toutes personnelles au failli,
dérivant de sa qualité de commerçant, et constituant des
garanties légales attachées à l'exercice de cette profession. »

SECTION II

Complicité présumée de l'article 61.

Le second des cas assimilés à la complicité est celui
prévu par l'article 61 du Code pénal : « Ceux qui, connaissant
« la conduite criminelle des malfaiteurs exerçant des bri-
« gandages ou des violences contre la sûreté de l'Etat, la
« paix publique, les personnes ou les propriétés, leur four-
« nissent habituellement logement, lieu de retraite ou de
« réunion, seront punis comme leurs complices. »

Quatre conditions sont exigées par cet article pour que
l'asile donné aux malfaiteurs puisse constituer un acte de
complicité.

Il faut d'abord que celui qui a fourni le logement ait
connu la conduite criminelle des individus qu'il a reçus.
L'article 61 rappelle expressément la nécessité de cet élément intentionnel : ce n'est qu'une application des règle

générales de la complicité. Il faut et il suffit qu'au temps de l'action, l'accusé ait été informé, peu importe par quel moyen, de la conduite criminelle de ceux qu'il recevait. De simples soupçons ne pourraient d'ailleurs remplacer ici cette connaissance ; car ce n'est pas connaître, que de concevoir des doutes (1).

Le complice doit avoir agi volontairement. Cette condition doit être spécialement rappelée ici, car c'est surtout en pareille matière qu'il y a lieu d'examiner si l'aide accordée aux malfaiteurs n'est pas le résultat de la violence ou de l'intimidation. L'article 64 du Code pénal devrait, en ce cas, recevoir son application : « Il n'y a ni crime ni délit, lorsque le prévenu a été contraint par une force à laquelle il n'a pu résister. » La loi d'ailleurs suppose toujours la volonté, de sorte qu'il n'est pas nécessaire, pour justifier la condamnation, que le jury ait formellement constaté que le complice a agi librement.

En troisième lieu, le logement, point de réunion ou de retraite, doit avoir été fourni *habituellement*. Le fait de procurer accidentellement l'hospitalité à un malfaiteur, pour le mettre à l'abri des poursuites, ne suffit pas pour engager son auteur dans la responsabilité du crime de ce malfaiteur. Est-ce à dire que ce fait échappera toujours à toute répression ? Non, assurément, les articles 99, 248 et 268 du code pénal édictent pour ce cas des peines spéciales dont nous aurons à parler plus loin.

Il faut enfin que les malfaiteurs reçus exercent des brigandages ou des violences contre la sûreté de l'Etat, la paix publique, les propriétés, ce qui exclut tous ceux qui se rendent coupables de vol simples ou d'escroqueries.

Ces derniers étant mis à part, on s'est demandé quels

(1) Carnot, *Code pénal*, sur l'art. 61.

sont les malfaiteurs dont entend parler ici la loi. S'occupe-
t-elle seulement de ceux qui sont constitués en association
pour faire métier de brigandage? Ou bien veut-elle désigner même ceux qui se trouvent accidentellement réunis
pour commettre nn crime isolé, pourvu d'ailleurs qu'il y
ait, de la part de l'accusé, habitude de prêter sa maison
pour de semblables réunions? Selon M. Carnot, « ce
n'est pas d'un rassemblement de malfaiteurs pour commettre un crime particulier que s'occupe l'article 61,
mais de malfaiteurs exerçant des brigandages et des violences, c'est-à-dire *qui en font le métier.* » Cette opinion,
qui tend à restreindre considérablement la portée de l'article 61, nous paraît contraire à son texte. Ceux qui fournissent lieu de retraite *ou* de réunion, dit-il. Il peut donc
y avoir aussi bien complicité à donner asile à des malfaiteurs isolés, qu'à recevoir habituellement une même bande
organisée à laquelle on fournit un abri pour ses réunions.
L'asile donné à des individus accidentellement rassemblés
en vue d'un crime isolé ne pourrait, il est vrai, constituer, à
lui seul, un acte de complicité, mais c'est uniquement parce
qu'alors, il n'y aurait point habitude de la part du prétendu complice. Aussi croyons-nous que l'article 61 devrait recevoir son application (la condition d'habitude
étant alors réalisée), dans le cas où le logement aurait été
fourni successivement à plusieurs malfaiteurs séparés. Le
fait punissable qu'entend réprimer ici le législateur, c'est
l'habitude de recevoir des malfaiteurs.

On s'est demandé s'il n'y a pas lieu d'apporter, quant à
la constatation de cette complicité spéciale, une dérogation aux principes généraux que nous avons déduits de
l'article 59. Une condition essentielle, pour qu'un fait de
complicité soit punissable, c'est, avons-nous dit, que l'existence du fait criminel ait été établie à l'égard de l'indi-

vidu prévenu de complicité ; peu importe que la culpabilité de l'auteur présumé du délit ne soit pas prouvée, peu
impotre même que cet auteur soit complètement inconnu ;
l'existence et la criminalité du fait principal ayant été vérifiées, rien ne s'oppose à la condamnation du complice.
Cette décision ne doit pas, d'après la Cour de cassation,
être étendue au complice de l'article 61. Suivant un arrêt
du 9 juillet 1841, le fait d'avoir habituellement donné asile
à des malfaiteurs ne peut être punissable que si ces derniers sont individuellement connus et désignés dans la déclaration du jury : « L'article 61 n'est applicable qu'autant
que les malfaiteurs ont été révélés à la justice et déclarés
passibles des peines établies par les lois pour les crimes et
délits dont ils sont reconnus coupables.» Il y a là, croyons-
nous, une interprétation inexacte de notre article.
La loi n'exige nullement, pour ce cas particulier, que la
culpabilité des auteurs auxquels le complice s'est associé
ait été légalement reconnue. L'article 61 se borne à déclarer coupable de complicité l'individu qui fournit habituellement asile à des malfaiteurs. Ce sont donc les règles générales de la complicité qui devront lui être appliquées. On
invoque, il est vrai, la nature particulière du mode de participation dont nous nous occupons ; la qualité des personnes reçues a, dit-on, une importance toute particulière
ici, puisque le fait de les avoir reçues ne tombe sous le
coup de l'article 61 que si les crimes commis par ces malfaiteurs sont de ceux limitativement énumérés par le texte.
La nature des crimes commis, répondrons-nous, est bien,
il est vrai, un point capital en cette matière, elle doit être
déterminée avec le plus grand soin ; mais quel obstacle
s'oppose à ce qu'elle soit établie à l'égard du complice par
un débat contradictoire avec lui ? Pour toute autre espèce
de complicité, cette vérification faite en l'absence des au-

teurs principaux est reconnue suffisante ; pourquoi ne pourrait-elle l'être dans notre hypothèse ? Qu'il s'agisse de la complicité de l'article 60, ou de celle de l'article 61, la constatation du fait principal n'est ni plus, ni moins facile à opérer en l'absence des auteurs principaux ; la seule différence, c'est que, dans le second cas, le juge ne devra pas se borner à cette constatation ; il devra, en outre, déterminer si les faits principaux sont de ceux que l'article 61 a limitativement énumérés ; or, cette dernière détermination peut tout aussi bien être faite sans que les délinquants principaux aient été appelés aux débats.

On a fait aussi remarquer à quelle regrettable conséquence amènerait le système de la Cour de cassation. Le complice ne pouvant ici être puni que si les malfaiteurs auxquels il a donné asile sont individuellement reconnus coupables, il aurait tout intérêt à taire à la justice le nom de ceux-ci, et l'on arriverait à ce double résultat, d'une part de se trouver dans l'impossibilité de condamner un individu de la culpabilité duquel on est certain, et d'autre part, de mettre en quelque sorte comme condition de cette exemption de peine, qu'il ne viendra point en aide à la justice.

Ceux qui fournissent habituellement lieu de retraite ou de réunion aux malfaiteurs énumérés par l'article 61, « seront punis comme leurs complices, » c'est-à-dire que la peine à prononcer contre eux sera celle portée contre les auteurs principaux. Nulle difficulté donc pour les crimes commis par les malfaiteurs pendant que l'asile leur était ouvert ; la responsabilité du complice est engagée par tous ces actes. On doit même repousser ici la distinction proposée par M. Carnot, entre les délits qui rentrent dans le plan de l'association, et ceux qui, n'y rentrant pas, doivent être considérés comme personnels au membre de la bande qui les a commis. Selon nous, en effet, l'article 61 n'exige point que les malfaiteurs reçus fassent métier de brigandage ; on n'a donc pas à examiner si les crimes commis sont ou non utiles au but que s'est proposé l'association.

Quant aux crimes commis soit avant, soit après le temps de l'asile donné, il y aura toujours lieu de rechercher s'il n'existe pas entre ce dernier fait et eux une certaine relation capable de constituer le lien de la complicité. Les crimes des malfaiteurs remontent-ils par exemple à une date très ancienne, relativement à l'acte du prétendu complice, ou bien au contraire lui sont-ils de beaucoup postérieurs? L'article 61 ne peut être appliqué. Car, remarquons-le, ce qu'entend punir ici le législateur, ce n'est pas en réalité le fait d'avoir fourni une aide effective aux criminels en leur donnant un lieu de retraite ou de réunion. Ce qu'il veut poursuivre, c'est la participation présumée de celui qui reçoit chez lui des criminels. Il connaît leur conduite, il entend leurs conversations, il s'approprie donc nécessairement, dans une certaine mesure, les crimes commis ; il doit par conséquent, en supporter la responsabilité. Et, ce qu'il y a de remarquable, c'est que cette complicité est toujours présumée, sans qu'il soit possible ici à l'accusé de prouver que les malfaiteurs qu'il connaissait comme tels ne l'ont pas initié à tous leurs projets. « On ne peut les recevoir, dit le rapport de M. Riboud, sans connaître leurs projets et leur conduite et sans y participer. »

La fourniture, même habituelle des aliments ne peut, au contraire, faire présumer une telle participation ; aussi, la loi ne punit-elle pas ce fait, à moins, évidemment, qu'en donnant la nourriture aux malfaiteurs, on ne leur ouvre en même temps un lieu de réunion (1).

(1) M. Carnot donne un motif tout différent du silence de la loi relativement à la fourniture habituelle des aliments: « Le législateur n'a

Le sens de l'article 61 nous est maintenant connu. Quelques explications sont encore nécessaires pour achever d'en déterminer la portée exacte. Il importe de le comparer avec d'autres dispositions du Code pénal, dans lesquelles on serait tenté de voir des cas spéciaux de complicité rentrant dans les termes de cet article.

L'article 268 porte que la peine de la réclusion doit être prononcée contre quiconque a sciemment et volontairement fourni logement, lieu de retraite ou de réunion à une bande organisée en vue de commettre des attentats contre les personnes ou les propriétés. La peine, aux termes de l'article 99, sera même celle des travaux forcés à temps, si la bande est une bande armée dans le but d'accomplir l'un des crimes énumérés par l'article 96. Nous ne saurions partager l'opinion des auteurs qui voient dans ces deux articles des hypothèses de complicité et prétendent leur appliquer les règles générales posées par l'article 61, c'est-à-dire exiger, pour que la peine soit encourue, que l'asile ait été habituellement fourni à la bande ou à ses divisions. Nous croyons, au contraire, que le Code, dans les articles 99 et 268, entend s'occuper d'infractions constituant non un mode de complicité, mais un crime spécial. Plusieurs différences essentielles existent en effet entre les hypothèses de ces articles et celles de l'article 61. Ce dernier exige, pour son application, que le logement ait été fourni *habituellement*. Les deux autres articles, au contraire, gardent le silence sur cette condition, et nous nous refusons à la

pu vouloir qu'ils fussent privés de nourriture, ce qui aurait été prononcer contre eux la peine de mort avant qu'ils eussent été jugés coupables. » Cette observation ne repose évidemment sur aucun fondement sérieux, car les malfaiteurs auraient un moyen fort simple pour échapper à une telle peine, ils n'auraient qu'à cesser leurs brigandages, ou même s'ils les continuaient, il leur suffirait de ne pas prendre habituellement leurs repas chez le même individu.

suppléer, comme croient pouvoir le faire **MM. Chauveau
et Hélie.** D'autre part, il suffit d'avoir reçu habituellement
des « malfaiteurs épars » (ce sont les expressions même
du rapport de **M. Riboud**), pour être déclaré leur complice:
au contraire, il faut, pour encourir la peine des articles 99
et 268, que les criminels auxquels on fournit un lieu de
réunion soient constitués *en bande organisée.* Enfin, la
peine prononcée en ce dernier cas est une peine uniforme
et indépendante de celle prononcée contre les individus re-
cueillis. Ainsi, la division de la bande à laquelle on a fourni
un point de réunion peut se composer uniquement « des
auteurs, directeurs et commandants » de l'association : la
peine à prononcer contre celui qui a procuré le local où ils
se rassemblent ne sera que celle de la réclusion, tandis
que les malfaiteurs reçus seront condamnés aux travaux
forcés à temps. Dans l'hypothèse de l'article 99, la différence est encore plus sensible : tandis que la déportation,
peine politique, frappe les membres de la bande (art. 98),
les travaux forcés à temps, peine de droit commun, sont
prononcés contre ceux qui leur donnent logement ou lieu
de retraite.

Des différences notables séparent, on le voit, le cas de
complicité de l'article 61 des infractions spéciales punies
par les articles 99 et 268. Il est toutefois nécessaire de remarquer que ces dernières peuvent fort bien, dans certaines circonstances, se transformer en véritables faits de
complicité. Pour cela, deux conditions devront se trouver
réalisées : il faudra d'abord qu'il y ait habitude de recevoir
l'association ; il faudra en outre que celle-ci ait consommé
les crimes en vue desquels elle s'est formée. Car si le crime
d'association de malfaiteurs existe par le seul fait de l'organisation de la bande (art. 266), et si, par conséquent, il
n'est pas nécessaire pour que l'article 268 soit applicable,

que les crimes projetés aient été exécutés, il en est tout autrement de la complicité de l'article 61 : il faut que les malfaiteurs hébergés « *exercent* des brigandages. »

L'article 248 pourrait aussi être comparé à l'article 61. L'acte qu'il réprime consiste encore dans le fait de recevoir un malfaiteur; mais ici, il ne peut plus être question, comme dans les hypothèses précédemment examinées, d'un lien d'association entre le criminel et celui qui le cache. L'infraction dont a à répondre le premier était déjà commise au moment où l'asile lui a été donné. Le second n'a donc en rien favorisé l'accomplissement du délit, il a simplement aidé le coupable à se soustraire aux poursuites, il l'a recelée (1): « Ceux qui auront recelé ou fait receler des personnes qu'ils savaient avoir commis des crimes emportant peine afflictive seront punis de trois mois d'emprisonnement au moins et de deux ans au plus. » Le rapport de M. Riboud au Corps législatif fait parfaitement ressortir les différences qui existent entre ce cas de recel et l'hypothèse de l'article 61 : « Il faut bien se garder, dit-il, de confondre les individus dont il s'agit dans l'article 61 avec ceux qui ont recelé sciemment des prévenus de crime emportant peine afflictive et infamante, dont il est fait mention dans l'article 248. Ceux-ci ne sont passibles que de peines correctionnel-

---

(1) Nous avons évité avec soin de donner au complice de l'article 61 la qualification de *recéleur* qui lui est généralement appliquée par les auteurs. Ni dans le texte du code, ni dans les travaux préparatoires, nous ne trouvons cette expression employée pour le désigner. Le législateur en effet entend poursuivre dans ce cas, ainsi que nous l'avons dit, non pas le fait même de tenir cachés chez soi des malfaiteurs, de les recéler; mais, en réalité, la participation efficace que l'on est présumé avoir apportée aux crimes mêmes de la préparation desquels on est témoin tous les jours. C'est donc bien avec intention que les rédacteurs du code ne se servent pas de l'expression de *recel* dans l'article 61, tandis qu'ils l'emploient dans les articles 83, 248 et 359.

les, parce qu'il ne s'agit que du recèlement d'hommes qui
cherchent à se soustraire aux poursuites, tandis que l'article 61 ne s'occupe que de ceux dont les maisons sont le
foyer des malfaiteurs ; il ne concerne pas non plus diverses
autres espèces de recèlements mentionnés dans le cours du
Code:... dans tous ces cas, il est prononcé des peines particulières qui n'ont aucun rapport avec celle du crime
dont il s'agit. »

Parmi les autres cas de recèlement auxquels il est fait
ici allusion, et qui ne peuvent, de même que celui de
l'article 248, constituer des faits de complicité, nous pouvons citer notamment celui que punit l'article 345 : « Les
coupables d'enlèvement, de recelé ou de suppression d'un
enfant... seront punis de la réclusion. » L'enlèvement, le
recelé et la suppression même de l'enfant sont les trois
manières différentes dont on peut commettre le crime de
suppression.

L'article 359 punit aussi un fait de recel qui n'est
assurément pas un acte de complicité ; « Quiconque aura
recelé ou caché le cadavre d'une personne homicidée ou
morte des suites de coups et blessures, sera puni d'un emprisonnement de six mois à deux ans, et d'une amende de
cinquante francs à quatre cents francs, sans préjudice
de peines plus graves, s'il a participé au crime.» Ici encore,
nous nous trouvons en face d'un délit principal revêtu d'une
criminalité propre. La peine est toujours la même, que la
mort soit le résultat d'un crime ou d'un délit, d'un homicide volontaire ou involontaire.

L'article 83 édicte aussi une peine uniforme pour un autre cas de recelé : « Quiconque aura recelé ou fait receler
les espions ou soldats ennemis envoyés à la découverte, et
qu'il aura connus pour tels, sera condamné à la peine de
mort. » Cette hypothèse ne peut évidemment rentrer dans

celle de l'article 61, mais ne doit-on point la considérer comme une application de l'article 60, dans le cas de recel d'espion ? Dans cette hypothèse, en effet, un crime principal existe, et le recel semble constituer une participation directe à ce fait : c'est le recéleur qui met l'espion à même de le commettre; sans lui, l'espionnage serait la plupart du temps impossible. Remarquons toutefois, que si l'on voit ici une hypothèse de complicité, il faut aussi reconnaître que l'on se trouve nécessairement dans l'un des cas exceptionnels, réservés par l'article 59, où le principe d'identité des peines ne reçoit pas son application. Depuis 1848, en effet, la peine de mort ne peut plus être appliquée en matière politique : elle a été remplacée par celle de la déportation dans une enceinte fortifiée (art. 2, loi du 8 juin 1850). Or il s'agit certainement, dans l'article 83, d'un fait politique (l'article 7 de la loi du 8 octobre 1830 le dit formellement) : la peine de la déportation dans une enceinte fortifiée pourra donc être seule prononcée. D'autre part cependant, l'espionnage dans l'intérêt de l'ennemi constitue un crime considéré par la loi comme exclusivement militaire, et puni de mort (art, 2, titre IV, loi du 21 brum. an V, — art. 206 du Code de l'armée de terre, et 264 du Code de l'armée de mer). La peine est donc ici différente à l'égard de l'auteur et à l'égard du complice, à moins que ce dernier n'appartienne à l'armée, cas auquel il encourrait aussi la peine de mort (art. 206, 3° du Code de 1857, — 264, 2° du Code de 1858).

La législation militaire nous fournit encore deux hypothèses où, comme dans la précédente, il semble que le recel du coupable constitue un acte de complicité, puni cependant parfois de peines différentes de celles encourues par l'auteur principal. L'article 242 du Code de l'armée de terre (que reproduit textuellement l'article 321 du Code de l'armée de mer) est ainsi conçu : « Tout militaire qui provoque ou favorise la désertion est puni de la peine encourue par le déserteur... Tout individu non militaire... qui provoque ou favorise la désertion est puni par le tribunal compétent d'un emprisonnement de deux mois à cinq mois. » On le voit, cet article ne prévoit pas expressément le cas de recel comme le faisait la législation antérieure (art. 7, tit. II, loi du 21 brumaire an V; art. 4, loi du 24 brumaire an VI). Cependant, les termes de cette disposition nous semblent embrasser également cette hypothèse. Le délit de désertion, en effet, est un fait successif; il se prolonge pendant toute la durée du recèlement; c'est donc en réalité favoriser la désertion que donner un lieu de retraite au déserteur, même longtemps après qu'il a commencé à violer les règlements militaires. Le recèlement est donc un acte de complicité; toutefois, ainsi que l'indique l'article, il n'y aura lieu à l'application du principe d'identité des peines et d'indivisibilité des poursuites que dans le cas où le complice sera lui-même un militaire.

L'insoumission est un délit essentiellement distinct de la désertion (art. 230 et 231 du Code de l'armée de terre modifié par la loi du 18 mai 1875). Le recel d'insoumis n'est pas compris au nombre des délits réprimés par le Code de justice militaire. C'est l'article 62 de la loi sur le recrutement du 27 juillet 1872 qui édicte les peines applicables à cette infraction ; elles sont différentes de celles portées contre le réfractaire lui-même.

L'article 3 de la loi du 10 avril 1834 nous fournit encore l'exemple d'un cas présentant quelque analogie avec le fait de l'individu qui reçoit chez lui des malfaiteurs ; mais il n'y a là, en réalité, qu'une application pure et simple de l'article 60 2° : « Seront considérés comme complices et punis comme tels, ceux qui auront prêté ou loué sciemment leur maison ou appartement pour une ou plusieurs réunions d'une association non autorisée. » L'article 2 du décret du 25 mars 1852 a rendu cette disposition applicable aux réunions publiques.

CHAPITRE V.

COMPÉTENCE.

§ 1er.

La complicité, nous l'avons vu, établit entre les divers participants un lien dont le premier effet est de les rendre tous également responsables de l'infraction commise, et de les soumettre aux mêmes peines. La part de chacun dans l'accomplissement du délit à pu être, il est vrai, différente, mais le fait auquel ils ont concouru a, à l'égard de tous, un caractère identique. Un autre résultat de cette unité de délit doit être l'indivisibilité dans les poursuites à exercer contre les divers individus qu'unit la complicité. La nature des choses exige que, par cela seul qu'une action a été commise de concert par plusieurs personnes, tous ces agents se trouvent, à moins d'impossibilité absolue, réunis dans un même débat. N'est-il pas évident, en effet, que le meilleur moyen pour parvenir à la manifestation complète de la vérité, c'est, ici, de rassembler dans une seule discussion tous les divers coparticipants ? La confrontation des accusés, leurs aveux, leurs contradictions sont pour les juges les plus utiles éléments de preuve. La division des poursuites au contraire ne ferait que multiplier les incertitudes, affaiblir les moyens de défense et d'accusation, et amener parfois des décisions contradictoires, sur des faits identiques. « La règle qui veut que tous les complices d'un même délit soient enveloppés dans une même procédure et soumis à un même jugement est, dit M. F. Hélie, plus qu'une règle de procédure, c'est une règle de justice. » Ce principe se trouve donc de plein droit dans toutes les législations qui ne l'excluent pas.

La nécessité de la simultanéité des poursuites à exercer contre les divers agents d'un délit était déjà nettement formulée dans notre ancien droit : « Qui est juge d'un accusé, dit Ayrault, l'est par conséquent des complices. » Jousse indique également que « le juge qui connaît d'un accusé connaît aussi de ses complices, participes, fauteurs et adhérents (1). » — Plusieurs dispositions de la législation intermédiaire consacrèrent de même ce principe de l'indivisibilité des procédures (2).

Cette règle cependant n'a point été posée formellement par le Code d'instruction criminelle. Car les articles 226 et 227 ne parlent que de la connexité qui peut exister entre plusieurs délits distincts, et non de l'indivisibilité résultant de la participation de plusieurs personnes à une infraction. Quelques dispositions du Code, toutefois, supposent clairement ce principe, et ne permettent pas de douter que le législateur n'ait considéré, comme essentielle à la bonne administration de la justice, la simultanéité des poursuites contre tous les agents d'un délit unique. L'article 307, par exemple, prévoyant le cas où plusieurs individus seraient

(1) Ayrault. *De l'ordre, formalité et instruct.*, p. 216. — Jousse, t. I, p. 518 — *Adde*, Muyart de Vouglans, p. 186.
(2) On peut citer notamment l'art. 1 de la loi du 18 germinal an IV, la loi du 24 messidor an IV, et les dispositions des lois militaires que nous rappellerons plus loin.

poursuivis pour un même crime devant la même cour d'assises, décide que le président doit ordonner la jonction des actes d'accusation dressés contre chacun des accusés. L'article 433 veut qu'en cas de renvoi devant une cour d'assises après cassation, cette cour commette un juge d'instruction et le procureur général un de ses substituts pour procéder à l'instruction contre les complices qui ne seraient point encore en état d'accusation. L'article 501 fait aussi une application du même principe, lorsqu'il dispose que, dans le cas de poursuites devant la cour de cassation, contre un tribunal ou un juge, « l'instruction sera commune aux complices du tribunal ou du juge poursuivi, lors même qu'ils n'exerceraient point des fonctions judiciaires. » L'article 68 du Code pénal établit une règle analogue à l'égard du mineur de 16 ans et de ses complices. Enfin les articles 526, 527 et 540 du Code d'instruction criminelle, déclarent qu'il y a conflit, et nécessité de régler de juges, lorsque plusieurs cours, tribunaux ou juges d'instruction sont saisis de la connaissance d'un même délit.

Le principe de l'indivisibilité des poursuites à exercer contre les différents agents d'une même infraction, quoiqu'il ne soit pas écrit d'une façon formelle dans nos lois, n'en est donc pas moins incontestable. Le simple silence du législateur sur ce point devrait, au reste, être encore interprété dans le sens d'une règle dont l'utilité et la justice sont aussi évidentes. « C'est quelque chose de plus fort qu'un principe, dit Merlin, qui détermine l'indivisibilité de la procédure, lorsqu'il s'agit d'un seul et même délit : c'est la nécessité des choses... Est-il besoin en effet qu'une loi déclare qu'une même chose ne peut exister à la fois en des lieux différents? Voilà pourtant la base du principe qui ne permet pas que, sur un seul délit, plusieurs personnes soient poursuivies en même temps dans différents tribunaux.

Divisez la procédure, instruisez-là en divers tribunaux, isolez les accusés, le débat n'a plus d'intérêt, les incertitudes se multiplient, les lumières s'affaiblissent, et la vérité reste obscurcie (1). »

Ce principe, au reste, a toujours été regardé comme résultant de l'essence même des choses : c'est ainsi que l'on considéra, en 1837, qu'une loi dérogatoire était nécessaire pour autoriser la *disjonction* des procédures, relativement à certains crimes ou délits commis conjointement par un militaire et un non militaire. Le projet de loi fut d'ailleurs rejeté le 7 mars 1837.

L'application de la règle de l'indivisibilité des procédures est fort simple, lorsque tous les prévenus sont également justiciables d'un seul et même tribunal. Mais des difficultés sérieuses se présentent lorsque, soit à raison du lieu, soit à raison de la qualité des personnes, plusieurs tribunaux se trouvent compétents pour connaître de l'affaire. Une déviation des règles de la compétence est alors nécessaire ; une partie des prévenus comparaîtra devant un juge qui n'est point celui que lui assignaient les lois, et qui se trouve accidentellement investi d'une compétence qui ne lui appartient point. Ce sont les règles de cette prorogation de juridiction que nous avons à étudier dans ce chapitre. En faveur de quelle juridiction et à l'exclusion de quelle autre doit-elle avoir lieu ? Telle est la question qui sera le point de départ de nos explications sur ce point.

La solution est assez facile, lorsque tous les coauteurs ou complices appartiennent *à la juridiction ordinaire*, c'est-à-dire lorsque plusieurs tribunaux se trouvent compétents,

(1) Extrait du réquisitoire des accusateurs nationaux près la haute cour de justice de Vendôme (19 vendém. an V), cité par Merlin, alors ministre de la justice, dans une circulaire du 23 frimaire an V (*Répert.*, Vo Connexité, § II, no 1).

à raison du lieu du délit, du lieu d'arrestation des inculpés ou de leur domicile. Ces différents juges ayant été simultanément saisis et s'étant reconnu le droit de juger l'affaire, il y a conflit. On doit procéder, par voie de règlement de juge, à la détermination de celui des tribunaux saisis qui devra connaître des poursuites contre tous les coprévenus (art. 526, 527, 540, C. d'instr. crim.) (1). Notons toutefois, quant au tribunal dont la compétence est déterminée par le lieu où s'est produit le fait punissable, que, par là, on doit seulement entendre le tribunal de l'endroit où a été exécutée l'infraction, et non pas celui où les actes de complicité ont été accomplis. Car ces faits, par eux-mêmes, ne sont point punissables ; ils doivent emprunter leur criminalité au délit principal dont ils font en quelque sorte partie. On ne peut donc dire que le lieu où ils ont été commis soit « le lieu du crime ou du délit (2) ». La Cour de cassation a fait, avec raison, application de ce principe au cas où un délit principal, un vol, ayant été consommé en pays étranger, dans des conditions où (d'après la législation de l'époque), il ne pouvait être poursuivi en France, le recel avait été commis en France. Un arrêt du 17 octobre 1834, a jugé que les tribunaux français ne peuvent,

---

(1) Il est un cas, intéressant à noter, où la règle de l'unité de juridiction entre l'auteur et le complice doit souffrir une exception : c'est lorsque, le jugement qui condamnait correctionnellement les deux coprévenus ayant été frappé d'appel par l'un d'eux seulement, la cour se déclare incompétente, à raison d'indices de crimes. La chambre des mises en accusation, saisie alors par suite d'un règlement de juges, peut renvoyer l'appelant devant la cour d'assises, quoique le jugement correctionnel ait attribué au fait le caractère de simple délit ; car on ne peut dire qu'il y ait chose jugée, même quant à la qualification de l'infraction, à l'égard du complice qui a interjeté appel. (Journ. du dr. crimin., 1863, p. 353.)

(1) Sic, Journ. du dr. crimin., 1863, p. 354 et s.

dans ces circonstances, connaître du vol, même à l'égard du recéleur.

Le conflit de juridiction peut encore se présenter dans le cas où différents tribunaux se trouvent compétents, à raison de la situation personnelle de l'un des prévenus. Cette question, qui donne lieu à de nombreuses difficultés, doit être examinée dans deux hypothèses différentes : celle où les prévenus sont tous justiciables de tribunaux ordinaires, mais de degrés différents, et celle où ils sont justiciables, les uns des tribunaux ordinaires, les autres de tribunaux exceptionnels.

§ 2.

Première hypothèse. — En cas de concours entre deux juridictions ordinaires de degrés différents, c'est à celle dont la compétence est la plus étendue, qu'il doit évidemment appartenir de juger tous les prévenus. Il est bien clair, en effet, que, tandis que le tribunal inférieur ne peut étendre sa compétence au delà des limites qui lui sont fixées par la loi, le tribunal supérieur, au contraire, étant institué pour juger de faits plus graves peut connaître de ceux de moindre importance. Les garanties données aux prévenus ne font d'ailleurs qu'augmenter, à mesure que l'ordre des juridictions s'élève. Ceux qui, par suite de l'indivisibilité des procédures, vont être ainsi appelés devant un juge autre que leur juge naturel, seraient donc mal fondés à se plaindre. S'ils sont privés d'un degré de juridiction, une compensation leur est donnée par la solennité du jugement.

Cette théorie devrait s'appliquer au cas où l'un des coauteurs ou complices du délit se trouverait, à raison de circonstances aggravantes à lui propres, justiciable de la cour d'assises. Mais nous avons reconnu que l'infraction revêt toujours, à l'égard de tous les participants, le carac-tère que lui ont donné les causes d'aggravation provenant de la qualité de l'auteur principal. Le fait délictueux, étant ainsi le même pour tous, il ne peut, en principe, être question de la compétence de juridictions de degrés différents ; sauf cependant dans un cas, celui où l'un des délinquants se trouve en état de récidive. Cette cause d'aggravation est, en effet, toujours personnelle à celui du chef de qui elle provient. Aussi, dans une législation (telle que celle établie par l'article 15 de la loi du 25 floréal an VIII), où elle aurait pour résultat de transformer un délit en crime, faudrait-il décider que tous les coprévenus doivent suivre devant la cour d'assises celui d'entre eux dont les antécédents ont motivé la transformation de la peine (1).

L'article 68 du Code pénal contient une application formelle du principe que de deux juridictions compétentes, c'est la plus élevée qui doit connaître du délit : « L'individu âgé de moins de 16 ans qui n'aura pas de complices présents au-dessus de cet âge, et qui sera prévenu de crimes autres que ceux que la loi punit de la peine de mort, de celle des travaux forcés à perpétuité, de la peine de la déportation ou de celle de la détention, sera jugé par les tribunaux correctionnels, qui se conformeront aux deux articles ci-dessus. » Cette disposition introduite dans le Code par la loi de 1832 est tirée de la loi du 25 juin 1824, dont elle reproduit l'article 1er, en étendant toutefois l'exception au cas où le mineur aurait des complices non présents, et en ajoutant les crimes emportant la détention, à l'énumération de ceux dont le tribunal correctionnel ne peut connaître. Cette modification apportée à l'ordre légal des juri-

(1) Cass., 8 prairial an VIII.

dictions est, dit l'exposé des motifs de 1824, aussi naturelle qu'elle est utile et conforme à l'humanité ; car il est plus satisfaisant de faire juger à un tribunal correctionnel un fait qui ne peut être puni que correctionnellement ; on évite ainsi, pour le mineur, les lenteurs de la procédure criminelle, pendant laquelle il se trouve exposé aux funestes influences des maisons d'arrêt ; enfin, on le soustrait à la honte et à la solennité des jugements criminels. Que si des complices l'ont aidé dans la perpétration de son crime, ceux-ci ne peuvent évidemment bénéficier de l'atténuation de la peine prononcée en faveur du mineur : mais, comme, d'autre part, le tribunal correctionnel compétent à l'égard du mineur ne peut prononcer contre ceux-ci la peine qu'ils ont encourue, force est donc de les traduire devant la cour d'assises, et d'y traduire avec eux le mineur, l'accusation ne pouvant être divisée. Ce motif existe tout aussi bien dans le cas où les complices sont absents, que dans celui où ils sont sous la main de la justice ; car, dans l'un comme dans l'autre cas, ils doivent être compris dans les poursuites exercées contre l'auteur. Aussi ne s'explique-t-on pas la raison de l'exception introduite par la loi de 1832.

Ajoutons qu'il est un cas où il semble que la juridiction exceptionnelle de l'article 68 ne devrait point être appliquée au mineur, qu'il ait ou non des complices présents. C'est celui où il est poursuivi pour un délit de presse dont la loi du 15 mai 1871 (combinée avec l'article 13 de la loi du 26 mai 1819) attribue la connaissance au jury. MM. Chauveau et Hélie pensent qu'en ce cas, le mineur ne saurait jamais être privé des garanties que la loi accorde en ces matières à tous les prévenus.

Un autre cas de conflit entre deux juridictions de droit commun, mais de degrés différents, peut se présenter lorsque parmi les prévenus de coopération ou de complicité se trouve une personne qui, à raison des dignités ou fonctions dont elle est revêtue, est justiciable d'une juridiction appartenant à l'ordre judiciaire, mais autre que celle à laquelle serait soumis un simple citoyen, Une première hypothèse ne présente aucune difficulté : c'est celle où « un crime commis dans l'exercice des fonctions et emportant la peine de forfaiture ou autre plus grave est imputé soit à un tribunal entier de commerce, correctionnel ou de première instance, soit individuellement à un ou plusieurs membres des cours royales ou aux procureurs généraux et substituts près ces cours » (Art. 485, c. i. cr.) L'article 501 est formel ; c'est, dans ce cas, devant la Cour de cassation que devra toujours être faite l'instruction, lors même que parmi les complices du tribunal ou du magistrat se trouveraient des individus n'exerçant point des fonctions judiciaires. Le même arrêt les renverra devant une cour d'assises.

Une solution analogue doit-elle encore être donnée à la question de compétence, dans l'hypothèse des articles 479, 483 et 484 du Code d'instruction criminelle, et 10 de la loi du 20 avril 1810? Sera-ce encore en ce cas la juridiction spéciale qui sera préférée à la juridiction ordinaire? Le tribunal correctionnel doit-il se déclarer incompétent pour connaître *du délit* imputé aux complices du magistrat ou de l'une des personnes énumérées par la loi de 1810? Le premier président de la cour doit-il être saisi de l'instruction *du crime* auquel a coopéré le membre d'un tribunal?

On a voulu distinguer entre les deux hypothèses : dans la dernière, c'est-à-dire lorsqu'il s'agit de poursuites à intenter au criminel contre un juge, les règles exceptionnelles relatives à la compétence du premier président et du procureur général (art. 484), doivent toujours être appliquées à tous les complices indistinctement. S'agit-il, au contraire, de juger correctionnellement un magistrat et ses complices? La première chambre de la cour est incompétente (1), si ces derniers sont étrangers à l'ordre judiciaire. En effet, dit-on, tandis que dans le premier cas l'extension de la juridiction spéciale d'instruction n'enlève aux coprévenus aucune des garanties du droit commun, la prorogation de la compétence exceptionnelle de la cour d'appel les prive au contraire du premier degré de juridiction. Et par quelle garantie spéciale la perte de ce droit est-elle ici compensée? Par aucune. Car, quel est le motif de la disposition des articles 479 et 483? L'exposé des motifs nous le dit ; c'est « la crainte d'une excessive indulgence ou d'une trop grande rigueur ; dans une telle conjoncture, il est bon que les dispensateurs de la justice soient pris dans un ordre plus élevé, parmi des hommes assez forts pour rassurer la société entière contre l'impunité de certains fonctionnaires, et pour protéger ceux-ci contre d'injustes poursuites. » La privation du double degré de juridiction est donc, à l'égard du magistrat poursuivi, compensée par la protection que la loi lui accorde contre les préventions défavorables ou l'animosité personnelle qu'il pourrait rencontrer chez ses collègues. Qui ne voit que rien de semblable n'existe quant aux complices étrangers à l'ordre-judiciaire? La garantie que la loi considère, à l'égard du magistrat, comme un dédommagement suffisant de la privation du droit d'appel leur est, au contraire, complètement indifférente.

La jurisprudence s'est prononcée, avec raison, croyons-nous, pour le système opposé. La Cour de cassation, voyant dans la marche tracée par l'article 479 un véritable privilège, déclare que tous les coprévenus doivent être traduits

---

(1) C'est l'art. 4 du décret du 6 juil. 1810 qui décide que dans les cas prévus par l'art. 479, c. p. et la loi de 1810, l'affaire devra être portée devant la chambre civile présidée par le premier président.

directement devant la première chambre de la cour, alors
même que parmi eux se trouveraient des individus non
revêtus des qualités ou titres déterminés par la loi (1).
C'est en ce sens, nous l'avons vu, que se prononce l'article 504, en cas de poursuite pour crime contre un tribunal
tout entier, ou contre un membre de cour d'appel. Cette
disposition, il est vrai, n'est pas reproduite par les articles
479 et 483 ; mais les mêmes motifs légitiment ici les mêmes
règles. Un dédommagement pour la perte du droit d'appel
résulte d'ailleurs de la composition même du tribunal devant
lequel comparaissent les prévenus ; car, « ils doivent nécessairement trouver, dans les lumières et l'impartialité
de la cour supérieure, une plus grande garantie que dans
les tribunaux correctionnels, contre les erreurs dont ils
auraient à craindre le préjudice (2). »

§ 3.

Seconde hypothèse. Lorsque parmi les prévenus il s'en
trouve un ou plusieurs qui sont justiciables des tribunaux
d'exception, devant quelle juridiction devront être portées
les poursuites ? Cette question présente de graves difficultés et se trouve, en théorie, très vivement controversée entre les criminalistes. Suivant Merlin, qui s'appuie sur l'autorité de M. le président Barris, c'est toujours devant le
tribunal d'exception que doivent être traduits tous les coprévenus. Si, dit-il, ce tribunal, soit par le grand nombre
de ses membres, soit par la solennité de ses délibérations
offre plus de garanties, il ne peut y avoir doute, c'est lui

(1) Cass., 5 mai 1832 ; 14 oct. 1842 ; 13 janv. et 13 févr. 1843 ; 7 oct.
1847 ; 9 févr. et 11 mai 1872.
(2) Le Graverend. — F. Hélie.

seul qui est compétent pour connaître de l'affaire. Que si au contraire, il s'agit d'une juridiction qui peut être considérée comme moins favorable pour les prévenus à raison de son organisation, de sa forme d'instruction, ou du privilège qu'elle a de juger sans recours en cassation, on peut se demander s'il en doit encore être de même. Mais Merlin n'hésite pas à décider qu'en ce cas encore, c'est la juridiction extraordinaire qui doit l'emporter sur celle de droit commun : « Les tribunaux d'exception sont créés, par des motifs d'intérêt public, pour la prompte répression des crimes qui par leur nature ou par la ualité des personnes qui les commettent exigent une punition plus rapide ou plus sévère... Il est donc utile à l'ordre social, il est donc juste que ces tribunaux ne soient pas dépouillés de la connaissance d'un crime qui est dans leurs attributions ; et comme on ne peut diviser une instruction, ni faire juger le même fait par des tribunaux différents, le tribunal exceptionnel devient compétent contre tous les accusés indistinctement. En deux mots, l'exception déroge à la règle générale, la règle générale doit donc fléchir devant l'exception... Donc, si parmi plusieurs prévenus d'un même crime il en est un que la loi soumette à un tribunal d'exception, tous les prévenus doivent être traduits et jugés devant le tribunal d'exception (1). » On peut encore à ces considérations ajouter cette remarque que l'un des résultats de la théorie adverse pourrait être de donner à l'individu justiciable, à raison de sa qualité, d'un tribunal exceptionnel, le moyen d'échapper à cette juridiction plus rigoureuse ; il lui suffirait pour cela de s'associer un complice. Quelques arrêts de la Cour de cassation rendus sous

(1) *Répert.* V° Connexité, § 4. — Questions de droit, V° Incompétence, § 3.

le régime des cours spéciales ont résolu la question en ce sens (1).

Ce système ne nous paraît pas devoir être adopté. Car s'il est utile à l'ordre social, comme le dit Merlin, que les les tribunaux d'exception ne soient point dépouillés de leur juridiction, il n'est pas moins essentiel à l'intérêt public que des citoyens ne soient point enlevés à leurs juges naturels. Le tribunal exceptionnel est, il vrai, seul compétent pour l'un des prévenus, mais le tribunal ordinaire l'est également pour l'autre, et comme le principe fondamental de l'indivisibilité des procédures s'oppose à ce que les poursuites soient exercées séparément et oblige à opter pour l'une des deux juridictions, n'est-il pas naturel de faire fléchir la compétence des juges exceptionnels ? Car, remarquons-le, les juges ordinaires, en prorogeant ici leur juridiction, ne la changent pas, ils ne font, en quelque sorte, qu'exercer un pouvoir qui existe en eux. La loi les a investis de la plénitude de l'autorité judiciaire, ils ne se donnent donc pas une compétence nouvelle ; ils se bornent en réalité à ressaisir la leur. Le tribunal d'exception, au contraire, ayant un pouvoir restreint aux personnes et aux délits dont le jugement lui est expressément attribué, se trouve incapable de l'étendre au delà du mandat que lui a donné la loi : « Lui soumettre des affaires qui lui sont étrangères, dit M. Henrion de Pansey (1), ce ne serait pas étendre sa juridiction, ce serait bien réellement en créer une et la lui conférer. »

Ainsi donc, d'une part, la procédure contre divers individus accusés de complicité ne pouvant être divisée, et, d'autre part, un prévenu ne pouvant jamais être frustré des

(1) 21 mars 1807 ; 14 avril 1808.
(1) *De l'autorité judiciaire*, ch. XXI.

garanties que lui offre la juridiction ordinaire, à moins que
la loi n'en ait autrement disposé, nous déciderons qu'*en
principe*, c'est le tribunal de droit commun qui seul est
compétent pour connaître du délit imputé à plusieurs personnes, dont l'une est justiciable d'une juridiction extraordinaire. Ajoutons, au reste, qu'une exception doit être nécessairement faite à cette règle, dans le cas où, lors de la
poursuite exercée contre cette dernière, son complice a
déjà été jugé ou est décédé, ou bien est mis hors de cause
pendant l'instruction. Le principe de l'indivisibilité des poursuites qui, seul, motive la prorogation de juridiction n'est
plus en question dans cette hypothèse. Rien ne s'oppose
donc à ce que le tribunal d'exception ressaisisse son justiciable (1) ; à moins toutefois que celui-ci n'ait déjà, lors
des poursuites contre son complice, subi une condamnation
par contumace ; car, aux termes de l'article 476, le retour
du contumax n'anéantit que le jugement prononcé contre
lui, et les procédures faites depuis l'ordonnance de prise de
corps ou de se représenter ; or, au moment où cette ordonnance a été rendue, la juridiction de droit commun était
compétente ; le retour du contumax ne peut lui faire perdre cette compétence (2).

Il nous reste à examiner quel est sur la question qui
nous occupe, l'état de notre législation actuelle, et à faire
aux situations diverses l'application des principes que
nous venons de développer.

Tribunaux militaires. — L'article 76 du Code de justice
militaire de l'armée de terre (9 juin 1857) est ainsi conçu :
« Lorsque la poursuite d'un crime, d'un délit ou d'une
contravention comprend des individus non justiciables

(1) Cass., 13 mars 1835 ; 11 oct. 1838 ; 23 août 1855.
(2) *Conf.*, Cass., 6 nov. 1856.

Salmon.   17

des tribunaux militaires et des militaires ou autres individus justiciables de ces tribunaux, tous les prévenus indistinctement sont traduits devant les tribunaux ordinaires,
sauf les cas exceptés par l'article suivant ou par toute autre
disposition expresse de la loi. » Le principe consacré par
cet article n'est qu'une application de la théorie que nous
venons de développer. Il a été successivement admis, puis
rejeté plusieurs fois par notre législation. L'article 82 du
décret du 22 septembre 1790 donnait, dans notre hypothèse, compétence exclusive aux tribunaux militaires ;
l'article 5 du Code du 3 septembre 1791 abrogea cette disposition et se prononça en faveur de l'extension de la juridiction ordinaire. Le décret du 3 pluviôse an II (art. 4)
et le décret du 4 brumaire an IV (art. 15) revinrent au
système rigoureux du décret de 1790. Enfin la compétence
des tribunaux de droit commun fut définitivement consa-
crée par la loi du 22 messidor an IV.

Article 77 : « Tous les prévenus, indistinctement, sont
traduits devant les tribunaux militaires : 1° Lorsqu'ils sont
tous militaires ou assimilés aux militaires, alors même
qu'un ou plusieurs d'entre eux ne seraient pas justiciables
de ces tribunaux, en raison de leur position au moment du
crime ou du délit. » Cette première disposition a pour but
de faire cesser un abus. La jurisprudence se fondant sur
ce qu'un avis du Conseil d'Etat du 30 thermidor an XII
donnait compétence aux tribunaux ordinaires pour juger
les délits commis par des militaires en congé, décidait que
la présence de l'un de ces militaires suffisait pour entraîner tous les complices devant les tribunaux de droit commun. Le législateur de 1857 a estimé « qu'il n'y a pas, dans
cette circonstance, nécessité de dessaisir le conseil de
guerre, car le militaire en congé est justiciable naturel du
tribunal militaire, et s'il cesse de l'être pour certains délits,

c'est par pure tolérance, et parce que l'intérêt de la disci-
pline ne le commande pas impérieusement. » (Rapport au
corps législatif.)

Trois autres exceptions sont encore formulées par l'article 77 : « 2° S'il s'agit de crimes ou délits commis par des
justiciables des conseils de guerre et par des étrangers.
3° S'il s'agit de crimes ou délits commis aux armées en
pays étranger. 4° S'il s'agit de crimes ou délits commis à
l'armée sur le territoire français, en présence de l'ennemi (1). »

Nous avons observé plus haut que dans le cas où l'individu justiciable du tribunal exceptionnel resterait seul en
cause, par suite du décès ou du jugement antérieur de son
complice, c'est la juridiction d'exception qui serait seule
compétente. Le projet primitif du Code de 1857 contenait
une disposition formelle à cet égard, mais la commission la supprima comme inutile, en présence de la jurisprudence établie sur ce point. Nul doute n'est donc possible aujourd'hui (2). Ajoutons que le même principe
doit être à l'inverse applicable au prévenu non militaire,
mais justiciable, en vertu des deux premières dispositions
exceptionnelles de l'article 77, des tribunaux militaires,
quand ses complices présents sont militaires.

Les articles 196 à 198 posent, relativement aux pénalités
à appliquer aux complices dans le cas qui nous occupe,
quelques règles qu'il est nécessaire de rapprocher de celles

---

(1) Il est encore un cas où un tribunal militaire peut connaître de
faits imputés à un individu étranger à l'armée. L'article 8 de la loi du
9 août 1849 dit que, en cas d'état de siège, les tribunaux militaires
peuvent être saisis de la connaissance des crimes contre la paix publique, « quelle que soit la qualité des auteurs principaux et des complices. » La loi du 3 avril 1878 n'ayant pas abrogé cette disposition,
elle se trouve encore en vigueur (art. 6).

(2) Cass., 8 sept. 1859 ; 3 avril 1863.

que nous venons d'étudier. Dans les cas prévus par les articles 76 et suivants, la peine que doit appliquer le tribunal compétent à chacun des coprévenus, est celle portée par la loi qui le régit particulièrement. Si un individu non militaire est déclaré complice d'un délit non prévu par les lois pénales ordinaires, il est condamné aux peines portées par la loi militaire, mais, à son égard, la dégradation militaire prononcée comme peine principale est remplacée par la dégradation civique, et la destitution ou les travaux publics, par un emprisonnement d'un an à cinq ans. Enfin le bénéfice des circonstances atténuantes peut toujours lui être accordé.

Tribunaux maritimes. — Les articles 103 et 104 du Code de justice militaire de l'armée de mer (4 juin 1858) posent le même principe et formulent les mêmes exceptions que le Code de l'armée de terre, pour le cas où la poursuite d'un délit comprendrait à la fois des individus justiciables des tribunaux de la marine et des individus justiciables des tribunaux ordinaires. Quant à l'hypothèse où des militaires seraient prévenus de complicité avec des marins ou assimilés, elle est prévue par les articles 105 et 106 du Code de l'armée de mer, qui sont la réproduction des articles 78 et 79 du Code de l'armée de terre.

Article 105 : « Lorsqu'un crime ou un délit a été commis de complicité par des individus justiciables des conseils de guerre (de la marine) ou de justice, et par des individus justiciables des tribunaux de l'armée de terre, la connaissance en est attribuée aux juridictions maritimes, si le fait a été commis sur les bâtiments de l'Etat, ou dans l'enceinte des ports militaires, arsenaux et autres établissements maritimes. »

Article 106 : « Si le crime ou le délit a été commis en

tous autres lieux que ceux indiqués dans l'article précédent, les tribunaux de l'armée de terre sont seuls compétents. Il en est de même si les bâtiments de l'Etat, ports, arsenaux ou autres établissements maritimes où le fait a été commis se trouvent dans une circonscription en état de siège. »

L'article 107 établit encore quelle est la juridiction compétente entre individus justiciables de divers tribunaux de la marine : « Lorsque la poursuite d'un délit comprend des individus justiciables d'un conseil de justice et des individus justiciables d'un conseil de guerre, tous les prévenus sont traduits devant le conseil de guerre. Lorsque la poursuite d'un crime ou d'un délit comprend des individus justiciables d'un conseil de guerre à bord des bâtiments de l'État, et des individus justiciables d'un conseil de guerre siégeant à terre, tous les prévenus sont traduits devant ce conseil. » Le premier alinéa de cet article contient l'application d'un principe que nous avons établi plus haut, à savoir qu'entre deux tribunaux compétents appartenant à un même ordre de juridiction, celui-là doit être préféré qui a la compétence la plus étendue.

Si deux individus complices d'un délit rentrant dans la compétence des *conseils de justice* ne sont pas embarqués sur le même bâtiment, le conseil compétent aux termes de l'article 70 est celui du bâtiment auquel appartient le prévenu le plus élevé en grade, ou à grade égal le plus ancien.

Enfin, d'après les articles 88 et 89, la compétence du *tribunal maritime* est tantôt une compétence *ratione materiæ*, et tous ceux qui ont participé à l'un des crimes ou délits énumérés, quelle que soit d'ailleurs leur situation personnelle, sont justiciables de cette juridiction : tantôt une compétence *ratione personæ*, à l'égard des condamnés aux travaux forcés; la présence de complices justiciables des tribunaux de droit commun rend dans ce cas ces derniers seuls compétents (1).

Quant aux pénalités à appliquer, les articles 253 et suivants posent des principes analogues à ceux qui sont consacrés par les articles 196 et suivants du Code de l'armée de terre.

Notons encore l'article 90, qui maintient pour le crime de *piraterie* la juridiction des *tribunaux maritimes* telle qu'elle est établie par la loi du 10 avril 1825. Or, l'article l'article 19 de cette loi déclare justiciables de ces tribunaux tous les complices du crime de piraterie, excepté les Français ou naturalisés français autres que ceux qui auraient aidé ou assisté les coupables dans la consommation même du fait. Dans le cas où des poursuites seraient exercées simultanément contre des prévenus compris dans cette exception et d'autres soumis aux tribunaux maritimes, c'est la juridiction ordinaire qui est déclarée compétente.

Cours spéciales. — Des cours spéciales étaient organisées par les articles 553 et suivants du Code d'instruction criminelle, pour connaître de certains crimes, et en outre de tous les crimes commis par les vagabonds, gens sans aveu et individus condamnés à des peines afflictives et infamantes. L'article 555, dérogeant à la jurisprudence établie jusque-là, décidait que dans le cas où les individus énumérés par l'article 553 auraient pour complices des individus justiciables des tribunaux ordinaires, l'affaire devrait être renvoyée devant la cour d'assises.

Les articles 62 et 63 de la Charte de 1814 supprimèrent les commissions et les tribunaux extraordinaires, en réservant toutefois la faculté de rétablir les cours prévôtales,

(1) Cass., 3 août 1827.

si cela paraissait nécessaire. C'est ce que fit la loi du 20 décembre 1815, dont l'article 15 maintient le même principe que l'article 555 du Code d'instruction criminelle. Cette juridiction dut, aux termes de la loi (art. 55) prendre fin après la session de 1817. Enfin l'article 54 de la Charte de 1830 et l'article 4 de la Constitution de 1848 en interdirent le rétablissement pour l'avenir.

Nous n'avons point à nous occuper de la juridiction exceptionnelle des *conseils de prud'hommes*, ni de celle des *conseils de préfecture*. Car la première ne pouvant prononcer de peines supérieures à trois jours d'emprisonnement (décret du 3 août 1810, art. 4), les infractions qui sont de sa compétence ont le caractère de simples contraventions (art 1, C. p.), et la complicite n'en est pas punissable. Quant aux conseils de préfecture, leur compétence pénale en matière de grande voirie est toujours une compétence *ratione materiæ*; nul conflit ne peut donc s'élever à raison de la coopération de plusieurs personnes aux infractions dont la connaissance leur est attribuée.

Compétence des Chambres en matière judiciaire. — L'article 12 de la loi constitutionnelle du 16 juillet 1875 est ainsi conçu : « Le Président de la République ne peut être mis en accusation que par la Chambre des députés, et ne peut être jugé que par le Sénat Les ministres peuvent être mis en accusation par la Chambre des députés pour crimes commis dans l'exercice de leurs fonctions. En ce cas, iis sont jugés par le Sénat. — Le Sénat peut être constitué en Cour de justice, par un décret du Président de la République rendu en conseil des ministres, pour juger toute personne prévenue d'attentat contre la sûreté de l'État. »

Deux sortes de compétence appartiennent au Sénat, d'après ce texte : il a une compétence *ratione materiæ*, pour juger certains crimes, lorsque la connaissance lui en est déférée par le pouvoir exécutif : dans ce cas, nulle difficulté au point de vue qui nous occupe, le Sénat est, sans aucun doute, compétent pour juger tous les complices. Quant à la compétence *ratione personæ*, une distinction semble nécessaire. Le premier alinéa de l'article porte que le Président de la République ne peut être mis en accusation et jugé que par la Chambre des députés et le Sénat (1). Ce texte est formel ; jamais les tribunaux ne peuvent être compétents pour juger le Président de la République, lors même qu'il aurait des complices. Mais comme le principe de l'indivisibilité des procédures subsiste tout entier, c'est la juridiction exceptionnelle qui connaîtrait seule de toute l'affaire.

C'est seulement quant aux poursuites à exercer contre les ministres que le doute est possible. La Chambre peut-elle mettre en accusation et le Sénat est-il compétent pour juger un ministre et ses complices, pour crime commis par le premier dans l'exercice de ses fonctions ?

Cette question est la même que celle qui se posait sous l'empire des Chartes de 1814 et de 1830.

D'après le premier de ces deux actes constitutionnels, la Chambre des pairs avait une compétence beaucoup plus étendue que celle aujourd'hui attribuée au Sénat : elle connaissait seule de tous les crimes et délits commis par les pairs (art. 34), et (sur la mise en accusation par la Cham-

(1) Le Président de la République est responsable de tous ses crimes et délits de droit commun. L'art. 6, second alinéa de la loi constitutionnelle du 25 février 1875, semble, il est vrai, à première vue, décider le contraire, lorsqu'il dit que « le Président de la république n'est responsable que dans le cas de haute trahison. » Mais ce texte ne nous paraît pas devoir être interprété d'une façon générale : il n'y est évidemment question (comme dans le premier alinéa) que de la *responsabilité politique*.

bre des députés), des crimes de trahison et de concussion commis par les ministres (art. 55.56). La Charte de 1830 supprima la réserve : « pour faits de trahison et de concuscussion. » (Art. 29 et 47).

On eut à se demander quelle devait être, d'après cette législation, la juridiction compétente en cas de complicité. A ne consulter que le principe général que nous avons cherché à établir plus haut, il semble que l'on doive ici se prononcer contre l'extension de la juridiction exceptionnelle. C'est cependant le système contraire qui fut généralement adopté. Deux motifs différents furent apportés à l'appui de cette dérogation aux règles de la compétence. Le premier est ainsi formulé par M. Le Graverend (1) : « Si, dans les cas ordinaires, il est de principe que les tribunaux d'exception sont incompétents pour juger les individus étrangers à leur juridiction, c'est parce que les tribunaux ordinaires étant les juges naturels de tous les citoyens, il est naturel aussi de penser que les prévenus ont plus d'avantage à être traduits devant eux ; mais lorsque, comme dans l'espèce, on doit considérer comme un véritable privilège le droit de ne pouvoir être jugé que par la Cour des pairs, il en résulte que les justiciables de cette Cour ne peuvent pas être dépouillés de leur droit par la circonstance de la complicité ; mais les complices doivent participer à l'usage du privilège. »

Ce motif pour préférer, dans l'hypothèse qui nous occupe, la juridiction de droit commun ne nous paraît pas satisfaisant. D'une part, en effet, rien ne nous autorise à établir une distinction aussi arbitraire, et, d'autre part, nous ne croyons pas que la juridiction exceptionnelle, même en ce cas, puisse être considérée comme plus favo-

(1) *Législation criminelle*, II, p. 630.

rable aux complices. Car, sans même insister sur ce point que, la forme de procéder en cette matière n'étant en fait réglée par aucune loi, il règne une incertitude et un arbitraire regrettables ; n'est-il pas encore évident, comme le fait remarquer M. Mangin (1), qu'un grand corps politique est souvent dirigé par des considérations qui peuvent avoir pour objet le bien de l'État, mais qui peuvent en même temps être funestes aux prévenus ? La Chambre des pairs eût donc été en réalité pour le complice une juridiction moins favorable que les tribunaux ordinaires.

La raison qui doit nous décider ici en faveur de la juridiction exceptionnelle est celle que donne le même auteur : « Toutes les fois, dit-il, que la Constitution a érigé un tribunal extraordinaire, qu'elle l'a placé au nombre des institutions politiques qu'elle établit, il est clair qu'elle a entendu que ses pouvoirs prévaudraient sur ceux de la juridiction ordinaire, et qu'en cas de conflit ils l'emporteraient sur les autres. »

Cette théorie est aujourd'hui applicable au Sénat, en tant que juridiction chargée de connaître des crimes commis par les ministres dans l'exercice de leurs fonctions. Quels que soient d'ailleurs les motifs que l'on invoque, la question ne semble pouvoir faire aucun doute, en pratique, en présence des nombreux précédents créés par la Cour des pairs (2). Car c'est surtout en pareille matière que leur valeur doit être considérable (3).

---

(1) *Instruct. écrite et compétence*, t. II, n° 217.

(2) Résolution de la Chambre des pairs du 8 mars 1816, art. 6. — Arrêts de la Cour des pairs des 31 janvier 1818 ; 15 février 1826 ; 20 sept. 1831 ; 26 juin 1847 (et 17 juil. 1847). — *Adde*: arrêts de la C. de Paris des 17 févr. 1825 ; 14 juil. 1831, etc.

(3) Nous ne mentionnons point ici les précédents relatifs à la haute Cour de justice organisée par certaines constitutions, bien que la loi du 24 messidor an IV et la Constitution de 1848 (art. 68) se soient pronon-

§ 4.

Nous avons passé en revue les principales hypothèses où le principe de l'indivisibilité des procédures peut donner naissance à un conflit entre deux tribunaux saisis de la connaissance d'une même affaire. Une dernière question nous reste à examiner. Dans quel cas l'inobservation des règles dont nous venons de reconnaître l'existence peut-elle entraîner nullité?

Un premier point ne semble pas douteux, c'est que toutes les fois qu'un juge se trouve incompétent pour connaître d'une affaire, relativement à l'un des prévenus que le principe de l'indivisibilité amène devant lui, il doit le déclarer, à peine d'excès de pouvoir. C'est ainsi que l'on devrait annuler les décisions d'un tribunal militaire qui aurait omis de reconnaître son incompétence pour juger un procès intenté à des non militaires, prévenus de complicité avec des militaires.

Si au contraire le juge est compétent pour connaître de l'affaire relativement à tous les inculpés, deux hypothèses peuvent se présenter. Ou bien chacun des deux complices est poursuivi devant un tribunal différent : pour que l'une des deux juridictions se trouve dessaisie, un règlement de juge est nécessaire; mais il doit intervenir avant que l'une ou l'autre cause ait été jugée. Si donc l'accusation ou la défense a négligé d'invoquer le principe de l'indivisibilité des procédures, aucune demande en nullité postérieure aux jugements ne peut attaquer ces décisions, car la jonction de deux causes ne saurait jamais être demandée après que la justice a statué sur l'une d'elles ou sur de toutes deux.

cées formellement dans le même sens que la jurisprudence de la Cour des Pairs. La haute Cour, en effet, par son organisation et ses formes de procéder, appartenait en réalité à l'ordre judiciaire.

Ou bien un tribunal unique est compétemment saisi : peut-il valablement diviser la procédure contre les différents coprévenus et les juger successivement ? Une distinction est, croyons-nous, nécessaire. D'une part, en effet, le principe de l'indivisibilité des poursuites est fondamental : il entraîne souvent une prorogation de compétence ; il semble donc, à bien plus forte raison, devoir s'opposer à la disjonction, lorsque l'un des prévenus refuse d'y consentir, et constituer une cause de nullité, si le juge refuse cette jonction des procédures. Cependant on peut répondre que la simultanéité des poursuites est, en effet, une règle absolue lorsqu'il s'agit de justifier la prorogation de juridiction d'un tribunal ou de régler de juges en cas d'actions séparées introduites pour un même délit devant des juges différents ; mais que nulle part la loi n'impose cette jonction à peine de nullité. L'article 307 du code d'instruction criminelle considère même au contraire comme facultative la jonction des actes d'accusation formés séparément contre différents accusés, à raison d'un même crime.

Nous croyons qu'il faut tenir compte des deux observations. D'une part donc le tribunal pourra, sans que la nullité soit encourue, juger séparément les différents complices d'un même délit, si la jonction n'est pas, avant le premier jugement, requise par l'un des prévenus. Que si, au contraire, il y a opposition à la division des poursuites, le juge ne peut refuser la jonction demandée, à moins qu'elle ne se trouve empêchée, soit par l'absence ou la maladie de l'un des inculpés, soit par la crainte que l'ajournement n'entraîne le dépérissement des preuves et ne nuise à l'action en justice (1).

(1) Cass., 30 mai 1818 ; 23 nov. 1849 ; 19 déc. 1868.

CHAPITRE VI.

LÉGISLATIONS ÉTRANGÈRES.

Nous avons eu l'occasion, dans le courant de cette étude, de signaler les critiques généralement formulées contre la théorie pénale de notre Code sur la complicité. La plupart des législations étrangères ont aujourd'hui abandonné un tel système. Dans presque toutes, nous trouvons une classification plus méthodique des divers participants et une plus juste proportion entre la peine et le degré de criminalité de chacun. Nous allons, dans une étude sommaire, essayer de donner une idée des règles en vigueur dans les pays dont la législation, relativement au point qui nous occupe, nous a paru particulièrement intéressante à examiner.

La *législation anglaise*, si différente par son origine historique de la législation française, se rapproche cependant d'une façon remarquable de la théorie de notre Code pénal sur la complicité. Le principe d'assimilation y est, en effet, appliqué à tous les participants. Mais son système est supérieur au système français lorsqu'il cherche à établir des distinctions entre les divers agents de l'infraction (1).

(1) « Pourquoi, dit Blackstone, mettre une distinction entre le coupable et son complice, puisqu'on n'en met aucune dans leur punition ? A quoi l'on peut répondre : 1º Que c'est pour que l'accusé, connaissant la nature de son crime, puisse employer pour sa défense les moyens convenables ; 2º Parce que, anciennement les complices ne devaient pas être examinés avant que le principal agent ne l'eût été, et même qu'il n'eût été convaincu ; mais cela ne s'observe plus ; 3º Parce qu'un homme considéré d'abord comme simple complice, peut ensuite être poursuivi comme principal agent, après avoir été déchargé comme complice. »

Il divise les participants en deux classes.

Ceux de la première sont les *agents principaux*, qui se subdivisent eux-mêmes en agents principaux *du premier degré* et agents principaux *du second degré*. Est agent principal au premier degré, « quiconque commet effectivement l'infraction, ou prend part à son exécution effective, » ou « quiconque fait commettre un crime par un agent irresponsable. »

Est agent principal, au second degré, quiconque aide ou encourage l'auteur du crime au moment de l'exécution. C'est ainsi que, « quand plusieurs personnes prennent part à l'accomplissement d'un projet criminel commun, chacune d'elles est agent principal du second degré, par rapport au crime commis par chacun de ceux qui ont pris part à l'exécution de ce projet » (pourvu que ce crime rentre dans le plan de l'association) (1).

La seconde classe de participants est celle des complices secondaires. Leur action peut être antérieure ou postérieure à l'infraction. « Le complice avant le crime est celui qui, directement ou indirectement, conseille, mande ou ordonne de commettre un crime capital ou un vol, qui est accompli par suite de ce conseil ou de cet ordre. » Si l'infraction est un délit moins grave, l'instigateur est considéré comme agent principal. Le contre-ordre, donné avant l'exécution du crime par le complice, suffit, d'ailleurs, pour faire disparaître en lui toute culpabilité, si l'auteur a eu à temps connaissance de ce contre-ordre (2).

« Les complices, avant le crime, les agents principaux, au second ou au premier degré, dans un crime capital, sont tous considérés comme ayant commis le crime, et

(1) Stephen. *Digest of the criminal Law*, art. 35 à 38.
(2) Stephen. Art. 39 et 42.

chacun doit être accusé, jugé et puni comme s'il était seul auteur de l'infraction (1) ». La même peine frappe donc indistinctement tous ces participants.

Il en est encore de même des complices après le crime, c'est-à-dire de ceux qui, sachant qu'un crime capital a été commis, reçoivent le coupable, favorisent son évasion ou s'opposent à son arrestation (2).

Le *Code belge* du 8 juin 1867 pose nettement la distinction entre les *coauteurs* et les *complices*. Sont compris sous la première dénomination ceux qui ont exécuté le délit, ceux qui l'ont provoqué par dons, promesses, menaces, etc. (3), enfin « ceux qui, par un fait quelconque, ont prêté, pour l'exécution une aide telle que sans leur assistance, le crime ou le délit n'eût pu être commis » (art. 66).

Sont au contraire simples complices ceux qui ont donné des instructions ou procuré les moyens nécessaires pour commettre l'infraction, ceux qui ont aidé d'une façon accessoire à l'accomplissement du fait (art. 67), et enfin ceux qui ont habituellement donné asile à certains malfaiteurs (art. 68, qui reproduit l'art. 61 du Code de 1810). Quant au recel des objets provenant d'un crime ou délit, il constitue une infraction *sui generis*, distincte de la complicité, et punie de peines spéciales, graduées toutefois d'après la gravité du fait principal (art. 505 et 506).

Deux ordres de peines différents correspondent aux deux modes de participation. Aux coauteurs s'applique la

(1) Stephen. Art. 44.
(2) Stephen. Art. 45 et 46.
(3) La loi du 7 juillet 1875 édicte des peines spéciales contre la simple offre de commettre un crime, ou l'excitation à le commettre. — Une loi du 26 février 1876 a modifié l'art. 49 du code pénal allemand dans le même sens. (V. sur les causes qui ont motivé l'introduction de ces dispositions, *Annuaire de législ. étrang.*, 1876, p. 634).

peine de l'infraction, telle qu'elle est portée par la loi : aux complices d'un crime cette même peine, abaissée d'un degré ; enfin, aux complices d'un délit, une peine qui ne peut excéder les deux tiers de celle qu'ils encourraient s'ils étaient auteurs (art. 69).

Le *code génevois* (29 septembre 1874) pose des distinctions analogues à celles de la loi belge. S'inspirant des principes enseignés par M Rossi, il punit comme coauteurs tous « ceux qui exécutent l'infraction ou coopèrent directement à son accomplissement, » et ceux que nous avons plus haut qualifiés d'auteurs intellectuels. Sont poursuivis comme complices, ceux qui ont coopéré accessoirement au délit, ceux qui ont fourni les moyens nécessaires pour le commettre, ou « ceux qui, en dehors de toute instigation appuyée de dons, promesses, instructions, auront excité ou provoqué expressément et directement à commettre l'infraction, lorsque l'infraction a été commise et qu'elle a été la suite de la provocation. » Le recel est passible de peines spéciales, ordinairement inférieures à celles édictées contre l'auteur du délit, mais qui peuvent devenir plus élevées, par suite de l'habitude.

Une disposition particulière règle aussi la question de l'influence des circonstances d'aggravation ou d'atténuation, relativement aux divers participants. Ils ne sont responsables des circonstances dérivant de l'exécution du fait lui-même que s'ils y ont concouru ou s'ils ont prévu ou dû prévoir que ces circonstances se produiraient ; les circonstances d'aggravation ou d'atténuation provenant de la qualité des délinquants restent au contraire toujours personnelles à ceux du chef de qui elles existent (1).

_____

(1) La théorie du *projet de code pénal japonais* (1877) est fondée sur des principes analogues. Sont *coauteurs* et punis des peines ordinaires de l'infraction, outre ceux qui l'ont consommée, ceux qui, par dons, me-

Le *code pénal allemand* du 31 mai 1870 (rendu applicable
à tout l'empire d'Allemagne par la loi du 15 mai 1871)
distingue deux sortes de participation à un délit : la participation proprement dite (*Theilnahme*), et la complicité
par assistance subséquente (*Begünstigung*),

Quant aux participants proprement dits (*Theilnehmer*),
ils sont ou des *coauteurs*, ou des *instigateurs*, ou des *complices par assistance*. Est coauteur (*Mitthäter*), quiconque a
commis le crime (art. 47) ; est instigateur (*Anstifter*), quiconque a par dons, menaces, etc., « volontairement déterminé un tiers à commettre une infraction » (art. 48). La
peine portée contre ces deux premières classes de participants est celle qu'édicte la loi contre l'auteur du crime.
Est complice par assistance (*Gehülfe*), celui qui a assisté
l'auteur « par des conseils ou des actes dans la préparation
d'un crime ou d'un délit : » la peine à prononcer contre lui
est celle du délit, réduite d'après les règles posées en matière de tentative (art. 49). (1).

Dans ces trois cas, si la culpabilité de l'un des agents se
trouve aggravée ou atténuée, par suite d'une qualité à lui

naces, etc., ont provoqué et déterminé l'auteur à la commettre (art. 118).
— Sont *complices* et par suite passibles de la peine du délit abaissée
d'un degré, ceux qui ont fourni les instructions ou moyens qui ont
servi à l'accomplissement de l'infraction, ceux qui l'ont aidée ou facilitée par des actes préparatoires et ceux qui, postérieurement, « ont aidé
le coupable dans les actes qui tendaient à en assurer les effets, »
(art. 122), particulièrement les recéleurs (art. 444). — Les aggravations
provenant des circonstances de l'exécution sont applicables à tous les
auteurs et complices qui les ont connues ou prévues. Celles résultant
de la qualité de l'un des participants lui sont toujours personnelles
(art. 119 et 123).

(1) Le *code pénal hongrois* du 29 mai 1878 punit aussi le provocateur
de la même peine que l'auteur principal, tandis que le participant accessoire est frappé d'une peine moindre. — *Conf.* loi de révision
(18 juin 1879) du code pénal du grand duché de Luxembourg, articles 66, 69.

Salmon.   18

propre, cette aggravation ou cette atténuation lui reste
personnelle (art. 50).

La complicité par assistance subséquente ordinaire constitue un délit *sui generis*, puni d'une peine fixe. Est déclaré
complice par assistance subséquente (*Begünstiger*, favori-
sateur), « celui qui, après la perpétation d'un crime ou d'un
délit, prête sciemment assistance à l'auteur ou au complice
pour le soustraire à l'action de la justice ou lui assurer le
profit qu'il retire de l'infraction » (art. 257). Que si cet
individu, en aidant les auteurs du délit, a agi dans son
propre intérêt, il est puni, comme recéleur (*Hehler*), de
peines spéciales, mais variant suivant la gravité du fait
principal (art. 258, 259): l'habitude est une cause d'aggravation particulière au recéleur (art. 260) (1).

Le *code danois* établit, comme le code belge pour les
délits, une sorte de proportion entre le châtiment porté par
la loi contre l'auteur, et celui à infliger aux complices. Ces
derniers sont punis d'une peine variant entre le tiers du
minimum et les trois quarts du maximum. Celle à prononc-
cer contre les recéleurs varie entre le quart du minimum
et la moitié du maximum. L'auteur intellectuel est puni
de la même peine que l'auteur matériel.

Dans le *projet de code italien* (1875), les cas de complicité sont à peu près ceux énumérés par l'article 60 de
notre Code. Mais le principe pénal est différent. La peine
est, à l'égard du complice, abaissée d'un ou même de deux
degrés (art. 75), à moins que sa coopération ne soit telle
que, sans elle, le délit eût été impossible. Les qualités aggravantes de chacun des participants lui restent d'ailleurs

_____

(1) Le *Code russe* (5 mai 1866) pose entre les divers participants des
distinctions analogues à celles de la législation allemande ; mais il re-
connait, en outre, comme cas de complicité la non-révélation. (E. Lehr,
La nouv. législ. pénale de la Russie, p. 14).

toujours personnelles et ne peuvent exercer aucune influence sur la situation de ses coaccusés, à moins que cette
qualité (connue d'ailleurs de ceux-ci) n'ait été utile à la consommation du délit (par exemple en cas de vol domestique),
(art. 78). L'aide fournie aux coupables pour les aider à
s'assurer le fruit du délit est punie des peines de la complicité, si elle est le résultat d'une entente préalable ; sinon,
elle est seulement frappée d'une peine égale au plus à la
moitié de celle de l'auteur (art. 76).

Une théorie spéciale à la législation italienne est celle
de la « complicité correspective. » Plusieurs personnes ont
concouru à un homicide ou à un délit de coups et blessures :
on ne sait laquelle est l'auteur de l'homicide ou des blessures. Le délit par suite de cette incertitude ne restera pas
sans sanction pénale : tous les prévenus seront punis, mais
la peine sera moins forte que celle qui frapperait l'auteur
du délit ; l'abaissement pourra même aller jusqu'à trois
degrés.

POSITIONS.

DROIT ROMAIN

I. Le complice du détourment commis par la femme au préjudice de son mari était tenu de l'action *furti*.

II. Le *consilium* pouvait constituer un fait de complicité, indépendamment de toute participation matérielle au délit.

III. L'esclave qui commettait un délit sur l'ordre de son maître n'était exempt de peine que dans le cas où ce délit n'était point *atrox*.

IV. Il n'y avait pas de complicité par ratification du délit commis.

V. Le maître qui laissait commettre un délit par son esclave, alors qu'il pouvait s'y opposer, était complice de ce délit.

VI. Le principe pénal de la complicité était l'assimilation du complice à l'auteur.

VII. Les circonstances et les qualités aggravantes provenant du chef de l'auteur du délit influaient sur la situation du complice.

DROIT FRANÇAIS

DROIT CRIMINEL.

I. La complicité de la tentative est punissable.

II. La complicité de toute infraction punie de peines correctionnelles est punissable, alors même que la répression de cette infraction ne dépendrait pas de la preuve d'une intention coupable.

III. Le consentement de la victime d'un homicide n'empêche pas que le fait ne constitue un meurtre.

IV. L'excuse absolutoire établie par l'article 357 du Code pénal, au profit du ravisseur, s'étend aussi à ses complices.

V. La femme, dont le mari entretient une concubine au domicile conjugal, a le droit de poursuivre cette concubine, malgré l'opposition du mari de celle-ci.

VI. Les qualités aggravantes de l'auteur qui affectent la criminalité du fait principal nuisent au complice.

VII. Le complice du meurtre commis par le descendant sur son ascendant peut être déclaré excusable, malgré l'inexcusabilité de l'auteur.

VIII. Lorsque de deux coprévenus l'un est justiciable d'un tribunal d'exception, et l'autre d'un tribunal de droit commun, c'est en principe devant cette dernière juridiction que tous deux doivent être traduits.

DROIT CIVIL.

I. Le retour de l'absent, dont le conjoint s'est remarié, permet à tous les intéressés de demander la nullité du second mariage.

II. Les codébiteurs solidaires peuvent opposer la compensation qui s'est opérée entre le créancier et l'un d'eux, pour la part de ce dernier.

III. Le mari ne doit pas récompense à la communauté pour les réparations civiles auxquelles il a été condamné par suite d'un délit.

IV. La caution qui a payé a un recours contre le tiers acquéreur de l'immeuble hypothéqué à la dette.

DROIT INTERNATIONAL.

I. Les tribunaux français sont incompétents pour connaître d'un fait de complicité commis en France, si le délit principal a été consommé à l'étranger, *par un citoyen français.*

II. L'article 2 du traité du 10 mai 1871 n'a pas atteint les français domiciliés en Alsace-Loraine, qui étaient nés sur un autre point du territoire.

DROIT ADMINISTRATIF.

I. Le lit des cours d'eau non navigables est la propriété des riverains.

II. L'autorisation régulière de fonder un établissement insalubre ne met pas obstacle à une demande de dommages-intérêts pour préjudice causé par le voisinage de cet établissement.

Vu par le président de la thèse,
A. DESJARDINS.

Vu par le doyen,
Ch. BEUDANT.

Vu et permis d'imprimer :
Le vice-recteur de l'Académie de Paris,
GRÉARD.

TABLE DES MATIÈRES.

Paris. — A. PARENT, imp. de la Fac. de médec., rue M. le Prince, 31.
A. DAVY, successeur.

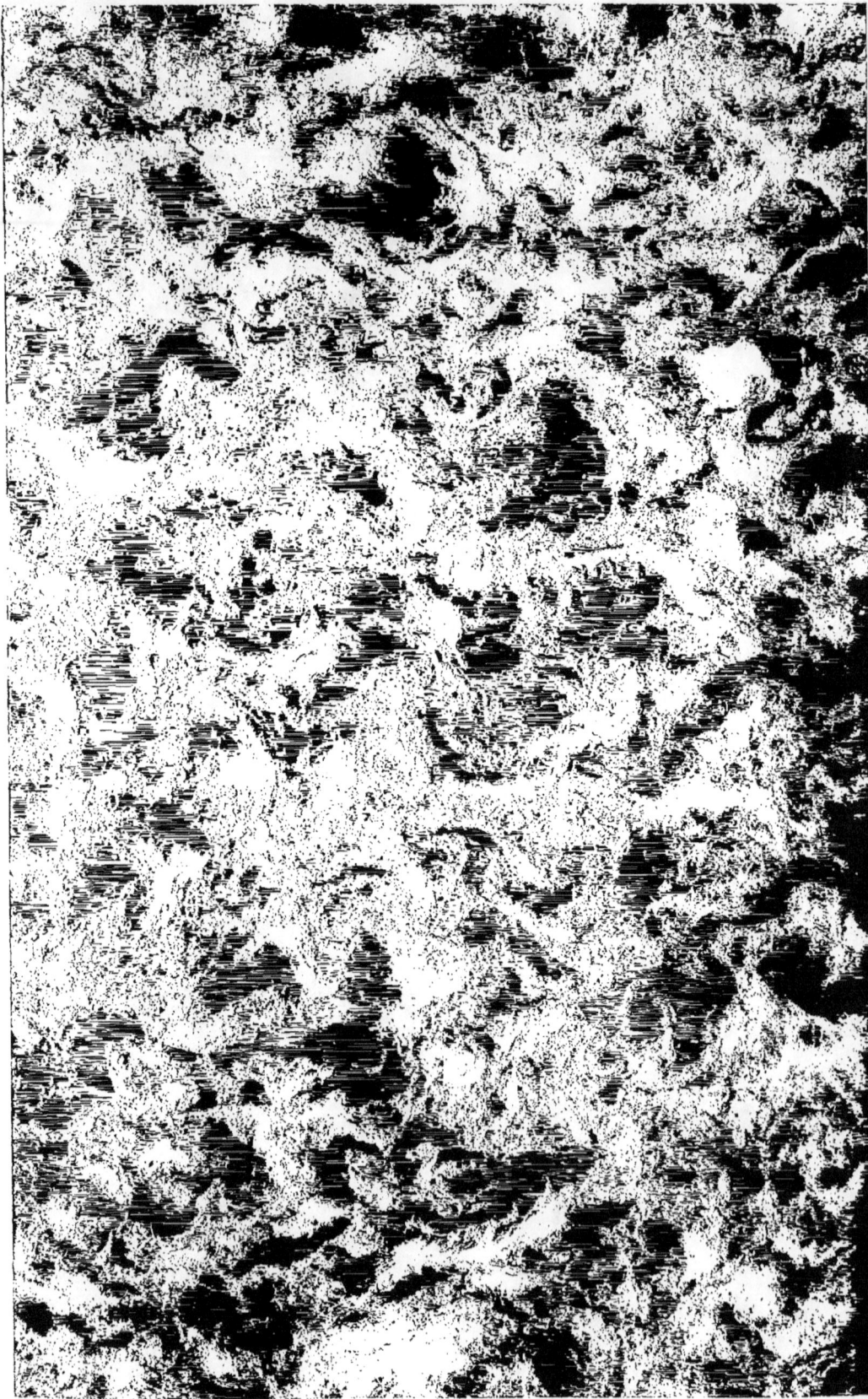

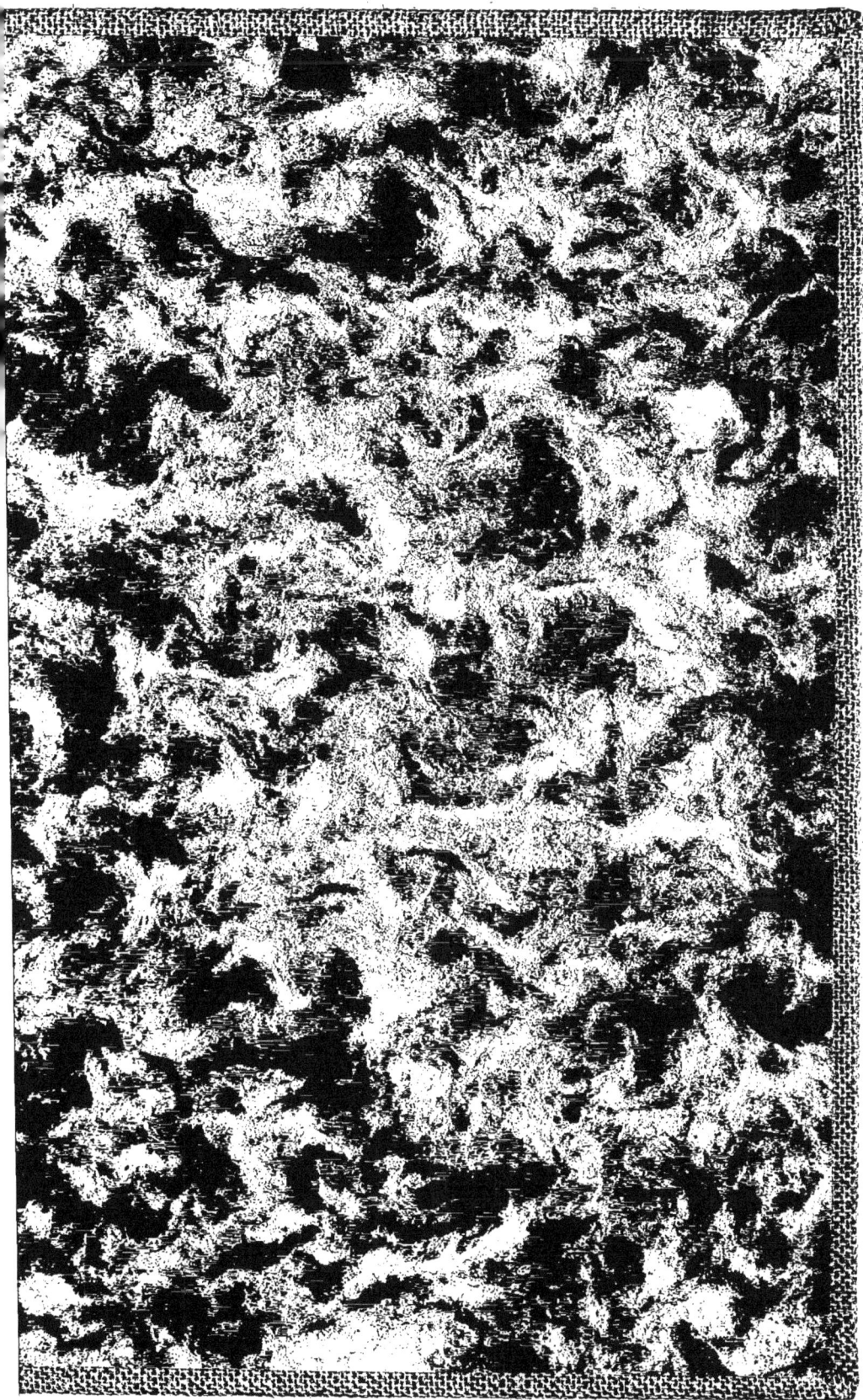

www.ingramcontent.com/pod-product-compliance
Lightning Source LLC
Chambersburg PA
CBHW070237200326
41518CB00010B/1603